U0821673

金融道·4·

今天我们怎样做银行

陈琳/著

中信出版集团 | 北京

图书在版编目（CIP）数据

今天我们怎样做银行 / 陈琳著. -- 北京 : 中信出版社，2019.11（2024.12重印）
（金融道；4）
ISBN 978-7-5217-1015-1

Ⅰ. ①今… Ⅱ. ①陈… Ⅲ. ①银行发展—研究—中国
Ⅳ. ①F832

中国版本图书馆CIP数据核字（2019）第192813号

今天我们怎样做银行
（金融道 4）

著　　者：陈　琳
出版发行：中信出版集团股份有限公司
（北京市朝阳区东三环北路27号嘉铭中心　邮编　100020）
承 印 者：北京通州皇家印刷厂

开　　本：880mm × 1230mm　1/32　　印　　张：13.75　　字　　数：265千字
版　　次：2019年11月第1版　　印　　次：2024年12月第3次印刷
书　　号：ISBN 978-7-5217-1015-1
定　　价：68.00元

版权所有 · 侵权必究
如有印刷、装订问题，本公司负责调换。
服务热线：400-600-8099
投稿邮箱：author@citicpub.com

中国银行业的解构与重构

一本迈入银行业新时代的宣言书

一本银行规划新战略的指引书

目录

第三章 另一种“银行”

第四章 大数据时代降临

第二篇

第五章 在不确定性中引领

第三篇

第九章 银行业新顶层设计的确立

第十章 为什么资产荒

第十一章 大平台

第十二章 站在可能的未来看现在

市场化思维下的解构与重构

张维迎

市场通过两个渠道来推动经济增长：一个是技术进步，一个是配置效率。传统经济学只强调市场的资源配置功能，其实，市场最重要的功能不是配置资源，而是让每一个人的积极性、创造性得到最好的发挥。最好的结果是取得进步，它主要表现为技术的进步。

与此相对应，我曾将企业家职能分为套利和创新两个方面。所谓套利，就是给定技术和资源条件下，发现和利用市场中的不均衡赚钱。主流经济学假定市场总是处于均衡状态，因而没有任何可供企业家套利的机会。事实上，由于人类知识的限制，资源配置总是处于非帕累托最优状态。企业家靠他的警觉发现市场不均衡，利用不均衡进行套利。所谓创新，就是打破现有的均衡，创造新的潜在均衡，其方式如熊彼特所言，包括生产出原来没有的产品，或是引进原来没有的生产方式，或是发现新的原材料供应、新的市场，或是改变生产的组织形式。

过去 40 年，中国经济增长主要来自套利型企业家推动的资源配置效率的提高。在经过 40 年的高速增长后，中国经济的套利空间已经大幅度缩小，这也是过去 8 年中国经济增长速度持续大幅度下降的主要原因。

中国经济增长必须从配置效率驱动转向创新驱动，中国的企业家必须从套利型企业家转向创新型企业家。

中国的银行业是市场化最晚、市场化程度最低的行业之一。在改革开放 40 年后，无论在配置资源还是技术进步方面，中国的银行业仍然呈现群体性的滞后。中国的银行至今基本上是套利型的，极少有市场化的创新。套利型银行习惯于赚快钱，赚容易赚的钱，所以才会出现过去几年中银行在同业业务、通道业务、理财业务等领域，一拥而上的模仿型套利行为。

最近几年，中国银行业市场化加快，民营银行设立的放开，金融进一步对外开放，说明银行业创新的体制环境在改善，创新的氛围在升温。此时，留给银行和银行家套利的机会将会越来越少。银行和银行家们必须要学会创新，否则，将会在这一波不可逆的浪潮中被淘汰。

我与金海腾行长结识已有 13 个年头，他从银行行长岗位上退休创办融至道咨询也有近 8 年时间了，“金融道”系列出到了第 4 本。这一路走来，他给我最大感受是，非常具有市场化思维，是一位具有创新精神的企业家。

早在1997年刚刚从政府官员岗位上迈入银行业时，金海腾就旗帜鲜明地提出了“找市场，而不是找市长”，并且在之后的十多年用市场化的思维和方法打造出了一套异于传统的银行经营管理模式。

对比传统的套利型银行家，金海腾是一位创新型银行家，这是我一直以来特别推崇金海腾和他的团队的原因。

金海腾的创新不只有他在银行产品设计、管理方法、经营模式方面的创新成果，更重要的是他给出了一整套银行业创新的思维模式和方法论。

如果说，金海腾当年在银行行长任上时，是解构了银行业，重构了一家创新的银行（当年的杭州广发）；那么，现在他和他的融至道正在进行的，是以独特的方式重构银行业。

金海腾所提出的，从“银行经营的是风险”到“银行经营的是信用”，从“产品金融”到“产业金融”，从银行服务的是“客户”到银行需要服务“顾客”，等等，无一不是解构传统银行模式到重构新银行形态的成果。

金海腾在创立融至道时提出了企业使命：为公为道，致力于中国金融发展。融至道在短短不到8年的时间成长为银行业咨询领域的一家优秀咨询公司，得到其服务对象，特别是中小银行的认可。这是很了不起的成就！

如同融至道的一些客户评价的：与许多国外咨询公司“只会把脉，但给不准药方”不同，金海腾所创立的融至道“不仅能把脉，还能给出有效药方”，这大概也是他们的独特魅力所在。

《金融道4——今天我们怎样做银行》一书，从“上海自贸区的设立”这一非常独特的角度切入，描绘了整个中国银行业大变局的发展脉络，试图解构银行业和银行经营管理中的根本逻辑，并给出有效的解决方法。这本书中所展示的并不只是思考的结果，更重要的是解析了整个思考的过程，这对于把握和学习其中的思维方式方法尤为重要。

《金融道4——今天我们怎样做银行》的出版，对于所有有志于创新的银行家，甚至其他企业家，正当其时。

中小银行的生存之道

安快控股和安快银行名誉主席，前任总裁兼首席执行官
雷蒙德 • P. 戴维斯

在今天的金融行业大环境下，中小银行宛若逆水行舟，保持良性增长尤为不易。中小银行面临的困难林林总总，包括经济领域和金融领域的压力、竞争对手以及消费者偏好的变化等。这给各家银行的董事长和行长提出了更高的要求。大部分银行的价值定位已经多年未曾改变，银行家需要用新的思路和战略来武装自己，建立新的价值定位，以更好地面对“新常态”。为了让银行在未来仍能继续生存下去并维持增长，银行家要快速把握全球金融行业的新形态，并且行动起来为银行制定新的增长战略。

期盼这本书和这个序言能给那些决心做出改变的银行家们以希望。

关于未来，我最爱的格言之一是：“变化本身在变。”我想请读者们一起仔细思考一下这句话。技术的革命已经存在了数十年，

但这一切才刚刚起步。在未来，随着每天层出不穷的新技术、新发明问世，技术的进步可能呈现出指数级的增长。那些具有前瞻性的银行家会在变革发生时就敏锐地识别出来，并及时对银行的运营方式和营销策略采取根本性的行动。剩下的银行家们至少也要认识到他们已经落后，并且急需赶上那班通往数字化时代下的市场偏好的高速列车。这场技术革命正在改变一切，而且不会减速。

伟大的企业家，通用电气前 CEO（首席执行官）杰克·韦尔奇的一句话非常简洁地概括了金融行业正面对的现实："当一个机构的内部改进低于外部变化的速率时，公司离关门就不远了。"

事实上，一个具有前瞻性的银行家会不断评估其银行当下的处境和价值定位。我认为，我们必须要先对以下这两个前提达成共识才能继续我们的讨论。

1. 金融产品是一种基础的日常用品，金融机构提供着高度同质化的产品，看似利率和期限千变万化，其实构成产品的基础元素并无区别。

2. 尽管变化的速度很快，但更重要的一点是技术本身正变成产品，以至于即使对于中小银行而言，技术变得更可得也更易得了。

之所以要提到这两个假设，是因为尝试用产品来进行差异化是一种有勇无谋的行为，并且注定会失败。至于科技，一旦接受了科技对我们业务的影响，我们就应该认识到科技扮演的是一种赋能的角色，成功的关键是把握好如何利用科技来增强客户体验。这才是最重要的。就像苹果的创始人史蒂夫·乔布斯说的："你必须从客户体验开始，然后再回到科技。"

所以，接受我们正身处变革之中，并且认识到利用科技来增强客户体验才是最重要的差异化之道，这是中小银行能在未来生存的机会。

每一个金融机构都有自己的独特之处，然而优秀的银行却总有很多共通的特质，这些共通之处是每一个优秀的领导者都应遵从的，这里我列举了其中一部分。

强大的愿景：始终把目光投向远方的地平线，主动寻找下一次变革而不是守株待兔，等待变革的来临，这让你有机会主动出击而不是被迫反应。

战略定力：领导者要制定自己的愿景，这项工作不能交于他人——制定愿景，付出最大的热情并始终为之努力。

正确的人：在变革时期，公司不需要那些不认同你的战略、愿景或价值定位的人。领导者必须激励和鼓舞员工朝着全行的共同目标一起奋进。

聚焦客户体验：正如乔布斯所指出的，客户体验至关重要。对于中小银行而言，如果给予足够的重视，这就是最关键的差异化要素。

进行数字化转型：理解数字化提升和数字化转型的区别是很重要的。引入新的产品等举措是数字化的提升手段，这仅仅只是领导者工作的一小部分。而数字化转型是用巨大的变革彻底改变银行的价值定位，并以此来满足新的客户偏好。

每一个经济体里中小银行都有重要的位置。中小银行服务着细分市场，并且帮助地方经济、农村经济更加强健。我们需要中小银行。然而，技术革命带来的巨大时代潮流，大机构的竞争以及不断变化的客户偏好，敦促着中小银行的领导者们绝对不能自满，不能沿用早已过时的、不再适用的战略。

即使如此，即使面对着这么多的困难，中小银行仍然有一项显著的优势——它们够小。这意味着一家中小银行，拥有更少的层级和官僚作风，能够更快地应用新技术、更快地应对挑战，并且更快地提高他们的客户体验，而这一切都是大银行所不具备的。

中小金融机构有能力掌控自己的未来，我们所需要的只是强大的领导力以及对愿景的热忱。在时代的大潮中，我相信我们有能力溯流而上。

角度·逻辑·辩证法

融至道CEO 章伟良

《金融道4——今天我们怎样做银行》一书共分4篇16章，按照从2012年到2019年的大致时间脉络，详细解析了银行业的发展和银行经营管理的变化，并且给出了很多非常有益的建议。此书既可以从前往后整体阅读，又可以单独篇章推敲品味。

而在时间线之外，贯穿始终的是金海腾“角度、逻辑、辩证法”的思维方式，并展现了融至道自身所倡导的独特行业见解和特色解决方案。

“今天我们怎样做银行”，这是融至道试图去回答的问题，也希望能为各位银行家思考这个问题时提供一些可供参考的角度和思路。

比如：每一年的年末，各种大事件评选总是如火如荼，某某行业十件大事，某某领域五件大事，等等。人们一看，的确是挺大挺重要的事情，但仔细一想，好像这些大事只是描述了发生了什么。

它可能只是当年的大事，过后一看并没有那么重要，或者它并不是决定行业发展走向的关键事件。

“2018年，对于银行业和银行家来说，最关键的事件是什么？”金海腾习惯用看似很平常的问题让人换一个角度去思考，想来应该是有不那么寻常的答案。

“范冰冰阴阳合同事件”——金海腾给出的答案果然异于常人。

老百姓一定觉得这是娱乐圈的大事件，“阴阳合同、避税洗钱、天价片酬、四天六千万”，一系列的负面新闻引爆了整个娱乐圈，人们纷纷谴责艺人们的不道德。

金融从业人员看到的是整个事件引起的金融风波，2018年6月4日，影视行业上市公司市值一天蒸发了120亿元，华谊兄弟公司一个月市值缩减了80.2亿元。

娱乐圈乱象的背后是资本乱象。

仅以华谊兄弟公司为例，华谊兄弟公司通过极高溢价的影视壳公司并购，并由此形成了天价商誉高达30亿元：

2013年9月，华谊兄弟旗下公司以2.52亿元收购张国立的浙江常升影视70%股权，账面价值700万元；

2015年10月，华谊兄弟以7.56亿元收购东阳浩瀚影视明星股东李晨等合计持有的70%股权，收购时公司刚成立1天；

2015年11月，华谊兄弟以10.5亿元的价格，收购冯小刚旗下东阳美拉传媒70%股权，其净资产为-5 500元。

紧接着的操作就是上市公司实际控制人“清仓式的质押套现”：

> **2018年6月6日，华谊兄弟发布公告，宣布公司持股人王中军、王中磊的股份质押状况，两人手中的股份经过质押后仅剩2.21%和1.04%。**

最后，损失的是股民和银行的钱。由此深挖出的各种资本游戏简直“千奇百怪”，这看似是资本市场的乱象，但是银行却深陷其中，深受其害。

为什么每每爆雷，银行都会踩雷？追根究底，中国银行业的大部分银行习惯于跟随战略，先看看同业在做什么，觉得同业可做，我也可做——那些年，银行最流行的词是快速可复制；再看看什么赚钱更容易，就想办法积极投身其中，更有甚者，会激进地想一步到位。渐渐地，这些银行也就丢失了自身核心业务创新能力的修炼和基础客户群的培育，更遑论对两轮改革的转换、新经济转型升级、商业银行市场化等深层次逻辑的研究和把握了。

“范冰冰阴阳合同事件”引出了中国银行业背后一些深层次的问题，也对整个行业的发展走向产生了重要的影响。从这个角度看，这个事件的确可以称为2018年中国银行业和银行家们应该关注的关键事件。

“从看问题的角度，到寻找表象背后的逻辑，再运用辩证法去解决问题”，这是金海腾以哲学的方法确立的角度、逻辑、辩证思维方式三段论，并由此产生了一系列金海腾及其创立的融至道对中国银行业发展的独特的行业见解。

以独特的视角解读中国银行业的发展，希望能够辩证地给出有助于推动整个行业发展的行业见解，这是本书成稿的初衷。

在《金融道——一家“弱势”银行的崛起》一书中，金海腾提出并运用的“跳出银行做银行”的理念，让他在经营一家银行时从无到有，并在竞争中脱颖而出，形成了被同业所认可，及至可借鉴、移植的“杭州广发模式”。

2011年底，金海腾从其任职的银行退休，创办了专注于推动中小银行发展的融至道咨询。他的很多老同事、老部下都不太理解，功成名就的他，完全可以放下了，专注于去做他的“旅行家”事业了，难道还有什么未了的志向？而且他还舍弃了两家有相当规模的区域性银行聘任其当董事长的机会。直至他在融至道名片的背后写出了“为公为道，致力于中国金融发展”，还是有很多人不理解他成立这家咨询公司的真正用意。

等到本书开始筹备的时候，有人将第一本书《金融道——一家“弱势”银行的崛起》、第二本书《金融道2——把钱贷给谁》和《金融道4——今天我们怎样做银行》这三本书用角度、逻辑、辩证法串起来思考的时候，突然悟出了其中的三昧。

第一，跳出银行做银行，寻找与传统标杆银行不同的做银行的方法。《金融道》一书，反复提到的几个案例中，无一不是颠覆了传统银行的常规思维，每一次的颠覆都给了传统银行人极大的震撼。到后来，这种颠覆变成了广发银行杭州分行的一种习惯，每当遇到发展瓶颈的时候，大家都在期盼金海腾的再次颠覆。有人不禁要问，金海腾究竟是如何寻找到这个独特的角度的？为什么拥有传统银行思维的人，跳不出银行的思维，深陷其中不能自拔？

第二，《金融道2》中，大家最集中思考的是：资金的富矿和客户定位在哪里？在同质化经营已成为习惯的传统银行人的逻辑中，国有企业、上市公司、政府平台是银行当然的首选，于是，竞争就聚集在了那里！对于中小企业，他们的态度是“做不了，也不屑去做”，成本与收入比较更是划不来。然而，这却被习惯颠覆的金海腾再一次颠覆了。这次的颠覆跟前几次的颠覆不同的是，这一次他把传统银行的核心风险观给颠覆了：银行不仅仅是经营风险的，银行更是经营信用的。从这个角度出发，一系列的颠覆就开始了：把银行的信用嫁接到商业信用上去，“风险不但可控，信用链条还能无限延伸”，它可以在供应链、产业链中出现。于是，保兑仓、厂商银、标准仓单等银行业开创性的产品就出现了，供应链金融也出现了，股份制银行做、城商行（城市商业银行）做，国有银行也在做。即便经济下行之后，很多供应链产品遇到了很大的风险挑战，但是银行人还是不能将其抛弃和否定，开始有人将其嫁接到互联网上，互联网供应链金融又开始了。“银行是经营风险的，还是经营信用的”，就两个字的差别，却给传统银行人打开了无限拓展的空间。

第三，我们再回到前面关于金海腾退休之后，为什么还要成立一家咨询公司的话题讨论上来，习惯于颠覆的金海腾，成立一家咨询公司的目的，难道是又要开启他的颠覆模式吗？

2019年年初，在一次交谈中，金海腾拿出他早年使用过的几本笔记本，指着其中一本封面有点褪色的笔记本的右下角给我看，不明就里的我随口就念出了两个字："角度。"

金海腾说："这两个字，我几乎用了整整一生来感悟，我的结论是，角度错了，什么都错。"金海腾近50年丰富的职业人生，末了就只剩下了"角度"这两个字，其他的都被他删除了。

聚焦也好，删除也罢，反正自从融至道创办之后，颠覆模式在一个更广阔的天地里开启了。

金海腾一次次地将传统银行思维给颠覆了，诸如"从二八到八二""从客户到顾客""从产品金融到产业金融"等，让处在转型困境中的中小商业银行如醍醐灌顶，这次是将商业银行的第一原理给颠覆了。金海腾又提出了随着第一原理的迁徙，传统中小商业银行的基因已无法适应转型的需要，面对传统客户的老去、离去、死去，银行必须从基因深处嬗变，真是语不惊人死不休！之后，不少银行转型的实践，无不证明上述观点的正确性和现实价值。

"战略家的典型特征就是对未来趋势有着准确的预判。"现在看来，金海腾退休之后，成立融至道的原因以及名片背后的"为公为道，致力于中国金融发展"这个融至道的愿景不是大话，更不是空话。

在银行家群体中，金海腾同其他银行家相比，无论在从业时间还是资历上并不占优势，但是他每每提出的论点却极具颠覆性，让人印象深刻。如果认为他仅仅是问题的提出者、国内外先进银行的简单推荐者，或者是一个拥有独特视角的老前辈，那就太小看他了。

用他自己的话来说："从未系统地读过一本管理类书籍，管理的秘诀其实来自现场。"

为此，在融至道成立的短短的几年里，在国内，他拜访了近300家次各大中小商业银行，与众多的银行家都有过深入的交流和探讨；在国外，他仅凭安快银行CEO戴维斯的一本《零售银行领导力打造》，拜访了安快银行并获得了之前从未谋面的戴维斯的信任，被授权在国内以《金融道3》的形式出版其《在不确定中引领》一书。同时，无数次地带领国内的银行家们到美国富国银行、美国安快银行、英国大都会银行、新西兰ASB银行（奥克兰储蓄银行）等国外优秀银行参观学习。一个视"现场有神灵"为圭臬的金海腾，将天南地北当作了他的工作现场，最终目的是与中小商业银行的银行家们共同探索出一条属于我们自己的转型之路。

在融至道的一次年度读书会上，金海腾向大家提出这样一个问题：为什么国外的智库和专家，在分析和判断中国的问题时，往往是比较准确的，但是，开出的治疗问题的药方却通常是无效的呢，到底是哪里出了问题？经历过中国改革开放全过程的金海腾是希望公司的管理层，在学习西方先进的经验的同时，更多是要创造性地拿出符合国情的中小商业银行转型解决方案。如果简单地模仿西方咨询公司的做法，盲目认同它们所谓的先进模型，那就违背了当初成立融至道的初衷，在这个市场上“多你一个不多，少你一个不少”，毫无存在价值。在这种近乎固执的理念指导下，融至道的执行总裁们慢慢地养成了一种面对不管是西方的“先进经验”，还是标杆银行的优秀做法，都要仔细地去探究背后逻辑的习惯，进而形成融至道独特的关于中国银行业的行业见解。

在结合了大量的实践之后，融至道总结出了与西方的“推导式”战略规划不同的模式，创造出属于自己的咨询框架和模块，并把它命名为“构建式”战略规划模式。跟西方的模式相比，融至道构建式战略咨询模式既注重“战略的高度”，更关注“落地的深度”。

融至道成立近 8 年以来，金海腾仍然坚持在做从 2005 年就开始的一项公益活动——中小商业银行 CEO 论坛，这是一个打破了城商行、农商行（农村商业银行）这样以出身来划分类别的局限，将众多中小银行的银行家聚集在一起，探讨区域性中小银行发展方向的行业性闭门会议。

有一位持续多年参加这个论坛活动的银行董事长说：“为什么金行长一召唤，会有几百家银行的高管欣然放下手中的工作，兴致勃勃地前来参加 CEO 论坛，究竟有什么魔力？”的确，这个论坛做到了，甚至成了中小银行转型道路上的灯塔。

江苏银行董事长夏平称金海腾为“金融斗士”。金海腾是一位拥有不懈创新精神和创新思维的斗士。希望汇集了金海腾和融至道思想精华的“金融道”系列丛书，能够对大家有所裨益。

第一篇

第一章 银行业大变局的开始

> 预见就是预先看到前途趋向。……只有当着还没有出现大量的明显的东西的时候，当桅杆顶刚刚露出的时候，就能看出这是要发展成为大量的普遍的东西，并能掌握住它，这才叫领导。①
>
> ——毛泽东

上海自贸区只是一个开始

2012年11月，举世瞩目的中国共产党第十八次全国代表大会在北京召开（以下简称党的十八大）。

2013年3月16日，吴敬琏在中欧国际工商学院论坛发表“中国怎样重启改革”演讲时，解读了党的十八大最重大的意义在于中国要推进全面深化改革。怎么改，市场化是经济领域改革的关键。

市场化改革接踵而至。

---

①《毛泽东文集（第三卷）》，人民出版社，1996年，第394页。——编者注

5月末，国务院批转发改委的一份文件《关于2013年深化经济体制改革重点工作的意见》，推动民间资本有效进入金融、能源、铁路、电信等领域。

电信行业：首批虚拟运营商名单公布，苏宁、国美、迪信通、乐语、爱施德、天音、阿里巴巴、京东八家企业已经就移动通信转售业务与中国联通及中国电信签署合作协议，这意味着如果不出意外，这八家企业将成为内地首批虚拟运营商。

铁路行业：3月10日撤销铁道部；8月19日，国务院发布《国务院关于改革铁路投融资体制加快推进铁路建设的意见》指出“全面开放铁路建设市场，向地方政府和社会资本放开城际铁路、市域（郊）铁路、资源开发性铁路和支线铁路的所有权、经营权”。

能源行业：发改委取消或下放油田气开发、水电站、燃气发电、风电、交流电网、油气输送管网等项目的审批权。

市场能办的，多放给市场；社会可以做好的，就交给社会。这一指导思想在行业性改革中逐步实施，在一些支柱性行业开始攻坚。

同时，一个更具突破性意义的改革也在酝酿中。

2013年8月，国务院正式批准设立中国上海自由贸易试验区，并于9月29日迅速正式挂牌。上海自贸区将开放金融服务、航运服务、商贸服务、专业服务、文化服务、社会服务等六大领域，这是中国大陆首个国际意义上的自贸区。

对政策敏感的人关注的不仅仅是上海自贸区将能够做什么，更重要的是，在这一年 8 月 30 日的第十二届全国人大常委会第四次会议上，还表决通过一项重要决定：全国人大常委会授权国务院在此区域内对国家规定实施准入特别管理措施之外的外商投资，暂停《外资企业法》、《中外合资经营企业法》和《中外合作经营企业法》规定的有关行政审批，试行期为 3 年。

在一个特定的区域，暂停相关法律进行先行先试，这在改革开放 30 多年以来尚属首次。

“如果说第一轮改革的起点是深圳特区，那么上海自贸区的设立将是第二轮改革的起点，而且自贸区一定不会只有一个，制度性改革已经开始。”在这一年的中小商业银行 CEO 论坛上，金海腾率先提出了自己的观点，“作为银行从业者，特别值得我们关注的是其中金融服务领域的开放，上海自贸区将要试行的金融市场利率市场化、金融机构资产价格实行市场化定价，这将推动银行业真正市场化的加速进行。”

作为经历了改革开放全过程的中观及微观管理者，金海腾在物价改革、商品流通体系改革、市场经济体制改革、上一轮银行业改革时刚好都从事相关领导岗位的工作，对于政策变迁和宏观大势的把握有自己独到的判断力。

金海腾喜欢也善于用哲学的思维去分析问题，“在某一个区域暂停相关法律，这是涉及修法的重要决定，这一定是引起新一轮质变的开始”。

这一判断的论调，斩钉截铁。

作为商业银行导向的中国金融体系，银行业的市场化改革是金融改革的关键一环，而此时，改革已不只是听闻脚步声了。

2013 年 11 月，中国共产党第十八届中央委员会第三次全体会议把市场在资源配置中的“基础性作用”修改为“决定性作用”，标志着社会主义市场经济发展进入了一个全新的阶段。

此后，“自贸区”甚至成了一个特定名词，一些银行、企业在进行内部改革创新时，将创新试验田的名字直接定义为“自贸区”。

垄断的中国银行业

2013 年是中国经济市场化改革的一个标志性年份，而就在此之前的一两年，作为市场化改革进展最慢的竞争性行业之一——中国银行业，在业内还有许多至今仍被人作为茶余饭后谈资的声音。

2011 年的环球企业家高峰论坛上，某银行行长说：“企业利润那么低，银行利润那么高，所以我们有时候利润太高了，自己都不好意思公布。”

银行的利润高到什么程度，有一个数据我们可以看一下。

2012年，中国商业银行全行业的净利润突破万亿，达10 275亿元，比上年增长17.42%，但是实体经济惨不忍睹。A股2 469家上市公司剔除中石化、中石油、中海油、中移动、中联通、中电信以及非银行金融企业之后的2 411家上市公司同比利润增长率为14.82%。

2012年A股上市银行的利润之和占所有A股上市公司总利润的52.57%，已经超过了一半。

这可能是让银行从业人员引以为傲的事情，但也让大多数非银行业的人感到郁闷和气愤。

一位知名的企业家就点评道："金融业是为实体经济服务的，实体经济是主人，金融业是保姆。现在主人都要上吊自杀了，保姆在一旁数钱，偷着乐。"

这畸形的利润分布就源于中国银行业长期以来的垄断。

新中国成立以后，国家建立了"大一统"的金融体系，直至20世纪80年代，银行业的改革才初步开始。

第一阶段是1986—1994年，分设农、中、建、工，基本形成了以中央银行为领导、以四大国家专业银行为骨干的银行体系；成立了交通银行、招商银行、浦发银行等9家股份制商业银行，成立三家政策性银行，开办邮政储蓄银行。

第二阶段是1994—2003年，国有独资商业银行改革阶段，各地城市信用社改制成立城商行，部分农村信用社改制成为农商行。

第三阶段是2004—2013年，国有银行股份制改革，2003年银监会成立（2018年和保监会整合入银保监会），2007年首批村镇银行试点。

进入21世纪后，相继有3家全国性股份制银行获批成立：2003年，烟台住房储蓄银行更名为恒丰银行；2004年，浙江商业银行改制为浙商银行；2005年，渤海银行成立。

从中国银行业前期的这个改革脉络当中可以看出，除了2005年新成立的渤海银行，在1996年之后至2013年，几乎没有成立其他新的银行（村镇银行除外）。

这样的制度性安排，使得银行体系以外的机构和资本难以享受银行业所从事的经营活动的收益，各个银行可以专享政策性红利。

虽然说银行在世界上任何一个国家都是特许经营的行业，但是因制度性限制所形成的独特垄断体制也是具有中国特色的。原有体系中的银行从产权结构上看，均由国家资本或者地方政府资本实际控制，所以在经营理念上带有强烈的中央部门银行或者地方政府银行意志的行政化色彩，这个行政化的色彩是造成中国的银行强烈同质化的根源之一。

垄断所带来的是银行拥有极强的议价能力，在客户选择、服务定价等方面拥有绝对的主动权。消费者能够选择的是这家银行的服务，或是那家银行的服务，而除了银行，好像找不出其他什么机构可以提供类似的服务。

同时，由于利率的管制，银行的垄断经营还能获得极大的利差收益，2012 年，中国大部分银行的利差收入比重高达 70%～80%，部分市场化程度更低的中小银行，这一比重甚至更高。

也因为这样的行政化垄断，一些有中国特色的名词和现象应运而生。

一是“跑贷款”。“跑”字很形象，因为银行贷款是一种资源，银行家们是“朝南坐”的，所以你得不断地“跑门路”。

网上流传着一个关于王健林“九天九夜没睡跑贷款，最后一分钱没拿到”的段子。

> 王健林曾说：“为了拿到银行贷款，有一段时间我九天九夜都没有睡着觉，什么安眠药、什么打针就是睡不着觉。到后期整个人都有点精神恍惚，失常了。”那时，银行 8 点半上班，王健林 8 点就去等行长，就在门口站着，甚至站到 6 点下班行长也不出来。银行里等不到，就去家里等。就这样，王健林整整两个多月一共跑了 55 趟，最终还是一分钱都没拿到。

而一些更善于“跑”的人，则成为资金需求者与银行之间的桥梁，于是一个附属的行当也产生了——资金掮客。

二是“银行乱收费”。服务收费原本就是天经地义的事情：我提供服务需要付出成本，你作为消费者就需要出钱。而中国银行业诸如办理贷款还要搭售理财产品、高额的刷卡手续费等服务收费质价不符、贷款捆绑、转嫁经营成本和巧立名目乱收费等现象却成了行业性的通病。

三是每家银行几乎都是一样的。在国内很多城市，如果从百度地图上看，大概银行网点的密度比许多公共设施的密度都要大很多，但是当你走进某个银行的网点，你所能体验到的服务却是没什么差别的。有人戏称："你把A银行的招牌换成了B银行，把B银行的招牌换成A银行，你再去哪家银行，都会觉得没什么变化。"

而在高峰期有数万家银行的美国，各家银行几乎都有自己鲜明的特点。

就如2008年金融危机后成为美国市值最大银行的富国银行——存款市场份额在美国的17个州都名列前茅，是全美第一的抵押贷款发放者，全美第一的小企业贷款发放者，拥有全美第一的网上银行服务体系，同时是美国唯一一家被穆迪评级机构评为AAA级别的商业银行，它有自己的特色。

沃伦·巴菲特这样评价："很难想象一个企业做到这么庞大的规模还能具有独特性。你会认为，随着它们的规模扩张至如此庞大，在经营上就会与其他银行没有什么差别。但并非如此，富国银行继续坚持走自己的独特之路。"

在2012年中国城市商业银行一年一度的年会上，富国银行的高级副总裁，也是其小微业务的创始人萧兵受邀出席并发表演讲。这是一次官方性质的邀请，萧兵演讲的主题就与银行差异化经营相关。“中国的银行如何差异化经营”已然是老生常谈的话题，而差异化的真正出现还有待时日。

政策保护让中国银行业获得了超额的收益，也使得它们市场化改革的步伐远远落后于其他市场化程度更高的行业，这也让它们在接踵而至的新经济浪潮中显得有些步履蹒跚。

资金价格的“双轨制”

2011 年 6 月，在广州，面对当时在座的 68 家银行的董事长、行长们，金海腾讲道：中国银行业的非市场化，其根本性的原因是来自长期以来形成的资金价格的“双轨制”。

这大概是国内银行界第一次用“双轨制”这个词来描述资金价格差异化的现象。

曾经在 20 世纪 80 年代担任计划单列市宁波市物价局副局长的金海腾，经历了当年的价格双轨制和物价闯关，对于价格和体制有着自己深刻的理解。

改革开放前的计划经济体制下，国家制定了几乎一切商品的价格。随着市场经济制度的逐步引入，计划价格与市场经济的不兼容开始显现。最突出的表现就是由于能源、原材料等基础工业品价格太低，加工工业品价格太高，二者之间的利润差越来越大，使得基础工业越来越跟不上加工工业的发展。

1984 年 9 月，在浙江莫干山召开了首届全国中青年经济科学工作者讨论会，形成了一份《价格改革的两种思路》的报告，并最终促成了价格双轨制这一项新经济政策的诞生。

> 所谓“双轨制”，就是“市场轨”和“计划轨”并行，一种物资两种价格，市场价高于计划价，计划分配的比例逐步缩小，市场销售的份额逐步扩大。双轨制既避免了价格一次性放开给经济带来的巨大冲击，又延续了市场改革的精神，当时成为价格改革的主导政策。

而国内由于实行银行利率管制，事实上也就形成了银行资金价格和民间资金价格的资金价格双轨制：银行资金是计划价，民间资金是市场价。

商业银行不仅资金价格受到管制，彼时的存贷比、放贷额度也受到管制。就以 2011 年为例，由于经济过热，央行加息数次，并担心境外热钱会借此套利，所以不仅提高了银行存款准备金率抽紧银根，还逐月控制各家银行的信贷投放量，结果大部分企业在银行贷不到款，只能寻求民间融资，致使当年的民间借贷利率高达 30%～40%，甚至更高。

在中国民间借贷最发达的地区浙江温州，这一年温州老板的“跑路事件”也引发了人们对民间借贷的极大关注。

从2011年4月江南皮革厂老板黄鹤失踪起，到9月20日，温州“眼镜大王”信泰集团董事长胡福林的离境出走，短短数月之间，有40多位温州知名企业家“跑路”，甚至跳楼。温州民间融资情况至此也开始浮出水面。

> 根据当时人行温州市中心支行发布的《温州民间借贷市场报告》，估计温州民间借贷市场规模约1 100亿元，民间借贷年综合利率水平为24.4%，温州大约89%的家庭个人和59%的企业都参与了民间借贷。温州民间借贷规模大约占民间资本总量1/6左右，相当于温州全市银行贷款的1/5。

如此大的资金规模和如此高的占比，并不是说当地的老百姓和企业多有市场意识，而是相当数量的企业因为难以从银行获得融资，只能去资金价格更高但门槛相对更低的民间市场寻求资金支持。

银行资金的门槛太高，市场资金的价格太高，企业在“双轨”之间艰难地寻觅着生存空间。据不完全统计，全国民间融资的规模高达数万亿元，计划之外的影子银行真实地活跃着。

资金双轨制的现象存在已久，矛盾也积累已深。一方面，长久以来体制保护下的银行业，没有创新的动力，难以满足企业和个人的各种资金需求，市场化严重不足；另一方面，民间融资虽能解一时的燃眉之急，但对企业来讲无异于饮鸩止渴。

这一矛盾也推动着制度创新、利率市场化改革的加速。

2012 年 3 月 28 日，温州金融改革综合试验区正式挂牌，中央批复了温州 12 条任务，从规范发展民间融资、发展新型金融组织、研究个人开展境外直接投资试点，到发展专业资产管理机构、深化地方金融机构改革等，以民间融资阳光化为目标进行探索。

虽然财经作家吴晓波当时点评温州金融改革是："中央给的面粉，温州要的是包子。"

至少，中国的金融市场化改革开始了很重要的一次尝试。

市场化的创新行为往往先于制度变革，此后数年由于互联网大发展带来了各种新型金融模式，并且不断地演化。各种模式不管最终结局如何，至少是让传统的银行感受到了此前从未感受到的来自原有银行体系以外的冲击。

传统的银行总是希望政策上能给"包子"，总是在等待，但其实市场上已经开始生产"包子"了，"包子"却不一定是你的。

首次允许存款利率上浮

2012 年 6 月 8 日，中国人民银行宣布下调金融机构人民币存贷款基准利率，并调整金融机构利率浮动区间，首次允许存款利率上浮，上限为基准利率的 1.1 倍，同时放宽贷款利率浮动区间，下限调整为基准利率的 0.8 倍。7 月 6 日，央行再次将金融机构贷款利率浮动区间的下限扩大至基准利率的 0.7 倍。

《金融时报》点评道："央行首次双向扩大存贷款利率浮动区间，标志着我国加快利率市场化改革又向前迈出了关键性的一步。两次降息和调整利率浮动区间后，银行息差分别下降约 25 个基点和 10 个基点，盈利空间进一步收窄，商业银行靠存贷利差赢利的传统模式难以为继。"

特别是首次允许存款利率上浮，当时这对整个银行业不啻一次大震动，虽然每个银行对利率市场化都有了心理准备，但真正来临时，仍然有不知所措的。

毕竟原本享受利率管制下的制度红利，靠着巨大的利差而生活得很舒适的银行早已形成了"存款立行"的经营宗旨，存款利率的放开意味着银行安身立命的基础受到了挑战。

如何对存款进行定价，这对绝大多数中国的银行来说都是没有经历过的挑战。

一夜之间，"存款利率一浮到顶"成了很多银行的广告语。

中小银行尤其是小银行显得特别紧张，纷纷一浮到顶，几大国有银行以及北京银行、上海银行等规模大一些的城商行，和以对外业务为主的宁波通商银行、厦门国际银行等没有上浮到顶。

在世界上各个国家的利率市场化进程中，存款利率都是最后放开的，这一次央行开始对存款利率逐步放开，意味着中国利率市场化改革实质性地开始落地了。

银行躺着赚钱的日子即将远去，随着利率市场化的推进，银行利差的缩小将是不可避免，而且缩小的幅度将会非常明显。

以香港某银行为例。

> 利率市场化之前，被称为“砖头银行”，按揭贷款利率为P（最优惠利率）+2.5%，年利率约10%，存款利率为5%，净息差为5%。
>
> 利率市场化之后，按揭利率为P−1.5%，年利率约为3.75%，净息差约为1.3%，比之前下降74%。

而对中国银行业来讲，利差的收窄对整个银行利润的影响就更大了。根据工农中建交、部分上市的股份制银行和城商行2012年的数据进行测算，如果存贷利差减少1个百分点，就意味着利润减少38.76%~55.91%，如果利差减少1.5个百分点，则利润减少58.14%~83.86%，到那时很可能就已经有银行由盈转亏了。

这样的情况下，银行要想尽量维持相对高的利差，要么寻找更高收益的资产，要么想办法获得更低成本的存款。

获得比同业更低的存款？这好似天方夜谭，即使在存款利率没有市场化的情况下，国内的诸多银行也是通过各种方式补贴储户利息之外的收益才好不容易拉来存款，更不要说给储户更低的利息反而让他们把钱存进来了。

而此时，远在英国的一家银行，而且还是刚成立不久的小银行正在干着让其他银行为之诧异的事情。

2010 年 7 月 29 日，在英国伦敦霍尔本，这家叫作 Metro Bank（大都会银行）的不起眼的小银行开业了。

随后几年，英国大都会银行逆天成长，客户美誉度排名英国银行业第一，超越了老牌的汇丰、巴克莱、劳埃德、苏格兰皇家、渣打等五大银行。

特别有意思的是，这家银行不仅存款年复合增长率超过 100%，而且其存款成本仅为市场最高水平的 1/3。

英国大都会银行的制胜秘诀就在于将为客户打造“极致服务”作为自己的经营准则，而这对于服务模式同质化、服务内容程式化的国内银行来讲，是一个启发。

利率市场化开始了，我们凭什么可以让储户来我们银行存款，凭什么获得比其他竞争对手更低成本的存款，这是每一家银行都在焦虑的事情。

首度跌破50%

2013 年第一季度，银行人民币信贷占社会融资总额的比例触达历史新低：44.7%。这是历史上第一次跌破 50%，对于一直以银行间接融资为主的中国金融体系而言意义非凡，预示着融资渠道的多元化已经到来。

银行信贷失去的份额被谁拿走了？

金融脱媒的话题已经是老生常谈，除了不断快速发展的直接融资市场，还有更多容易被忽视的金融多元化形式。

翻开中国银监会和中国银行业协会当年评选的《2013 年中国银行业十件大事》，第三件大事是：李克强总理到工银金融租赁公司调研，融资租赁行业迎来发展契机。

中国金融业的发展，政策的变化是很重要的影响因素，而国家领导人的动向往往是个风向标。

在那次视察调研中，总理说："金融租赁这个行业我们经验不丰富，人才也不充足，政策配套也不完善。你们往前闯，往前试，闯出经验来。国家要想办法培育这个产业发展起来，而且这个产业本身也是为实体经济服务的。"

讲话很明确：一是国家要培育这个行业，二是要为实体经济服务。

中国的融资租赁公司分两大体系，银行系的金融租赁公司和商务部管辖体系的融资租赁公司。截至 2013 年 9 月末，全国 23 家金融租赁公司已经拥有 9 560 亿元的总资产，之前 6 年的年均增长率接近 90%，而加上商务部体系的融资租赁公司，整个体量已经非常庞大，增长也更为迅猛。与发达国家比较，当时美国的融资租赁市场渗透率接近 30%，而中国则仅仅不到 7%。

早在 2010 年，金海腾尚在银行任职期间，他就在本行的战略规划中提出将组建金融租赁公司作为未来战略发展极为重要的布局。后来，在融至道为一些规模较大的城商行、农商行提供的战略建议中，也将组建金融租赁公司或者与融资租赁公司展开业务合作作为关键建议之一。

此后几年中，融资租赁市场蓬勃发展，甚至很多创新的金融业态借道融资租赁公司，与银行直接争夺终端客户，几乎变成了另一种“银行”。关于融资租赁的具体内容，本书将在后面的章节详述。

与此同时，互联网金融也正在逐渐起势。2013 年上半年，专为线上中小电商发放贷款的阿里小贷放款额达到了 500 亿元，而且所有贷款均为小额、短期周转性的贷款，更为重要的一点是贷款用途真实。所有从事过传统银行信贷业务的人都知道，发放 500 亿元小额贷款，用传统的方式得用多少的人工、时间和资源。

阿里小贷的前身，也与银行有着千丝万缕的关系。

从 2002 年起，阿里巴巴通过诚信通、淘宝等产品积累了大量的客户，除了不断解决中小电商在信息交换、获客营销、信用链接等方面的问题外，他们发现资金短缺也是中小电商经营中最主要的痛点之一。

于是，阿里巴巴首先想到的是求助于银行。金海腾任职过的杭州广发，在他任职期间甚至在 2004 年与淘宝网主办过一届购物体验节，让几十人住在一家宾馆里只用网上购物的方式生活两天。杭州广发也是淘宝网最早的资金结算银行之一，当时甚至是半人工地进行数据清分。他们也顺理成章地成为阿里巴巴最早的候选合作伙伴之一，但是当方案报到彼时已经由外资团队管理的总行时却被否决。

2007 年至 2010 年，阿里巴巴与建行、工行分别合作推出了 e 贷通、易融通产品，阿里想借此积累自己的信用评级体系和风控机制，银行想通过阿里获客。直到 2010 年，阿里巴巴先后成立了浙江阿里巴巴小额贷款股份有限公司及重庆市阿里巴巴小额贷款有限公司，开始自行放贷，独立发展，并且通过基金子公司、资产管理公司、信托公司等渠道进行资产证券化，解决了小额贷款公司资金来源不足的问题。

阿里巴巴通过银行实现了从“借船出海”到“造船出海”的转变，而银行并没有在与阿里的合作中获得原本期望的回报。

彼时银行的小微贷业务大概分为三种流派，一种是以台州银行、浙江泰隆银行为代表的扎扎实实自研体系的线下小微贷；一种倾向于使用德国技术等其他国外技术；还有一种则是有小微贷名义却并没有实质信贷技术和产品的政策性业务。

阿里小贷看似只是在湖面上扔下了一个小石块，激起了一朵小浪花，但其实湖面下已经是暗流涌动。

中国银行业面临的挑战不仅仅是直接融资市场兴起带来的金融脱媒威胁，还有更多看不见的对手在不断涌现。

金融脱媒，脱去的只是简单资金中介的媒介作用，如果银行除了能够提供资金之外，还能提供更多的高附加值服务呢？

黄金十年的结束

黄金十年，通常是对一个辉煌时代结束的总结。

> 2004 年至 2013 年，这十年间的银行业是“钱赚的多得连自己都不好意思说”的十年，这十年间大部分银行的年均净利润增幅超过了 15%，而 2013 年之后大多降至了两位数以下。

所以，这十年也被银行人称为银行业的黄金十年，这几乎已经成了共识。

这也是银行业被动赚钱的十年。经济顺周期、资产规模扩大就可以赚钱、跨区域经营、资金价格双轨制带来的高额利差等，制度性的红利让银行业过着“幸福不知从哪里来”的日子。

有一个笑话是这么描述的：

> 三个人一起坐电梯从一楼去顶楼，由于三个人都是第一次坐电梯，一个人不停地原地跑，一个人不停地做俯卧撑，还有一个人不停地用头撞墙。等电梯到了顶楼后，别人问他们怎么上来的。一个说我跑上来的，一个说我做俯卧撑上来的，一个说我拿头撞墙上来的。

笑话的结尾总结道，这部电梯就是中国腾飞的经济，而那些原地跑、俯卧撑和撞墙的方法，就是许多人的经验总结，可能也是黄金十年中的银行人的总结。

黄金十年中，互联网企业想从银行业挖人必须要付出成倍的代价，甚至当一个银行人跨出银行业时，他的同事们总觉得他是出了什么事情。而仅仅到了 2014 年，当某位银行高管去一家知名互联网企业求职时，这家企业的高管说:“我们现在不从传统银行招人了。”

黄金十年结束得如此突然，却也是必然。

第二章 银行的窘境

> 当一个机构的内部改进低于外部变化的速率时，公司离关门就不远了。
>
> ——通用电气前CEO 杰克·韦尔奇

银行踩了多少雷

随着银行业黄金十年的结束，很多银行在此期间积累的经验越来越不具备参考价值，让过去自信满满的银行集体陷入了手足无措的窘境之中。

从 2013 年钢贸危机开始，银行踩雷突然变成了一个常态化的名词。

> 2012 年 8 月的“中铁物流事件”是整个钢贸危机的导火索，由此牵出一系列的虚假仓单、钢贸商跑路事件。2011 年，上

海各家银行向钢贸企业贷款余额达到2 100亿元，2012年底这一数字下降为1 500亿元。最终，演变成了整个上海钢贸行业濒临崩溃的行业性事件，给银行留下了数百亿的不良资产。至今，银行界仍然闻钢贸色变。

上海银行业大规模投入钢贸融资始于2008年“四万亿”政策之后，四万亿经济刺激计划中有3条与钢铁业紧密相关：加大基础设施建设，尤其是房屋建设；加大铁路、公路、机场等大型交通类设施建设；加快震后重建工作。刺激政策导致钢铁需求量急剧上升，部分钢厂连原本已经关停或者正准备关停的生产线都重新上马，开足马力生产。

钢贸行业是重资金的行业，钢贸商将目光投向了银行，而银行也与之一拍即合。四万亿刺激计划中有一条“取消对商业银行的信贷规模限制，合理扩大信贷规模”，这对总是希望通过扩大规模来寻求发展的银行来说是天赐良机。钢贸贷款一般通过钢厂浮动抵押、“三方保理”的方式操作，有了钢材做存货浮动抵押、有上游钢厂加入的封闭操作，再加上上海钢贸商成立的商会推动钢贸商之间联保，这在当时的银行看来，这类贷款风险极其可控。

这是一个可以快速复制、可以赚快钱的机会，银行于是就跑步进场。

殊不知，虚假繁荣之下危机早已有端倪。

2005年，国家发改委提出《关于钢铁工业控制总量、淘汰落后、加快结构调整的通知》的文件，按照该文件，“十一五”期间，我国钢生产能力力争控制在4亿吨左右，拟淘汰1亿吨落后炼铁生产能力、5 500万吨落后炼钢能力。

2006年，提出淘汰全部200立方米以下的小高炉。

2007年，提出淘汰300立方米以下的小高炉和20吨及以下的转炉。

尽管政策不断地限制，但是到2008年，我国的粗钢产能仍然增长至6.6亿吨。

钢铁行业的颓势已经显现无遗，国际市场需求下降，钢材库存剧增，行业效益骤降。四万亿刺激政策如同一剂强心针，让钢铁行业瞬间兴奋，但强心针只是强心针，并不能一改行业颓势。

在这一波钢贸浪潮中，银行一心只图扩规模、赚快钱，却忽视了对行业的深入研究和把握，忽视了钢材价格暴跌的可能，忽视了钢贸商早已抽调资金另投他处的举动，忽视了仓储保管商虚假仓单的隐患，忽视了联保机制“千里之堤溃于蚁穴”的风险。

这一危机事后看来不可避免，一家或个别银行踩雷并不奇怪，但数十家银行集体沦陷，不能不引起我们的深思。

此后数年，类似的银行集体踩雷事件频发。

2017年，银行业的主题词演变为“金融乱象”：以收购美国的华尔道夫酒店闻名的安邦被保监会接管，王健林表态“积极响应国家号召，把主要投资放在国内”并开始抛售资产，贾跃亭留下一地鸡毛的乐视出走美国。伴随国务院金融稳定发展委员会的组建，这些企业狂飙突进式的发展被强行踩下了刹车，而翻开这些企业的报表，无一不是高企的负债率和惨淡的自由现金流，拿着银行储户的钱举债经营却在海外大肆收购，靠着负债的融资现金流才能让企业继续运转下去，膨胀的规模和脆弱的经营状况形成鲜明的对比。

在这些金融乱象的背后，银行都无意识地成为“推手”。

及至后来爆发的“侨兴债”事件将一众银行牵连其中，也将这非常态的狂欢推至了顶点。

侨兴债表面上是银行合规管理出现了问题，但是有这么多的银行“前赴后继”“击鼓传花”地深陷其中，其实根本上还是因为银行没有自己的战略定位，喜欢赚快钱，喜欢一窝蜂地逐利。

看似花团锦簇的花园，其实遍布雷区。特别是次贷危机爆发以后，随着国内推行四万亿刺激政策，商业银行与实体经济逐步脱离，同时又沉迷于跨越式发展的假象中，将资产规模的扩张作为自己发展的首要目标。靠着制度红利赚钱的银行业并没有为未来做好准备，自身的主体信用评价能力逐步退化。在后四万亿时代，商业银行内生增长乏力的问题一时无法得到解决，在“跨越式发展”“规模第一”等思维的推动之下，银行只能选择资产从表内转到表外、从贷款转到同业、客户从域内扩张到域外、资金从实体转到房地产和政府融资平台的发展道路，陷入了对政府信用与同业信用的迷恋。

银行自觉或不自觉地踩雷的背后其实是金融价值观的缺失，习惯于躺着赚钱，学着同业赚快钱的银行，集体陷于行业性的窘境也就不足为奇了。

传统的客户正在老去离去死去

银行正面临传统客户不断老去、离去、死去，却难以补充新鲜血液的困境。

中国银行业的市场化改革从20世纪90年代开始起步，而银行零售业务的觉醒则更晚。2002年，金海腾在担任广发银行杭州分行行长时，提出“举行个金（个人金融）”，当时被银行业看成异类。2003年9月22日，杭州广发推出了中国银行业第一只人民币理财产品。而行业中普遍认为的中国理财元年是2004年，那时光大银行总行推出了一只引起社会更多关注的理财产品。

个人理财业务的开展可以视作国内银行业零售业务发展的一个里程碑，从那时起，银行才真正开始关注个人客户。银行通常以财富生命周期来关注客户群，所以那些已经积累了一部分财富的人群变成了银行的目标客户，在那之前，连80后在银行眼中也不是目标客群。

然而，十多年过去了，80后早已成长为社会的中坚力量，90后也已走上工作岗位，而银行却并没有跟上时代前进的脚步，那些习惯于使用微信、支付宝的年轻客群，正在远离银行。

> 根据2010年全国人口普查数据，60后人口2.3亿，70后人口2.15亿，80后人口2.28亿，90后人口1.75亿，00后人口1.46亿。从90后开始人口数量明显下滑，中国社会老龄化速度在加快。

银行原先奉为优质客户的60后、70后正在逐渐老去，而新客户却并没有很好地补充进来。

银行会说，中老年客群是积累了大量财富的优质群体，更值得去关注，于是，银行也特别愿意去举办一些适合老年人的“进社区”活动。

而事实上是，绝大部分银行并没有特别适合老年人的产品和服务。

有一件发生在金海腾身上的真实故事。

> 2011年底，从银行退休的金海腾到上海创办了融至道，为了方便，他去他们公司开户的建设银行申办信用卡，申请表交上去之后，结果核卡未通过，理由是：已退休，不符合办卡条件。几个月后，金海腾出差在吉祥航空的柜台上办理登机牌时，航空公司人员见其是优质旅客，马上向其推荐办理兴业银行－吉祥航空联名信用卡，他将信将疑地填了申请表。几天

后，兴业银行核卡通过。

银行传统的优质客户正在老去，却再也揽不进正在成长中的客户。

与此同时，银行的传统客户也正在离去。企业家最懂企业，核心企业最为熟知所在行业产业链的运作，在产业自金融成为趋势的大背景下，一批优秀的企业开始从自身入手，解决供应链上企业融资难的问题。供应链核心企业的金融化，带动了一批银行传统客户的离去，进一步推动了金融脱媒。来自各行各业的龙头企业都纷纷开始了金融板块的布局。2015 年,“万达众筹”事件让整个银行业为之一震。

2015 年 6 月，万达通过其收购的互联网平台“快钱”发布了一个房地产收益权众筹项目，短短 3 天内募集资金 50 亿。

让任何一家银行在 3 天内吸收 50 亿资金都是非常困难的事情。表面上，这是万达有非常强的实力和市场号召力的表现，事实上却说明了中国的银行业看似非常发达，但是银行信用的有效覆盖面却非常不足。随着一些产业的成熟和一批龙头企业的壮大，当银行信用无法触达，而社会需求非常强烈时，商业信用就将在一些领域替代银行信用。

传统银行昔日的优质客户正在离去，一些有着产业背景的优秀企业已经入局银行业创办民营银行，它们甚至成为银行强有力的竞争对手。

留在银行的那些客户中，在行业分化的大潮中被抛弃的企业们正在死去。比如：曾带动1.7亿人口就业、创造近7万亿工业总产值的纺织服装业正面临困境——人民币升值、舶来品牌入侵和人力成本提高正在造成全行业亏损。利郎、佐丹奴、以纯、真维斯、德尔惠、九牧王……无数耳熟能详的民族品牌利润骤降、大量关店、经营维艰，部分企业甚至已经陷入了经营困境。纺织服装业的衰落是中国传统企业态势的缩影，而这些企业正是银行的主要客户，但它们无法支撑银行的未来。

在银行资产负债表上占据相当比例的商贸流通企业，随着信息时代的到来，“生产—流通—消费”的链条在越来越多的行业中被打破，中间链条缩短之后，这些企业的生存空间将被极大挤压，甚至消失。

传统银行的客户正在老去、离去、死去，银行若不转型将只能空叹“无可奈何花落去”。

合规靠制度

近年来，银行业大案要案频发竟然成了一种“常态”。

2016年1月22日，农业银行北京分行票据风险事件，经核查涉及风险金额为 39.15 亿元；

2016 年 1 月 28 日，中信银行兰州分行发生票据业务风险事件，经核查涉及风险金额为 9.69 亿元；

2016 年 4 月 8 日，天津银行上海分行票据风险事件，经核查涉及风险金额为 7.86 亿元；

2016 年 7 月 7 日，宁波银行公告称，发现深圳分行原员工违规办理票据业务，涉及金额 32 亿元；

2016 年 8 月 11 日，有媒体报道称，工行被虚假材料骗签 13 亿电子票，而且已经向恒生银行贴现；

2017 年，民生银行航天桥案涉案金额超 30 亿元，广发银行侨兴案涉案金额超 100 亿元。

2017 年被称为中国金融行业强监管元年，中国银监会加强了合规的检查和处罚力度。各家银行也空前重视，纷纷以各种形式加强了合规体系、合规制度的建设。却不料，浦发银行成都分行的一件违规授信案，几乎给了全行业一个响亮的耳光。

2018 年 1 月，浦发银行成都分行 775 亿违规授信案被查处，四川银监局依法对浦发银行成都分行罚款 4.62 亿元；对浦发银行成都分行原行长、2 名副行长、1 名部门负责人和 1 名支行行长分别给予终身禁止从事银行业工作、取消高级管理人员任职资格、警告及罚款，对 195 名分行中层及以下责任人员内部问责。

一家分行竟然就能造成“向 1 493 个空壳企业授信 775 亿元”的虚假授信，在长达数年的时间里，总行竟然毫无察觉，浦发银行成都分行还连续 4 年被评为内控优秀单位。

浦发银行成都分行还宣称多年不良贷款为零。稍微有一点银行从业经历和银行经营常识的人都知道，银行经营的是风险，长时间零风险几乎是不可能的，而且这期间浦发银行成都分行还经历了资产规模的大幅度增长。

浦发银行成都分行违规授信案是一面镜子，照出了银行业合规建设的诸多问题。

银行对合规建设不可谓不重视，各家银行的制度不可谓不完备，但结果却并不如人意。

“所有银行的制度都一样，但执行的效果不一样，究竟是制度问题还是执行问题？”金海腾在给很多银行从业人员讲课时常常向他们提出这样的问题，并且给出了自己的答案。

答案肯定是执行出现了问题，但为什么这么多的银行出现了类似的问题？

究其根源，问题出在了银行的管理体制上，中国绝大多数银行实行的科层制（又称“官僚制”），既是一种组织结构，又是一种管理方式。科层制强调依靠制度来进行管理。

科层制由德国社会学家马克斯·韦伯提出，它是一种权力依职能和职位进行分工和分层，以规则为管理主体的组织体系和管理方式，具有分工专门化、职位等级制、工作规则化等特点。

韦伯认为，从科学管理的角度来看，科层制确实有组织严密、分工合理等优点，有助于组织的高效运行。

但在经营管理上仍然带有很多行政管理色彩的中国银行业，这种管理方式却被放大了：等级严密助长了官僚作风，在某些银行甚至不能跨级沟通；过长的等级设计，使得决策者很难接触到一线，信息容易失真；脱胎于苏联苏维埃“一正几副”的领导体制，使分工变成了分家，跨条线协调难成了银行的通病；非人格化的管理特点使得员工失去了主动思考能力，只按规定完成规定动作，最后连责任心都缺失了。

韦伯的祖国德国一家银行在2008年金融危机中发生的一件事情将科层制和制度管理的缺陷极度放大，甚至已经被银行业传为“德国最愚蠢的银行”的笑话。

2008年9月15日上午10点，拥有158年历史的美国第四大投资银行——雷曼兄弟公司向法院申请破产保护，消息瞬间传遍地球的各个角落。

令人匪夷所思的是，在如此明朗的情况下，德国国家发展银行（KFW）10点10分，居然按照外汇Swap（掉期）协定的交易，通过电脑自动付款系统，向雷曼兄弟公司即将冻结的银行账户转了3亿欧元。毫无疑问，3亿欧元将是肉包子打狗——有去无回。

转账风波曝光后，德国社会舆论一片哗然。普遍认为，这笔损失本不应该发生，因为此前一天，有关雷曼兄弟公司破产的消息已经满天飞，德国国家发展银行应该知道交易的巨大风险的存在，并事先做好防范措施才对。销量最大的《图片报》在9月18日头版的标题中，指责德国国家发展银行是迄今“德国最愚蠢的银行”。此事惊动了德国财政部，财政部部长佩尔·施泰因布吕克发誓，一定要查个水落石出并严厉惩罚相关责任人。

法律事务所的调查员先后询问了银行各个部门的数十名职员，几天后，他们向国会和财政部递交了一份调查报告。报告并不复杂深奥，只是记载了被询问人员在这10分钟内做了些什么——

首席执行官乌尔里奇·施罗德：我知道今天要按照协议约定转账，至于是否撤销这笔巨额交易，应该让董事会讨论决定。

董事长保卢斯：我们还没有得到风险评估报告，无法及时做出正确的决策。

董事会秘书史里芬：我打电话给国际业务部催促风险评估报告，可那里总是占线，我想还是过一会儿再打吧。

国际业务部经理克鲁克：星期五准备出国参加研讨会和报告，我得专心处理一些报告方面的联络工作，晚上我还要去听音乐会呢。

国际业务部副经理伊梅尔曼：忙于其他事情，没有时间去关心雷曼兄弟公司的消息。

负责处理与雷曼兄弟公司业务的高级经理希特霍芬：我让我的部属有权限上网浏览新闻，一旦有雷曼兄弟公司的消息就立即报告，现在我要去客户那开一个重要会议了。

职员施特鲁克：10点3分，我在网上看到了雷曼兄弟公司向法院申请破产保护的新闻，马上就跑到希特霍芬的办公室，可是他不在，我就写了张便条放在办公桌上，也发了短信到他手机，他应该会看到的。

结算部经理德尔布吕克：今天是协定规定的交易日子，我没有接到停止交易的指令，那就按照原计划转账吧。

结算部自动付款系统操作员曼斯坦因：德尔布吕克让我执行转账操作，我什么也没问就做了。

信贷部经理莫德尔：我在走廊碰到了施特鲁克，他告诉我雷曼兄弟公司的破产消息，但是我相信希特霍芬和其他职员的专业素养，一定不会犯低级错误，而且这非我职责范围，因此也没必要提醒他们。

公关部经理贝克：雷曼兄弟公司破产已经是不争的事实了，我想跟乌尔里奇·施罗德谈谈这件事，但上午要会见几个克罗地亚客人，等下午再找他也不迟，反正不差这几个小时。

德国经济评论家哈恩说，在这家银行，上到董事长，下到一般职员，没有一个人是愚蠢的。可悲的是，几乎在同一时间，每个人加在一起就创造出了“德国最愚蠢的银行”。

实际上，只要当中有一个人认真主动思考一下，那么这场悲剧就不会发生。导致一场悲剧，短短10分钟就已足够。[①]

金海腾主张“以层次管理为主，以现场管理为责任心”的管理理念，银行构建以层次管理、制度管理的管理体系来保证组织严密、分工科学的基础上，更要注重现场管理。

现场管理强调的是要到现场，到现场去寻找答案，将管理流程和决策流程前移。这与日本企业家稻盛和夫的“现场有神灵”和美国前国务卿鲍威尔的“一线永远是对的，二线永远是错的，除非证明不是如此”若合一契。

在银行的管理体系中，对二线而言，一线是现场；对总行而言，分行是现场；对分行而言，支行是现场；对银行工作人员而言，客户是现场。

对于现场管理的论述，在《金融道》和《金融道2》中有更多更详细的论述。

银行要迈出合规建设的窘境，需要将现场管理和层次管理有机融合。

在新工业经济时代，脱胎于旧工业时代的银行组织管理体系，不管是被动还是主动，都将迎来新的变革。

①资料来源：《十分钟悲剧带来的启示》，《中国会计报》，2011年10月21日。

绩效主义的误区

一直被中国很多银行视为标杆的美国富国银行，在2016年爆出了“账户门”丑闻，令人大跌眼镜。

2016年9月，富国银行被曝光账户造假丑闻。富国银行因被查出从2011年起开立了约200万个虚假信用卡账户，被美国联邦法院开出了1.85亿美元的天价罚单。

实际上，富国银行的管理层早在2013年就已经知晓了假账户问题，并立即开始着手调查。但在搞清楚全部真相之前，他们既没有及时通知股东，也未向当局汇报，更没有对内外披露。基于内部调查结果，富国银行在5年内开除了5 300名涉事员工，并追究了他们的责任。

对于假账户事件，富国银行CEO施通普夫一直坚称，银行高层管理人员并没有诱导或是逼迫员工进行违规操作。

但事实上，问题根源在于富国银行已经异化了的交叉销售。

富国银行交叉销售的目标是实现平均每个客户拥有富国银行8个产品，而当时已经达到了6.29个，与之对比的美国其他银行平均则是3到4个。为实现交叉销售数“8”的目标，富国采取的措施是降低员工薪酬，并提高他们的销售目标额，要求他们向顾客销售更多的产品。

富国银行的交叉销售曾经乃至现在还是很多银行学习的榜样，但是富国银行自己却将此导向了绩效主义的极端。

绩效主义就是，业务成果和金钱报酬直接挂钩，员工是为了拿到更多报酬而努力工作。

不只富国银行，国内有很多银行也陷入了绩效主义的误区。

首先，为衡量业绩，必须把各种工作要素量化、指标化，各个部门、分支机构、员工工作是为了完成指标，不惜掺汤兑水弄虚作假。

其次，因实行绩效主义，银行内部追求眼前利益的风气蔓延，短期内不能见到效益的工作就无人关注。

最后，因为涉及自身利益，所以本位主义严重，相互协同作战能力差。

绩效主义不是绩效管理，绩效管理要遵循两条根本的原则：需要掌握行业发展规律，符合自身的发展战略和发展阶段，设计合理的管理体系和考核指标；需要将员工的物质奖励和精神激励有机结合。

核心误区之一：考核体系逻辑不清，指标类别混淆。

银行是高风险行业，在追求效益的同时，需要把控风险，这既是监管部门的要求，也是银行自身经营的需要。

国内银行常常采用的是单百分考核，将诸如存款、客户数、理财产品销售额等经营发展类指标与不良资产、违规扣分项、差错率等管理控制类指标作为并列的指标放在同一个指标体系中，最终考核得分是两类指标相加。

“这样的逻辑不清将会使得整个评价体系变得混乱而无效。”金海腾直指这个考核体系的根本问题，并早在 1998 年时就提出了他独创的银行双百分考核体系，即经营发展类指标和管理控制类指标各占 100 分，最后的总得分为两类指标得分相乘之后再除以 100 的分数。

举个例子：假如一家支行在考核中经营发展类指标得了 90 分，管理控制类指标得了 60 分，那么在单百分体系中，这家支行的考核得分为两项相加后的平均分，即 75 分。而在双百分体系中，最后的得分就是（90×60）$\div 100 = 54$。

两者对比，差异立显。这家支行很可能是在那个考核期内，存款暴增，但不良资产也猛增，但在单百分体系中，它仍然表现不错，而在双百分体系中则立马显出不足。

核心误区之二：错把结果当成了手段，指标设计跟不上变化。

很多银行在对分支机构特别是支行进行考核时，往往会有利润指标甚至利润指标占相当大的权重。

考核是一家银行战略落地的抓手，比如：一家银行要进行零售转型，那么势必要从零售客户的积累开始做起，于是，零售客户数、理财产品销售额、电子渠道的替代率常常是考量转型是否有进展的重要指标，也是转型过程中需要去抓的。但假如直接考核利润，那么那些短期并不产生利润的过程指标就会被忽略，全局的战略思想在局部经营时就难以落地。

利润是经营结果，考核是手段，考核更需要把握过程，假如将利润指标设置到过程把握中，那么效果往往会产生异化。

如此类似，将结果当作手段的做法在很多银行还是普遍存在的。

再者，银行在考核时常常没有厘清业务发展的内在逻辑，会导致指标设计无效。比如：银行寄希望于将手机银行打造成一个流量入口，于是就将手机银行开户数、通过手机银行购买理财产品金额等作为考核的指标，而实际上这并不有助于将手机银行变成一个流量的入口。在互联网行业，考量一个平台是否活跃的标准常常是月活跃用户数。而银行这样滞后的考核方式带来的结果就是，手机银行变成了银行客户经理帮客户完成一次开户之后，客户再也没想过要去打开的软件。

核心误区之三：重物质奖励，轻精神激励。

银行在以资产规模扩张模式为主要发展模式的阶段，喜欢简单、直接地用物质奖励推动发展，一时间银行员工高收入变成了一个被社会诟病的话题。

银行员工的群体性高收入却并没有带来银行道德风险的降低，前述讲到的诸多例子，很多都是没有把控好银行员工的道德风险，忽略了道德风险导致资产质量风险的隐蔽性和滞后性造成的。

“物质奖励强调的是公平性原则，精神激励注重的是价值观导向，两者需要有机结合，缺一不可。”金海腾一语将两者的逻辑剖析透彻。

国内的银行普遍缺乏精神激励，更多的是形式重于内容，这其实就反映出了银行核心价值观的缺失：在经营领域的价值观缺失将会导致银行变成无头苍蝇，盲目而无序；在管理层面的价值观缺失则将导致道德风控难以把控，无法形成忠诚守信的员工队伍。

从无效的绩效主义到有效的绩效管理，关键是厘清逻辑，本质是文化建设。

战术勤奋，战略懒惰

有一个耳熟能详的故事，描述了犹太人和中国人不同的生意经。

> 犹太人在一个地方开了一个加油站，生意特别好，然后第二个犹太人开了一个餐厅，第三个犹太人就开了一个超市，这个区域就很繁华了。中国人开了一个加油站，生意特别好，第二个中国人肯定开第二个加油站，第三个、第四个中国人也开加油站，形成恶性竞争，大家都没的玩。

国内的银行就像是这个故事里的中国人，喜欢开同样的加油站。

中国银行业的同质化差不多变成了行业内习以为常的现象，大概每个银行人都能够描述得出同质化的三个阶段。

同质化 1.0 时代：拉存款，垒大户；

同质化 2.0 时代：卖理财，做小微；

同质化 3.0 时代：做同业，做互金（互联网金融）。

这是绝大部分银行走过的发展路径。市场竞争必然带来个体的分化和差异化，在一个行业中出现如此大面积的同质化个体，在国内的竞争性行业中也很难找出第二个类似的行业，说明了这个行业是最不够市场化、转型最迟缓的群体。

银行同质化，“客观”原因都能够说出很多：银行业是受管制行业，受限制较多；银行经营受行政化干预较多；受经济发展周期性影响较大；等等。

银行业在全世界范围本来就是受管制的行业，但是为什么世界上其他国家还是会有这么多形色各异的优秀银行，而中国却鲜有有特色的银行？

根源还是在自身。不知从何时起，中国的银行业就有一股“学标杆，抄标杆”的风潮，但结果都学不成标杆。

用金海腾的话讲，这叫“战术勤奋，战略懒惰”，看似忙忙碌碌地在学习，但并没有实质性的创新。

大抵有如下一些常见现象。

一是战略懒惰，不能居安思危地有效感知、预判外部环境的变化，而普遍采取跟随战略，亦步亦趋，畏首畏尾。黄金十年所带来的快钱效应，使得转型思想犹豫不决，甚至希望旧经济周期可以回光返照，习惯性地将焦点和资源聚焦在原先熟悉的短期见效的业务板块。有一部分人在当前环境下还在争论要不要转变的问题。

二是目标迷茫，由于中小银行经营活动被寄予太高的期望，也承担了太多责任，包括地方政策、监管要求、股东利益、自身发展等，多重性的目标容易失去焦点，且其中内在的矛盾往往互相制约，顾此失彼，难以协调，产生了战略迷茫。

三是竞争加剧，生存和发展难以平衡。竞争的复杂性是当前全球商业银行所面临的普遍状态，金融脱媒、利率市场化、利差收窄、经济周期下行等均有前车之鉴。加之 Fintech（金融科技）的兴起，乱花渐欲迷人眼，管理者疲于应对现状，也就疏于思考未来。

四是战略管理手段缺失，缺乏有计划有步骤地进行战略探索和试错的管理能力，在战略管理中常常陷入以偏概全、非此即彼的误区。一方面忽视了转型中的平衡策略与弹性调节手段，采取一刀切的管控模式，忽略了战略转型是变革不是革命，应该在转型中逐渐寻找发展机遇并树立队伍信心。另一方面对转型的困难估计不足，抱有通过转型获得短期快速增长的不切实际的预期，考核采取简单粗暴的绩效主义，一切以财务结果为导向，忽略对全体员工的统一思想及对改革的过程管理。这样的转型不但无益于为银行带来有效改变，反而会适得其反，让全体员工闻“改革”色变，重压之下阳奉阴违、消极应对，甚至采取一些造假手段应付考核。

五是综合经营的误区越陷越深。许多政府官员、监管机构以及银行从业人员认为，商业银行就应该走综合发展的道路。于是，很多银行也觉得，我只要什么业务都有，至少能“东方不亮西方亮”，结果就变成了什么业务都不行。

如果没有战略方向上的规划，那么任何战术上的努力都是无效的，都是量上的堆积，甚至可能越努力越错。

战略上的懒惰没有影响银行混过“黄金十年”，但潮水已退，形势将逼得银行不得不去改变。

在新经济时代，整个经济、社会的格局都将发生根本性的变化，整体趋势将是不可逆的。

一位中小银行的董事长在某次演讲时忧心忡忡地讲道：“银行以往出现不良贷款时，因为经济的快速发展，能够消化掉，而现在来看，这一波可能出现的不良潮，不可能按照原有的方式去消化了。”

的确，随着银行业市场化的不断深入，银行还希望像以往那样通过经济周期的轮转、政府政策的改变和扶持来重新获得发展的局面，已经不可能了。

新经济时代，迅速崛起的竞争对手将打破银行“中国市场够大，我偏安一隅也能自得其乐”的幻想。

第三章 另一种“银行”

> 不存在完美的市场均衡，在经济理论之外的现实世界里，每个企业的成功，恰恰是因为它打破了均衡，它做到了其他企业不能做的事情，也就是从0到1的事情，而不是它跟其他企业做一样的事。
>
> ——PayPal（贝宝）创始人彼得·蒂尔

美国的特色银行们

2012年5月31号，春夏之交的旧金山阳光正好。美国一家社区银行——阿拉米达银行的行长兼CEO史蒂芬·安德鲁斯先生正在向台下的中国银行家们介绍美国的社区银行。

阿拉米达银行有5家分行，是阿拉米达县最大的社区银行，也是旧金山当地最好的社区银行之一，曾获2003年度美国加州地区银行最佳业绩表现奖。

从“美国社区银行到底是什么”，到他们所面临的信用风险、利率风险、操作风险，以及监管部门对社区银行的监管框架，阿拉米达银行的行长兼CEO史蒂芬·安德鲁斯先生从一位亲历者的角度对美国社区银行的历史和现状进行了深入的解读。

史蒂芬·安德鲁斯先生本人也颇具传奇色彩，他当时已经创办了好几家社区银行。他惯于认真选址经营，从无到有地建立起一家社区银行，在发展壮大之后就择机将其卖给大银行，然后再重复一遍上面的过程，反复几次之后，他在美国的社区银行圈子中已经声名远播了。

“在美国，我们有一个社区银行协会，”史蒂芬说道，“这个协会的主要作用就是向华盛顿游说来确保中小银行的权益不受损害，”他整了整自己的领带，“我是这个协会的副主席，所以我一年有一半的时间其实是在华盛顿度过的。”

台下来自重庆银行的各位听众的兴趣瞬间被激发了。这种和政府以及监管机构沟通的方法，他们是第一次听说，社区银行联盟这种形式也的确值得中国的中小银行借鉴。

“中国的社区银行该怎么做？”是各位听众心中共同的疑惑。

这也正是融至道咨询举办多次中国银行家赴美考察培训的初衷之一——为当时急切希望拓宽视野的中国中小银行们介绍和引进国外先进银行的经验。

史蒂芬将美国社区银行制度和社区银行经营模式给学员们进行了详细的介绍。

美国社区银行的发展有将近两百年的历史，是指经营范围局限于某一特定区域内的区域性银行，主要是为其经营范围内的中小企业和居民提供服务，这与中国的城市商业银行、农村商业银行/农村信用社、村镇银行等区域性的中小型银行有非常相似的特点。

美国的银行体系中既有大型的商业银行，也有像阿拉米达这样为数众多的小型社区银行，这些小型社区银行在满足本地化金融需求方面发挥了巨大的作用，其经营模式也有非常典型的本地化特色。

美国社区银行最基本的特点是能够根植于本地，与本地的中小企业和居民保持深度的沟通与联系，它们是最了解当地情况的银行，关系型银行业务是它们主要的特色。我们在考察美国社区网点的实际经营状况时，能够发现它们的员工对周围中小企业和居民的状况了如指掌，甚至对于走进网点的客户，他们常常能够直呼其名。

我们常说贷款5C原则：借款能力（Capacity to borrow）、资本（Capital）、担保（Collateral）、经营情况（Condition of business）、借款人品德（Character）。中小企业特别是小微企业在借款能力不足、资本实力不够、担保品欠缺的情况下，后两项就显得尤为重要了，而这恰恰是社区银行的强项。

而根据史蒂芬的介绍，美国将近1/3的小额工商业贷款和2/3的小额农业贷款是由社区银行发放的。

也有人怀疑，美国的社区银行大多规模在10亿美元以下，而中国很多的城商行、农商行已经大大超过了这个规模，已经变成了超大型的区域型银行，美国社区银行的经验是否有局限性？

我们再来看另外一家美国的银行——联信银行，当时联信银行高管的现场介绍，也引起了中国银行家的关注。

联信银行是财富500强企业、美国20大金融企业联信金融控股（Comerica Incorporated）的子公司，联信金融控股主要有商业银行、零售银行以及财富管理三大业务板块。联信银行有一个特色，就是它们聚焦于小企业业务，定位鲜明，连个人业务都很少涉足。它们的经营地域跨度较大，但是业务类型覆盖内容却比较小，它们主要在得克萨斯州、加利福尼亚州、密歇根州、亚利桑那州和佛罗里达州开展业务。即使这样，联信银行当时也已经有了653亿美元的总资产，在美国银行中规模排名靠前。

这样两家特色鲜明、定位明确的银行无疑对当时同质化严重的中国银行有着极大的启发意义，给这些银行高管们带来了极大的思想冲击。

区域聚焦的阿拉米达银行和业务聚焦的联信银行，它们都在聚焦的同时做了取舍，而战略上的取舍对于求大求全的中国的银行是一个两难的选择。

靠并购成长的最好的银行

在那个资产规模狂飙突进的年代，在中国做银行好像变得分外容易，银行的管理者们被财务报表上的数字引诱，看到同业们资产膨胀和利润数字的高歌猛进，没人甘心落于人后。

此时的人们已经淡忘了5年前发生在遥远的大洋彼岸的次贷危机。

在那次危机中，仅仅4年的时间，美国共有370家银行破产倒闭。从2008年开始，2008年倒闭25家，2009年倒闭140家，2010年倒闭157家，2011年倒闭48家。除此以外，出现问题的银行更是数倍之多，2008年之前每年是90到100家左右，但2008年的时候忽然之间就从250家一直增到702家，2010年是824家，2011年为865家，这是美国银行界从来没有的事情，为了救助这些银行，美国联邦存款保险公司（FDIC）的账面甚至变成了赤字。

这样的场景会发生在中国吗?

至少2013年中国的银行绝不这么认为。身处大潮中的弄潮儿并不担心自己的未来，只有当潮水渐渐退去，裸泳的人们才恍然大悟：自己之前的成功只是某种命运的垂青罢了。站在一个后知后觉者的角度，这种顿悟至少还需要再过5年。

但就是这轮次贷危机，为中国的中小银行们留下了一个窥探未来的窗口。

因为在次贷危机中，美国银行业表现的分化可能也指征了中国银行业的未来。一般人对美国银行业的了解可能更多的是富国银行、美国银行、摩根大通、花旗银行，这些银行久负盛名，无论是在美国还是在全世界，它们都可以说是大型银行，但它们在金融危机中的表现证明了它们并不是美国最好的银行。

次贷危机之后的第3年，在《福布斯》金融杂志2011年公布的100家全美最好银行排行榜上，通过综合考量银行的平均股权回报率、不良贷款率、不良资产率、不良拨备率、杠杆比率等8项指标，排名靠前的竟然都是中小银行，这些中小银行以极其鲜明的特色和稳健的经营获得了投资者的青睐，成为银行中的明星。

排名第1名的银行是一家并不起眼的银行，叫普斯派瑞蒂银行（Prosperity Bancshares），这家银行专注于得克萨斯州，作为全美国土地面积和人口第2大州，得州的经济增长让这家银行获益不少。这家银行在得州经营得风生水起，在整整10年的时间里都获得了高速的增长：10年间贷款的平均增长率是27%，存款的平均增长率为25%，总资产平均增长率是26%，净利润的平均增长率为27%，不良资产率维持在0.05%左右。

没有四万亿，没有弯道超车的金融市场业务，这家银行如何能在10年间取得这样高速的增长？

背后的奥秘就是并购。可以说，在美国没有一家银行是靠着自己做大的，任何一家成功的银行都是靠着并购成长起来的。

普斯派瑞蒂银行在16年的时间里发起了36场并购，并且都非常成功。这家银行善于在经济形势处在低谷时期实现扩张，其两次并购高峰分别出现在1988年至1992年以及2008年至2013年的两段时期，这两段时期的共同特点是美国宏观经济下行，银行遭遇危机，当有银行倒闭时，普斯派瑞蒂银行就抓住机会进行并购。被普斯派瑞蒂银行并购的银行中很多都是经营失败后由联邦存款保险公司接管，再由普斯派瑞蒂银行从联邦存款保险公司手中以较低的价格买下的。

但同时，普斯派瑞蒂银行对每个扩张机会都保持审慎的态度，并至少从 5 个方面进行评估。一是管理层和经营理念的相似性；二是并购是否能够提高银行收入和股东利益；三是并购后是否能够通过规模经济提高效益比率；四是并购是否能够从地理区位上扩大银行的市场范围；五是并购是否有利于提高其在已有市场上的市场表现和业绩。

普斯派瑞蒂银行一个值得称道的地方便是节俭，当其他银行的广告宣传布满报纸的一页又一页时，普斯派瑞蒂的节俭、低调让人难以置信，它们几乎从来不刊发任何广告，除了几次收购被作为通告转载，偶尔在荐股栏目中被人提及名称，其他的新闻栏目中几乎找不到它的名字，在得克萨斯州之外没有人知道这家银行的名字。在互联网上，这样一家经营优质的公司，也只能找到它的股价表，以及每年用心打造的年报。2005 年，普斯派瑞蒂银行被著名精品投行 Sandler O’Neill & Partners 提名为最节省的小银行，同时被《休斯敦纪事报》评为节约表现奖，节俭之名广受称道。

与普斯派瑞蒂银行相比，福布斯榜上第 41 名的美国合众银行（U.S. Bancorp）是个真正的大家伙。作为美国资产规模第五大的银行，这样一个大家伙在 2011 年 7 月被欧洲的《欧洲经理》（*Europe Manage*）杂志评为“全美最好的银行”。在 2008 年和 2012 年，合众银行的总资产回报率排名全美第一，净资产回报率也高达 12.7% 和 16%。这家银行最大的特色是非息收入占比十分之高。2007 年，其非利息收入占比 52%，令人咋舌，即便 2012 年跌到 45%，仍接近一半。

与其说合众银行是一家银行，倒不如说它是一家科技公司。合众银行以技术立身，在技术创新上投入极大，合众银行通过建立先进的支付清算体系来服务其他银行，在其 45% 的非利息收入中，28% 就来源于支付清算体系。

在 2001 年到 2006 年期间，合众银行在基础设施和合规改进上投资 20 亿美元，打造尖端技术平台。2009 年，合众银行联合最大的国际信用卡组织维萨公司（VISA）成立合资公司 Syncada，以一个集成的电子金融供应链平台替代当前效率低下的纸介质 B2B（企业对企业）流程，为公司和政府机构提供一种更加高效的支付和收款手段。

在科技之外，合众银行非常重视个人贷款和小企业贷款。公司贷款的比重只有 20%，而个人和小企业的贷款的比重则占到 44%。为了更好地服务个人和小企业，它们非常注重网点的作用，并利用社区银行业务模式，尽量扩大其在各个社区的影响力，尽管也有像中国这样的传统服务网点，但是为了方便客户，它们首选在各种超市、店面、大公司甚至校园内建立网点。

在这种网点战略的指导下，大学城的网点已经成为合众银行的标志，现在几乎美国所有的大学都有它们的网点。在融至道组织的美国培训项目中，合众银行的大学网点也成为一个几乎必去的参观场所，颇受好评。

与普斯派瑞蒂银行，或是其他任何一家大银行一样，并购也是完善合众银行市场布局的一个有力手段。金融危机之后的 4 年中，合众银行就已经通过并购增加了 300 亿美元贷款、300 亿美元存款和 30 亿美元信用卡资产。在并购中它们优先考虑的是拥有更先进的支付系统技术或是信用卡技术的公司。另一方面，它们注重被收购银行所处位置的潜力，并成功地在人口增长率较高的关键市场如加利福尼亚州、伊利诺伊州和亚利桑那州成为前三大银行。

一切的发展和并购都是为战略服务的，因此，合众银行在并购时严格执行战略意图，不进入投资银行或保险业务，仅致力于传统商业银行业务，鲜明的定位成为其成功的重要保障。

不论是普斯派瑞蒂银行还是合众银行，都拥有并保持着独特的定位，且将这种定位上的差异性视为自己的竞争优势。

然而，这两家银行在美国还不是最独特的。

像风投基金的硅谷银行

在福布斯的榜单上排名第 9 的是一家特别的银行——硅谷银行（SVB），这家经营模式与众不同的银行尽管在日后逐渐被中国的银行家所知，当年却只是因为与上海浦东发展银行合资成立的浦发硅谷银行而在中国的银行圈中激起了一些小小的涟漪。

1983 年，注册资本仅为 500 万美元的硅谷银行在全球高科技企业和风险投资的源头和摇篮——硅谷成立了。1993 年，美国政府宣布实施一项新的高科技计划——兴建“信息高速公路”，硅谷的高科技产业进入了一个风起云涌的时代。同年，约翰·迪恩出任硅谷银行 CEO，此时的硅谷银行只有两个最简单的金融产品：贷款和存款。

当时，在硅谷开设的银行有 350 家之多，如何与它们竞争呢？这位新到任的 CEO 不走寻常路，冒出了一个大胆的想法。他发现这些银行几乎都把成熟的大公司作为服务对象，无暇顾及创业中的中小公司。因此，他决定要让硅谷银行名副其实，变成一家真正“服务硅谷的银行”，为具有创新和冒险精神的创业企业提供金融服务。

二十几年来，理论上高风险的硅谷银行每年的坏账损失率不到 1%。1993 年到 2010 年，硅谷银行的平均资产回报率为 17.5%，比同时期的美国银行同业平均回报率高 5 个百分点，资本充足率也优于一般商业银行。时至今日，硅谷银行已经真正成为创业企业的银行，被称为“创新的银行”。

硅谷银行有 5 个业务模块，分别是商业银行、估值服务、私人银行、资产管理和基金管理。商业银行向初创企业提供贷款、现金管理，以及企业走向海外发展所需要的各种服务。企业估值服务则在创业企业出售时提供，硅谷银行会以银行的专业性和独立性来进行评估。下一阶段，功成名就的创业者需要私人银行服务，而进入稳定期的企业需要资产管理服务以提供资本储备及流动性管理方案。最后，基金管理是硅谷银行的核心竞争力，帮助硅谷银行构筑了其独一无二的客户定位和风控能力。

基金管理的核心是硅谷银行设立基金的基金（Fund of Fund）会投资各大风险投资基金（Venture Capital）并成为它们的有限合伙人（Limited Partner），因此，硅谷银行就能直接了解各大风投所投的企业以及它们对这些企业的专业判断，并将这些判断与传统的贷款风险评估体系再做一个互相验证。在这个过程中，硅谷银行形成了自己特有的针对高科技创业企业的风险评估体系，既包括传统银行的评估模型，也有独特的投行标准，比如行业影响力、创始团队的背景、投资人的身份等。

硅谷银行充分了解创业企业的成长周期，了解不同类型的公司所面临的主要风险及风险承担能力，通过监控这些风险，他们既不会像传统银行那样看到风险的一点风吹草动就如临大敌，又能在关键时刻果断采取行动。

不论从哪个角度看，硅谷银行都不太像是一家银行，倒是更像一家风险投资公司。硅谷银行投资几类新兴企业：软件、硬件、生命科学、新能源、新材料以及高端红酒。美国的几大科技巨头，包括脸书（Facebook）、优步（Uber）和爱彼迎（Airbnb）都曾受惠于硅谷银行的债务融资，硅谷银行帮助它们大大降低了融资过程中的股权稀释速度。在新兴企业市场，硅谷银行占据高达 50% 的份额。当这类企业成长以后，很多成功地成熟起来的企业依旧是它的忠实客户，甚至即便是做到全球化的企业，硅谷银行仍然还是占据着 10% 的市场。与众不同的客户定位、独树一帜的风控体系，这是硅谷银行享誉盛名的原因。

做银行业务的数据公司

与硅谷银行类似，福布斯榜单上排名第19的第一资本金融公司（Capital One Financial）也是银行中的异类。其创始人尼格尔・莫里斯是这么评价第一资本的："我们不是一家传统银行。我们并不把自己看作是银行，而是一家基于数据战略的公司，只是提供的最受欢迎的产品恰好在银行业而已。"

第一资本的这个战略不是凭空得来的。20世纪80年代末，在第一资本全面进入之前，美国的信用卡行业已经是一个相对成熟的市场，信用状况较好的美国家庭一般都持有多个银行的信用卡。但当时所有银行均采用"20 + 19.8"的收费模式，即20美元的年费和19.8%的年化利率。出身于咨询公司的两位联合创始人认为，第一资本要能够根据不同客户群体的特点，设计出满足客户需求的个性化产品，并衍生出了产品和服务的"最终目标"：将合适的产品在合适的时间以合适的价格投向合适的客户。

第一资本是将银行电话客服系统改头换面的先行者。在第一资本之前，每一家银行的电话银行系统都千篇一律。客户打通电话，永远只能听到电话那头标准化的应答：您好，这里是某某银行，查询服务请拨1……客户等得心焦，银行也白白浪费了电话费。

第一资本就盯上了这点电话费，它们下决心要把一切能节省的成本都省下来。为了节省电话费，首先就要降低客户的通话时间。充分研究了客户打电话来的原因和诉求后，他们发现 90% 以上的客户，最常见的有 10 个理由。比如，提高了客户贷款利率，客户就会打电话来；因为机器故障而冻结他们的卡，也会打来；如果寄出一张新卡，需要激活，客户也会来电；有些用户每个月都打电话来查询一下他们的余额，而另一些则每个月查 3 次。

研究人员花了几个月的时间来分析所有这些情况下通话的模型，以清晰地指出在客户使用信用卡期间遇到哪些事情才会打电话过来。于是，研究人员相应地编写了决策树软件，给电脑输入指令，让它来控制电话的直接切换。他们以人工智能系统来代替人工服务：先预测出每个电话打来的原因，然后直接转给最合适的人来处理。比如说，如果客户曾收到一些产品的广告，他们的来电就会自动被接到提供具体产品信息的客服代表那里。

这个电话系统成了第一资本的竞争优势，既实现了低成本，又提升了服务的品质。在这个系统投入运营后的几个月内，已经达到了 40% 的准确率。一年以后，准确率又提升到了 60% 至 70%。

这个系统还具有自我智能升级的功能。例如，系统可以记住客户打电话过来时通常会使用的语言，然后默认为首选。如果你通常会使用家人的手机打电话，尽管这个号码并没有在第一资本登记，几次以后，系统就能辨认出此号码，并与你的账户挂钩。如果一个客户打电话来是为了取消账户，那么他将遭遇到第一资本最为精密的精算流程，系统会对他的客户价值进行即时分析。值得挽留的客户就会被转到专门的“客户保留专员”那里，而如果银行认为可以接受他撤销账户要求，线路就会接通到自动问答中，客户使用电话键盘上的号码就可以进行便捷的操作。

第一资本的信用卡业务大获成功，他们拥有了 7 400 万的客户，在美国，每 4 个人中就有一个人用它的信用卡。因此，第一资本决定趁势扩大战果，从独立的信用卡公司发展成一家商业银行。7 年之后，第一资本已经是美国存款第 6 多的银行。而即使这样，当年它 70% 的利润仍然是从信用卡中获得的。

硅谷银行和第一资本银行的成功给予我们一种强烈的启示：在某一领域内深耕，做到与众不同，就很可能会给银行带来成功。

可以解决短贷长用问题的“银行”

在国内，商业银行的中长期贷款受到了严格的规范，因此为了便宜行事，银行发放的贷款中绝大部分为流动资金贷款。流动资金贷款顾名思义，是指贷款期限在一年以内（含一年）的流动性贷款，是为满足客户在生产经营过程中临时性、季节性的资金需求，保证日常生产经营活动的正常进行而发放的贷款。

那么，如果企业特别是中小企业在设备采购及升级、技术改造中需要的中长期贷款该如何满足呢，曲线救国的方式就是“短贷长用”，这也成了银行业中大家心知肚明的潜规则，但这仍解决不了问题。

有需求的地方，一定有市场，有市场的地方一定有竞争。既然传统的银行不能满足，那一定会有其他的竞争者去满足。

融资租赁是集融资与融物、贸易与技术更新于一体的金融业态，由于其融资与融物相结合的特点，出现问题时租赁公司可以回收、处理租赁物，因而在办理融资时对企业资信和担保的要求不高，非常适合中小企业融资。

1952 年，第一家融资租赁公司在美国成立，开始了现代融资租赁业的发展历程。在欧美发达国家，融资租赁已经成为仅次于银行信贷的第二大金融工具，与银行、保险、信托、证券共同构成现代金融的五大支柱。在美国，每 100 亿贷款就另外有高达 60 亿的融资租赁。

中国的融资租赁业从 2007 年起进入了爆发式增长期，呈现了几何级数的增长，至 2012 年底，全国融资租赁公司约 560 家，其中包括金融租赁公司 20 家，内资租赁公司 80 家，及外资租赁公司约 460 家。但是整个融资租赁的市场渗透率（租赁交易总额占固定资产投资总额比例）还未超过 5%，对比发达国家 20% 至 30% 的比例，潜力巨大。按照保守测算，预计中国 2020 年市场规模能达到 12 万亿元；而如果以发达国家市场渗透率的下限 20% 来测算，参考截至 2018 年的社会融资规模存量 200.75 亿元，那么融资租赁市场将高达 40 万亿元，中国的融资租赁市场还有巨大的供给缺口。

但是即使到了今天，中国的银行家们对融资租赁业务都不能说是非常了解。谈到融资租赁，大家首先想到的肯定是工银租赁、民生租赁这样的巨头，注册资本动辄百亿人民币，做的租赁标的也是飞机、轮船这样的大家伙，每笔业务都至少是上亿的，但这并不是融资租赁的全部。

融资租赁在中国曾单纯作为一种引进外资、购入国外先进设备的融资渠道，多年来创新不足。融资租赁公司对风险偏好和租期的设定都是以大型设备作为标的，资产投向行业的倾向明显，仅仅局限于能源设备、交通运输设备、基础设施及不动产、通用机械设备、工业装备等少数领域，这是导致租赁渗透率较低的主要原因之一。

与之形成鲜明对照的是中国的中小企业几乎无法获得中长期贷款，目前银行给中小企业的授信绝大部分是期限半年或一年的短期流动资金贷款，而美国小企业管理局则鼓励合作的金融机构进行长期贷款，一般在7至10年间，甚至可达25年。因此，中国的中小企业很难获得中长期的固定资产融资（如设备融资）以实现技术改造、扩大再生产。部分中小企业无奈之下只好通过非正常渠道高成本融资或将银行流动资金贷款短贷长用。

银行贷款解决不了的问题，融资租赁正好可以完美解决。可以说，融资租赁是天然服务于技术改造、设备升级的金融工具。但现实是融资租赁公司没有渠道能触达这些企业，涉及农机及小微企业设备的融资租赁渗透率远低于1%，毕竟熟悉中小企业的还是银行。

曾经是全国百强县浙江宁波鄞县（现为宁波鄞州区）一县之长的金海腾，对实体经济有深入的了解并且善于去总结分析。他记得当年浙江省租赁有限公司（2001 年改制为浙江金融租赁股份有限公司，2006 年由华融资产控股后改为华融金融租赁股份有限公司）对其辖内的中小企业开展过融资租赁业务，而且非常受欢迎。于是，在其任职广发银行杭州分行期间，与浙江金融租赁有过非常好的合作，而当时的浙江金融租赁就是将为中小企业服务作为特色，与金海腾任内的广发银行杭州分行的业务定位高度吻合，在业务模式上高度互补。

于是，金海腾在成立融至道之后，第一时间想到了推动银行与融资租赁公司之间的合作，这是解决中小企业融资难的最佳途径之一。

2012 年 7 月，首届融至道融资租赁研修班在广州举行，这是国内第一次由银租企（银行、融资租赁、企业）三方参加的融资租赁研修班，数十家银行、租赁公司、企业近 100 人参加了此次研修班。

第一期研修班的效果立竿见影，在融至道协助下，广东科豪木工机械有限公司与华融金融租赁股份有限公司签订授信合同，成功从华融金融租赁获得 5 000 万额度的融资租赁授信。

和所有中小企业一样，广东科豪木工机械有限公司虽然企业发展前景良好，但也面临“融资难、融资贵、融资繁”问题。当他们在研修班上听到对融资租赁的详细讲解，立即觉察到融资租赁将对他们很有帮助。借助融至道研修班平台，科豪与融至道公司融资专家、与会的多家融资租赁公司业务专家展开了广泛的交流。融至道的顾问团队根据科豪的实际情况，为科豪量身定做帮助其扩大销售的融资规划，并为其引荐国内领先的华融金融租赁。两个月后，华融金融租赁尽职调查后决定先期给予科豪 5 000 万融资租赁授信，无须房产抵押或第三方担保，实际融资成本低于银行授信。科豪的董事长非常高兴："我们的融资租赁模式受到了科豪台湾供应商的赞同，因为在台湾，固定资产融资就是这么操作的！"

同时，融至道设计了一种银租企三方合作模式，将银行和融资租赁公司两方的产品进行了融合来共同为企业服务。

对于银行而言，一是控制风险，彻底解决短贷长用问题，形成银行提供流动资金，融资租赁提供中长期资金的中小企业融资综合解决方案；二是增加新的业务手段，改变收入结构，提高中间业务收入；三是不需要计提风险准备，为银行节约了资金。

对于中小企业而言，原来应收账款与银行贷款双高，即便有市场也没资金，无法及时更新设备或进行技术改造升级，通过融资租赁盘活固定资产后，能大大缓解现金流紧张的困局。

对于融资租赁公司而言，合作模式不但打开了一个新的市场，增加了获客渠道，大大拓展了业务范围，而且能和银行建立更紧密的联系，为未来更深入的银租合作打开局面。

此后，融至道与浙江省、湖北省和河南省中小企业局合作，将一些银行和融资租赁公司汇集到一起，共同解决中小企业融资难问题。

在此后的几年，融资租赁蓬勃发展，各种玩法风生水起，并且不断侵入银行原先的市场领域。

从竞争的角度讲，对于银行而言，融资租赁公司从“可以忽略的小绵羊”变成了“真正的狼”。

但从金融供给侧改革的角度看，银行与融资租赁的结合将是大有可为的，两者可以是天然的盟友。

互联网金融对手横空出世

2013 年，业界后来称之为互联网金融的元年。

论起银行业态的颠覆者，没有什么能比互联网金融对银行造成的冲击更大。在互联网金融之前，银行在各个挑战者面前处于一个绝对优势的地位，其他非银金融机构除了能在一些银行本来就缺乏兴趣的市场给银行造成一点困扰，几乎无力撼动银行的根本。

2013 年 6 月 13 日，余额宝上线。

余额宝的出现实际上是一个偶然，支付宝保险事业群的一个小团队想把支付宝的账户余额激活，天弘基金则常年徘徊在基金公司排行榜的末尾，双方都在寻求一个突破，可以说是一拍即合。

这款产品能做出什么样的成果，双方其实心里都没底。在余额宝上线当日，支付宝团队和天弘基金团队打了一个赌：当年底，余额宝的用户数会不会到 500 万。上线仅 18 天，余额宝的用户数量便突破 250 万，一年之后的用户数超过了 1 亿。

余额宝的火爆有赖天时地利人和，甫一推出就遇到了罕见的“钱荒”，这让当时余额宝的年化收益率一度高达 7%，收获了大量自发向朋友推荐的消费者。在产品的体验上，余额宝也做到了最好。新客户点击 4 次鼠标即可完成基金申购，不像传统基金得经过开户、确认等烦琐环节，每天的收益则可以通过支付宝实时查看，并且余额宝的资金可随时用于网上购物、缴费、转账，这样一来余额宝就形成了自己的闭环，消费者可以在支付宝中完成“储蓄—升值—消费”的一揽子行为。

余额宝的成功是现象级的。截至 2013 年底，我国境内 89 家基金管理公司管理着 1 552 只公募基金，总规模是 3 万亿元，余额宝所对接的天弘基金货币基金就占据了 6% 的比例，一跃成为国内规模最大的单只基金。

咸鱼翻身，丑小鸭也能变成白天鹅。

从此，支付宝日后的发展壮大都变得顺理成章。当时的支付宝希望能完成一次进化：从一家第三方支付公司变成一家互联网金融服务集团，而横空出世的余额宝恰好成为那把打开新世界大门的关键钥匙，蚂蚁金服的基础就此打下了。

余额宝重新定义了支付宝的内涵与外延，让它从一个支付工具变为了“支付 + 理财”的工具。更重要的是，余额宝让消费者进一步认可了支付宝的金融账户属性，成为一个入口，为日后各种功能的引入埋下了伏笔。

对于银行而言，余额宝就是平地里的一声惊雷。毕竟银行向来将储蓄视为自己的囊中之物，从未想到会在这一领域失守。更何况彼时的银行都在往零售银行转型，却没想到竟被人捷足先登。

金海腾高度关注余额宝，因为余额宝产品与他 2004 年在银行任职时推出的中国银行界第一个理财产品“薪 + 薪”产品几乎别无二致，但是就是这么基础的金融产品加上体验改进和应用场景之后，竟然产生了如此巨大的威力，互联网金融能量的上限不可小觑。

此后，各种类型的“宝”层出不穷，银行系的“宝”也跟随推出。

在小额信贷领域，前文讲到的阿里小贷，截至 2013 年 12 月底，累计客户数超过 65 万家，累计投放贷款超过 1 600 亿元，户均贷款余额不足 4 万元，户均授信约 13 万元，仅仅 2013 年新增贷款就接近 1 000 亿元，单年利息所得数亿元，不亚于一家小型城商行。

而阿里小贷真正给传统银行带来震撼的是互联网金融的数据和场景在金融业务的威力。传统银行每笔中小企业信贷除去资金成本外的其他成本约在 2 000 元左右，贷款依据来自信贷员的尽职调查、走访，现场查看企业情况，调阅财务数据等，从而确信贷款人是否具有还款能力和还款意愿。而阿里小贷的贷款依据来自用户在淘宝的信用记录，每笔信贷成本 2 元 3 角，平均 7 天，最快几分钟就能放款，坏账率 1.21%。同时与市场上众多的小贷公司 30% 左右的利率相比，阿里小贷的最低贷款利率低至 6.7%，被称为“业界良心”。

互联网金融的诞生是“新生事物是不可战胜的”的一个典型注脚。中国的银行业是典型的遵从二八定律的行业，银行嫌贫爱富的现象比较突出，金融的普及率和覆盖面相较发达国家远远不足，即使不考虑贫困人口，中国快速崛起的中产阶层也未享受到银行提供的合意的金融服务。在这个突出的主要矛盾上，类似余额宝、支付宝、P2P（个人对个人）、阿里小贷这样的新元素自然产生了，进而推动了整个互联网金融的蓬勃发展。互联网金融的发展不只是技术的推动，也是原有的薄弱体系所遗留的巨大的市场空间而带来的迫切需求。

也是在 2013 年，当融至道组织的中国银行家赴美考察团与富国银行的一位华裔高管交流时，这位美国银行家曾以用户画像不准的反例来说明大数据还存在很多缺陷。这恰恰是因为银行体系内的人还没有完全认识到互联网和大数据的力量，也是因为美国的原有金融体系的发达限制了类似 Lending Club（借贷俱乐部）这样的互联网公司的成长，美国的科技金融公司在技术层面上或许胜过中国的互联网金融公司，但是它们成长的天花板却低得多。

在此后的数年，互联网金融的蓬勃发展导致当老百姓有金融需求的时候，第一个想到的已经不再是银行。

存贷汇，银行最基础的业务一夕之间被互联网金融全面替代。这个竞争对手和以前所有的竞争对手都不一样，让银行感到无所适从，中国银行业的乱世就此拉开了序幕。

第四章 大数据时代降临

所有数据都是信用数据。

——ZestFinance[①]创始人道格拉斯·梅里尔

央视《对话》首次连续两期同一话题

《对话》栏目是中央电视台经济频道的一个谈话类节目。节目以捕捉鲜活经济事件、探讨前沿理念、折射经济社会的最新动向和潮流而为国内经济金融界所关注。在2013年4月14日的《对话》节目中，主持人陈伟鸿邀请了一位国人并不熟悉，名字很拗口的嘉宾，他就是《大数据时代》一书的作者维克托·迈尔-舍恩伯格。

维克托为大家讲解了大数据时代人们生活、工作与思维各方

① ZestFinance，美国科技公司，主要做的是将机器学习与大数据分析融合起来，提供更加精准的信用评分。

面所遇到的重大变革。维克托认为：大数据提供给我们一种能力，帮助人类从崭新的角度看待、探索这个世界。大数据并不能简单地告诉我们一个正确答案，它甚至不能定义问题本身是不是正确，但是当我们能理解并充分利用这些数据时，就可以告诉我们什么才是正确的问题，进而探索并回答一些更本质的问题。大数据可以通过全新的视野和角度来观察理解现实世界，进而可以洞察和预测事物发展规律。

时隔一周之后，4 月 21 日，《对话》栏目又请来了一家大数据公司：LSI（艾萨华）公司的总裁阿比（Abhi Talwalkar），话题为“谁在掘金大数据”。在人们面对洪水般汹涌而至的信息、设备和内容而忧心忡忡时，阿比展示了一家将信息爆炸视为机遇的创新型企业的思考。LSI 通过芯片和算法，占据了每一个数据中心和互联网公司的服务器，将自己从一个单纯的硬件公司转变为一家数据公司。

阿比说道：“我们无处不在。数据中心有我们的身影，网络中有我们的足迹，连接你我的设备中我们更是无处不在。并且，我们通过更加智能的方式实现大数据的这一切。”

这是《对话》栏目开办以来首次连续两期以同一个话题为访谈主题。伴随着央视的传播，大数据这个原本只存在于未来学家口中和 IT（信息技术）实验室中的概念一夜之间传遍大江南北，中国的各行各业都开始思考自身业务与数据技术如何结合，如何才能抓住这轮浪潮中的机遇。

时间回到这两期对话栏目播出前的一个月，2013 年 3 月 27 日，在深圳农商行的会议室里，这是金海腾第一次在公开场合开讲金融大数据，听众是当时的深圳农商银行行长李广安等 7 位高管。金海腾明确指出大数据将产生新的信用体系，将会波及传统银行人一直以来坚守的主体信用模式，现行银行的商业模式必将在大数据浪潮下改变。这些突破性的观点，加之对中国银行业诸多弊端的深刻剖析，李行长用三个成语做了概括:“汗流浃背，如芒在背，醍醐灌顶。”中国银行人开始隐约见到了大数据的轮廓，并被其蕴藏的威力所震慑，茫然而焦虑地思考着隐约的未来。

数据分析作为管理学的一部分早已有之，为何到这个时间节点成为全球的热点话题并爆发出来了无穷的能量和创意呢?

首先是人类数据处理能力的大幅度飞跃。1880 年的美国人口普查，足足花了 7 年时间才完成；1950 年全美人口普查仍需 4 000 名统计员；而到 1960 年只要 50 名统计员加一组计算机。2001 年，首个人类基因组草图绘制完成，由美国、英国、法国、德国、日本和中国 6 个国家超过 3 000 名科学家共同参与，耗时 13 年，耗费资金超过 30 亿美元。而到了 2015 年，这项工作只需不到 24 小时就可以完成。

其次，产生数据的维度极大增加。20 多年前，中国刚刚进入互联网时代，北京中关村路口巨大的瀛海威广告牌上写着：中国人离信息高速公路有多远——向北 1 500 米。那时的“信息高速公路”仅仅可以支撑文字信息的沟通，电子邮件和聊天软件成为彼时的标配。之后随着家庭宽带的成熟，新闻、游戏、购物、音乐、视频等应用逐渐兴起，人们信息的获取与传播方式被彻底改变。

到 2012 年前后，随着中国这个全球最大规模的 3G 网络趋于成熟，智能手机销量爆发性增长，手机跃升为中国第一位的上网终端，移动互联网浪潮引发了新一代的应用场景革命，LBS（基于位置的服务）、社交网站、O2O（线上到线下）等新热名词，各类基于互联网技术的商业模式雨后春笋般出现在用户面前。中国的互联网已经从当初的信息沟通工具，渗透生活，成为所有人的生活必需品，因此而带动的结构性数据和非结构性数据呈指数级别增长，人类社会只要几分钟就可以产生出 2000 年以前的所有数据。

毫不夸张地说，中国经济进入了数据就是生产力的阶段。当数据这个生产力要素集聚到量变后，游戏规则就改变了，如同哲学原理所说：生产力的大幅提升必将推动生产关系的改变。而即将到来的 5G 时代，将会是又一次社会形态的质变。

所有数据都是信用数据

大数据带来的诸多观念转变中，最主要的是大数据并不追求精准。大数据所体现的是事物之间的相关关系，而不是逻辑关系。相关关系以概率体现，所以并不依赖数据的精准，而是需要更为广泛的数据来源和数据维度，来增加概率判断的基数。海量多维的数据才能体现出更贴近实际的状态。

随着用户行为习惯的改变，互联网也成为各行各业都须臾不可离开的服务渠道。企业对数据的渴求，促使更多的数据收集行为产生，而数据也成为诸多产业发展所必需的生产要素。服务商通过各类数据了解自己的客户，如：手机通话时长、个人消费记录、聊天记录、微博粉丝数，声音、图像、语义等。而所有的数据无一不是个人行为逻辑和价值观的映射。

这就产生了大数据时代的名言："所有数据都是信用数据。"（All data is credit data.）

这句名言是 ZestFinance 的创始人道格拉斯·梅里尔（Douglas Merril）说的，他是谷歌前 CIO（首席信息官）兼工程副总裁，离职创业前负责谷歌的内部技术和全球技术支持。他离开谷歌创业，就是想解决大数据在征信领域的应用。

这一切还要从美国传统的征信体系说起。到 2008 年金融危机前后，在美国三大征信公司旗下有 1 000 多家信用机构，覆盖了全美约 1.7 亿用户。但这三大征信公司使用的计算方法模型都来自同一家公司——FICO（费埃哲）。FICO 公司成立于 20 世纪 50 年代，其评分模型历史悠久，到 80 年代被广泛使用，但是其评分对预测个人信用风险的能力早已受到业界质疑。经历了 2008 年金融危机后，大家发现 FICO 评分从 2005 年到 2011 年在美国人口中的分布基本上没有大的改变，而这与金融危机爆发期间出现大量坏账的现实严重不符。

一方面，FICO 模型变量较少，容易导致一些"聪明人"摸透规律，比如：反复在图书馆借书还书就能提高 FICO 评分。另一方面，FICO 评分的数据主要以传统金融数据（如信用卡和信贷记录）为主，缺乏更多的有效维度。在互联网时代，人们的各项互联网经济行为数据并未被记录在 FICO 体系内。

此外，FICO 体系覆盖的人群也不够全面，全美接近 20% 的人口在 FICO 体系内没有信用记录或信用分数极低，从而得不到基础的金融服务，也就无法积累信用分。

道格拉斯·梅里尔创办 ZestFinance 的目的，就是想通过大数据技术，创造公平透明的信用体系，帮助那些在传统信用体系内无法覆盖的人群获得普惠金融服务。ZestFinance 在其模型中，要用到 3 500 个数据项，从中提取 7 万个变量，使用各类预测分析模型，如欺诈模型、身份验证模型、预付能力模型、还款能力模型、还款意愿模型以及稳定性模型。

这些模型参数来源广泛，并充满对人性和生活方式的理解，比如：消费者是否经常更换电话号码、经常更换住址，或者曾经开过空头支票然后却关闭了账户，这些都意味着不同程度的潜在信用风险概率。ZestFinance 通过社交网络收集分析成千上万的微小数据，通过大量弱相关数据，进行人工智能机器学习和交叉验证，最终得到消费者信用评分。

“所有数据都是信用数据”的颠覆性口号，彰显着互联网人对传统金融征信行业的颠覆和超越。而 ZestFinance 得以飞速发展的背后，正是这个时代渴求创新变革，打破传统金融企业垄断地位，让更多的人享有自己的金融权利，真正实现普惠金融的行业发展大趋势。

大数据技术从诞生开始就奔着颠覆传统金融而来，而最终它又将成为所有金融机构的基本能力。

从人大重阳到与省长侃大数据

从 2013 年 3 月深圳农商银行的分享后，金海腾的金融大数据讲座非常受欢迎，各方的邀请纷至沓来，仅 2013 年一年，就讲了 46 场。听众包括各地银监局、省联社、国有银行、股份制银行、城商行、农商行，以及很多互联网公司。这些机构或在传统金融领域担忧着即将发生的巨大变化；或在银行体系外手执海量数据，却对金融不得其门而入。金海腾作为互联网经济与金融大数据的先见者，把这个神秘领域的头纱掀开了一角。

这期间，金海腾被中国人民大学重阳金融研究院（以下简称“人大重阳”）特聘为高级研究员，2013 年 6 月 19 日，金海腾带着对大数据及阿里巴巴为代表的互联网经济模式的研究成果，举行了一场题为“金融改革与大数据金融”的讲座。人大重阳的会议室并不算小，但是此刻座无虚席，连走廊里都挤满了人。这个热门的话题吸引了众多业内知名人士，包括中央电视台财经频道《央视财经评论》专职评论员刘戈、中央财经大学金融法研究所所长黄震、中国移动通信联合会常务副会长倪健中等人。

金海腾以自己任职银行行长期间的几个案例，道出了银行业务模式需要注重的核心：关注信用和成长性。“我始终想银行信用如何嫁接商业信用，商业信用远远大于银行信用。这个问题开始被马云破解了，阿里巴巴建立了基于大数据的信用体系，这逼着我们银行人去思考。”传统金融行业已经面临着移动互联网大数据时代对整个金融行业格局的巨大冲击。他说：“根据中央的改革政策与市场化指导思想，金融市场与牌照放开进程将加快。可以想象，如果让阿里小贷吸收存款，如果让淘宝天猫发行实体信用卡，如果让支付宝做信用评级机构（个人征信），如果……哪家银行能招架得住？可能工商银行都要输！”

演讲从金融现状与金融改革、大数据金融的冲击、大数据的深远影响等三方面做了全面阐述。一位嘉宾总结道：“我们应该为自己身处这个‘大数据时代’而感到荣幸，我们要抓住机会，因为它会颠覆一切。”

说者有意，听者有心。当时台下的听众中有很多人后来成为中国这一波大数据金融浪潮中的弄潮儿。

在人大重阳演讲后没几天，2013 年 7 月 3 日，金海腾又来到地处西南一隅的贵阳。贵州省这时迎来了一位新省长，就是金海腾这次来见的老朋友陈敏尔。党的十八大后，陈敏尔从原浙江省省委常委、副省长的岗位调任贵州省，任贵州省省委副书记、代省长。

在 20 世纪 90 年代，陈敏尔和金海腾分别任全国百强县绍兴县和鄞县的县长。在那段峥嵘的改革岁月里，这两位县长都是以“胆大”的改革排头兵著称。当时的省委对于产权改革这件“摸着石头过河”的事情采取“试错、宽容、开放”的态度，而这两位县长在各自的县里推进了产权改革向着市场化的方向转变，这也为日后浙江民营经济高速发展奠定了制度基础。而两位改革先锋也经常交流工作上的心得和经验，他们理念相同、惺惺相惜。

时隔20多年，两位当初的改革干将，在原浙江省老省长沈祖伦的撮合下，再次见面了。而这一次，他们又是不谋而合。

这时的贵州全国GDP（国内生产总值）排名第26，是经济总量仅相当于广东省1/10的欠发达省份，这里以“天无三日晴，地无三里平，人无三分银”而著称。这样的环境下，地方经济发展从哪里入手？

身处当地的人可能更多看到的是贵州的基础设施差、教育条件差、人才缺乏等制约因素，但是金海腾喜欢说的一个词是“人造经济”。当年的鄞县人都知道，东钱湖景区、宁波轻纺城，都是以“无中生有”的思路，以点带面拉动区域经济成长的成功案例。

面对贵州的这个状况，金海腾又能有什么好办法呢？而金海腾给出的答案正是他那个阶段思考的核心：大数据立省，将贵州省打造成为中国的大数据中心。

而这想法刚好也在陈敏尔思考之中，并已经开始着手布局。于是，金海腾就从战略规划的角度、从金融的角度，讲出了自己的一些独到想法。

贵州的经济发展环境处于全国落后的梯队，发展大数据产业，产业基础可以说从零起步。人才、资金、技术、教育，所有的产业要素均不具备条件。在这样的情况下，说要跳过三大产业中的基础环节，直接一步跨越到现代服务行业顶端的数据产业，看似痴人说梦。这个想法是如此突破常规，以至于一两年后，当新闻里广泛地宣传贵州的大数据产业发展状况时，大多数人仍抱着怀疑的态度。“云上贵州”的概念依然让很多熟悉数据产业的互联网人瞠目结舌。

中国就是创造奇迹的地方。以陈敏尔和金海腾任职多年的浙江为例，在改革开放初期，山多地少的浙江也是工业基础薄弱，在全国各省中属于中下游水平，但是却一跃成为现在排名靠前的经济大省。金海腾最喜欢用义乌和武汉作为比较的案例。当时，义乌作为浙赣线上的一个三等小站，火车快车每天只有一趟，发展商贸经济几乎是不可能的；武汉占据九省通衢的地理位置，那时政府主导的“汉正街”小商品市场风头正劲。但是由于浙江政策正开放，在政府推动下更强调走市场化道路，最终成就了浙江以“贸易立省、行商天下”的浙商的名声，义乌小商品生意做到了全球各地。

这从一个侧面说明，经济发展完全可以不拘泥本省的产业基础，只要符合社会和市场的一般规律，条件合适时顺势而为，条件不具备时以人造经济的思路设计发展路径，也可以造就一番崭新的格局。

在贵州建立大数据中心，这里凉爽的夏季有利于数据中心机房散热，本地大量的水电站还能带来廉价的电能。贵州是山地省份，但数据的流动是不受自然环境阻碍的，网络基础设施建设还可以成为一个经济增长极，在此基础上发展数据服务产业，带动人才、技术、资本的聚集效应。各类数据驱动型企业的聚集和商业模式的创新，将彻底重塑贵州的产业结构。贵州选择跳过资源消耗型产业和低端制造业，直接从数据产业入手，打造的是新经济。在新经济时代，数据交换和交易就是未来的大宗商品交易，数据就是未来的生产资料。

纵观历史，几乎所有的交易市场，均建立在产业繁荣的基础上，设在各类要素自然聚集的地点，比如：阿姆斯特丹、伦敦、新加坡、香港。但是像贵州这样，在原本没有产业基础的环境下，通过人造经济的理念，成为一个全球性行业资源的交易中心，这正是“互联网、大数据没有国界”的最好体现。

后面的事情大家都已经熟知，在短短不到两年的时间里，一系列的大数据产业组合拳，从基础设施，到商业环境，到政府数据共享，到数据交易所，贵州成了中国大数据产业的一个中心。

贵州大数据中心是中国欠发达地区发展“弯道取直”的一个样本，融至道后来发现的美国安快银行则是美国欠发达地区银行“弯道超车”的一个典型，这都为中国其他地方政府和银行在发展经济、金融时提供了很好的借鉴。

一名银行行长首创金融扶贫

广东省一直以来给人留下的印象是经济发达、人民富裕，但广东省云浮市郁南县，却是广东省的一个欠发达县。郁南县地处粤西山区，紧邻广西，连绵200公里的云开山脉横亘在县域境内，这样一个“八分山地一分田，半分河道半分村”的山区农业县，历史上因交通不便，地方特产资源一直得不到有效开发、地区经济难以发展。2009年时，全县GDP仅仅相当于东莞下面的一个面积只有其1/40的镇。

这一状况因为新的县委书记黄志豪的到任，发生了巨大的改变。

郁南县平台镇大地村贫困户的彭子祥以前是跑运输的，但一场车祸后全家陷入了困境，只能靠小规模地养一些土鸡勉强维持生计。但是新来的黄志豪书记推动的一场金融创新给他带来了希望。2010年5月，按照新政策，没有任何抵押物的彭子祥通过县里的扶贫基金审核，从当地信用社贷到了2万元钱，之后彭子祥的养鸡场规模迅速扩大，养殖规模达到5 000只鸡，年收入比当初跑运输时还要高。

黄志豪大学学的是经济法，大学毕业后在政府工作了两年，而后进入广发银行东莞分行工作12年并担任过东莞分行行长，与金海腾是老相识。2008年，广东省委从珠三角选拔20名优秀干部，到粤东西北山区担任县委书记或县长，帮助贫困山区发展，黄志豪就是其中之一。

黄志豪上任伊始就打了一场漂亮的“橘子扶贫”战役。郁南山区盛产优质砂糖橘，上下游产业链从业人员达 30 万，占郁南人口的 60%。但刚好碰上 2008 年金融危机、四川广元柑橘大实蝇事件等诸多因素，郁南砂糖橘外销内销面临很大的困境。黄志豪带领全县干部群众，通过各种营销手段，打通渠道，直接帮助郁南农民推销砂糖橘 9.5 万吨，销售额达 1.9 亿元，惠及全县 3 万多户果农。次年，郁南县联合两广 13 县（市、区）在郁南成立了西江流域柑橘协会，总部设在郁南，该地区也因联合而成为中国最大的柑橘产业基地。郁南砂糖橘品牌就此打响，再也不必被包装成四会砂糖橘了。

党的十八大以来，脱贫攻坚工作更加强调“精准扶贫”“输血与造血相结合”。黄志豪认识到想要激活一个县域经济的活力，不能一直靠政府的财政投入“给钱”“给物”的事事包办，有效的扶贫必须要通过“让贫困户有尊严地脱贫”的劳动致富方式。一方面，要通过“扶志”树立劳动致富的信心和勇气，鼓励农民积极参加劳动生产；另一方面，也要以“扶智”的办法寻找科学的劳动致富渠道，提升农民的专业能力，进而通过逐步扩大再生产，彻底实现脱贫。

郁南县的“橘子扶贫”初步帮助农民搭建了平台，打通了渠道，但是如何更进一步，使全体群众都参与到劳动致富的大潮中去呢？黄志豪经过调查研究，发现只要有一万元作为启动资金，郁南大部分农民就可以自力更生发展生产了，但这钱从哪儿来？

在促进农民劳动致富过程中，一个主要的难点就是农户贷款难、融资难。从王安石的青苗法到孟加拉国的格莱珉银行，希望解决的都是这个问题。时年 40 岁的黄志豪已经是暨南大学经济学博士，其博士论文《信息不对称条件下的中小企业贷款难问题探讨》也探讨了这个话题。来到郁南县，黄志豪找到了发挥自己银行工作经验的舞台，开始探索金融扶贫这个有着深远意义的话题。

在这年，广东省委确定每年 6 月 30 日为全省扶贫济困日，郁南县通过这场活动筹得一笔善款，加上此前东莞市对口扶贫资金，凑够了 1 000 万元。如果按以前的做法把慈善扶贫款直接分给农户，人均分不了多少，而且很多就被吃喝掉了，未必都能投入劳动生产，在分配的过程中还可能产生不公平甚至腐败的现象。

黄志豪以其在银行多年工作的经验，提出了一个大家闻所未闻，却特别有银行办事风格的解决方案：以这 1 000 万元善款作为基础，政府与当地农信社（农村信用合作社）合作设立郁南县金融扶贫担保基金，通过担保杠杆放大 5 倍，向全县共 4 497 户贫困户整体授信 5 000 万元。同时，还动员了“一对一”帮扶干部贴息，贫困户只需要承担极少部分利息。这种以金融机构向区域内所有贫困户整体定向授信，以促进贫困户生产自救的金融扶贫模式，在全国尚属首次。

方案提出后，熟悉当地情况的同事善意地提醒黄志豪，这样做有风险。一小部分贫困人口虽然自身拥有劳动能力却缺乏劳动意愿，他们好吃懒做、大手大脚，抽烟、喝酒、赌博，贷款到了他们手里肯定变成了坏账，这批少数的害群之马，会极大地败坏当地大部分农民勤劳善良的形象，还会导致以后金融机构不再敢向农户发放贷款。

扶贫关键在于精准。那么，怎样才能有效地对努力工作、积极上进的农民实现精准帮扶呢？黄志豪心中其实早有把握，就是“信用”二字。

平台镇大地村贫困户彭子祥通过设立的金融扶贫担保基金担保，获得了小额信用贷款发展养鸡。在这个村，还有一些申请扶贫贷款前要落实的本村约定的土规矩，每一个贫困户申请金融扶贫贷款都必须宣读并签署三条条款。主要内容是：不赌博；不用有毒有害农药和添加剂；按时还款。彭子祥申请贷款前也认真地承诺：“我养的鸡不吃什么含添加剂、孔雀石绿的饲料，全部是吃五谷杂粮，我的承诺就是把这个鸡养成真的鸡。”当然，这种纯天然散养的走地鸡，也给彭子祥带来了更高的收入，他通过金融扶贫贷款彻底实现了脱贫致富。

在很多地方屡禁不止的农民过度使用农药、化肥、生物激素等化学添加剂的问题，却在郁南县用这样的简单淳朴的村民自治手段解决了。

拿信用换钱

2009 年 6 月，郁南县桂圩镇勿坦村的村民们就听说县里要在这试点建“信用村”，以后村民不用任何担保抵押，就可以按信用等级获得贷款了。勿坦村的村民们第一反应都是“不可能”，当初向县里的信用社求贷款有多难大家早有体会。

然而，镇政府与郁南县农信联社（农村信用合作联社）的动作很快，分两批对勿坦村的400多户村民进行信用等级评定。但是这回搞的信用等级评定做法有点新鲜。首先信用评定的人不再是县里和信用社下来的“干部”了，而是以乡村自治的原则开展信用等级评定。根据《郁南县信用村建设试点实施方案》规定开展选拔，最后结果张榜公布，勿坦村确定了一个18人组成的“信用评委会”，其中农户代表占了大多数。

更特别的是，勿坦村信用评级的标准中，增加了社会信用指标的加分项和扣分项。比如：“尊老爱幼，家庭团结，邻里和睦”能加2分；“家庭成员有人应征入伍当兵”能加2分；“子女的受教育程度为全日制大专及以上”也能加2分；而对参与“黄、赌、毒”等违法行为、在信用社有不良贷款记录者则实行了一票否决，分数扣到0。按照评级方法，村民信用等级分为四等：优秀、较好、一般、较差。优秀者，贷款额度3万元；较好者，贷款额度1万元。两者都不需要抵押。据统计，勿坦村进行试点后，累计发放了农户小额贷款186万元，比试点前增长了193%，多了近两倍。

村里的社会风气焕然一新。信用评委会的人进行全村信用信息的收集和接受失信行为的举报，再由村里德高望重的人进行评理，村民们互相监督大家的守信情况。评级标准公布出来后，村民们也都在仔细琢磨，自家哪些条件可以加分，哪些事今后可是绝对不能干的，甚至连村民嫁女儿之前，都要看看对象家里的信用分有多少，是什么等级信用户。“如果和人吵架、打架，邻里不和睦可都是要扣信用分的，那明年的贷款就要降低额度了。”一位村民说道。

郁南县信用村建设将社会信用方面的指标纳入评定事项，如家庭成员获得各项社会荣誉、先进代表、诚信守法等加分事项，或参与“黄、赌、毒”等扣分项，实行金融信用与社会信用结合起来评定信用户，极大促进了农村社会管理，引导整村农民自觉维护和改善自身社会信用，有效改善了农村村风、民风。

郁南县以信用村建设促进金融扶贫的工作成效非常明显，贷款投放大幅度增长。截至 2009 年 12 月末，郁南县金融机构各项贷款余额 21.55 亿元，比年初增长 33.05%，存贷比例由当年年初的 36.71% 提高至 41.39%。钱动起来了，农村经济盘活了，老百姓生产创业积极性高了。整个方案实施首年，郁南就有 44.27% 的贫困户实现脱贫。郁南全县农民人均纯收入同比增长 10.2%，远高于城镇居民收入增长。当初担心农民信用贷款不还的问题也被证明是多虑了，除了一户村民因意外车祸无法还款外，其他的没有任何一笔贷款都按时还款了。

试水综合征信建设

郁南县的农村金融改革创新之路并没有到此为止，从首创信用村开始，郁南县首创了全国首个县级综合性征信中心。

郁南县征信中心积累了全县80%人口的户籍基础信息，率先建成了“郁南县非银行个人信用信息查询系统”和“郁南县非银行企业信用信息查询系统”，系统除了收集金融机构提供的农户不良贷款信息外，还首次尝试采集所有在郁南工商局注册登记的企业、个体工商户信息，数据维度包括法院、工商、税务、公安、国土、质监、药监、劳保、环保、供水、供电、卫生、计生等17个部门的数据源。从企业到个人的信用数据进行了首次县级以下大集中联网，企业和农户的社会信用情况一查便知。

这个县级征信中心，很快就肩负起更重要的任务——跳出农村金融改革创新领域，开始通过信用体系进行社会管理手段的创新实践。所有人和企业一旦有不诚信行为，都将记录在案并报送郁南征信中心备查，其后果当然也很明显：不诚信者今后将会因社会信用缺失而受到影响，得不到银行贷款，限制购置房地产、承揽工程、注册新公司或限制出境，限制参与司法委托、评估、拍卖业务等，失信者的社会活动空间受到强势挤压，将承担巨大的失信成本。以前“打赢官司也没啥用，欠债难追才是硬道理”，新办法实施后，郁南法院用“诚信诉讼”的道理说服教育，涉案的当事企业和个人为了今后生活和做生意更顺利，均积极配合法院执行工作，当事人开始自觉履行法律义务。2011年上半年，郁南法院的执行案件中，有7件自动履行，15件达成了和解，打赢官司后要债再也不是问题了。

时任广东省省委书记汪洋、省长黄华华等在郁南县考察后，都肯定了“郁南经验”，认为郁南县农村金融综合改革取得明显成效，值得推广。时任全国人大代表、广东省高院院长郑鄂在全国人大上提交了一份关于“诚信建设”的议案，着眼全国，建议“尽快建立国家征信数据库”，他专门提到了郁南首创综合征信体系建设，认为“诚信政府、法治郁南”的点抓得非常好，“要尽快建立国家征信数据库，整合有关方面掌握的企业和个人信用的数据资料，实现互联互通，向社会有序、有偿开放”。

本书之所以会用这么大篇幅来介绍郁南县，是因为扶贫、金融、信用、互联网、大数据这一连串关键词，将中国社会问题的根源与解决路径完整呈现了出来。

从信用生态到社会生态到自然生态

金海腾与黄志豪曾经同在广发银行体系内共事，黄志豪在郁南县的金融扶贫经验引起了金海腾的浓厚兴趣。作为曾经的鄞县县长，金海腾深知带动区域经济发展，不能光有物质文明的成就。

改革开放40年，人民富裕起来了，但是社会信用仍然缺失，很多人（或机构）仅对熟人讲诚信，还没有真正在更广泛的社会生活、社会治理中主动讲诚信。典型的例子是很多人知道欠债要还钱，但是排放污水污染环境，却心安理得，无视侵害公共权益的事情。其根源，是大众对“信用”的认知水平低，认为诚信只是道德层面的自我约束。

金海腾在自己多年行政与金融工作中，一直在深刻思考信用的真正意义，他总结道：信用，从根本上讲，是社会主体对社会秩序的遵守。从诚信主体来看，社会诚信应该包括政府诚信、企业诚信和个人诚信三个层面。“三者中，关键还是政府诚信，或者说国家主权信用起到主导作用，这是因为政府既是社会信用制度的制定者、执行者和维护者，又是公共信用的示范者。”黄志豪对此也深有感触，他在郁南县提出了“若要农民诚信，首先政府诚信”的口号。郁南县的农村金融改革创新模式，不仅仅解决了农民生产和资金问题，更重要的是打造出了一个老百姓相信的、有公信力的政府，进而政府通过搭建一个包含行政、金融、民间数据全方位融合的信用体系来进行社会治理，这才是郁南模式得以成功的基础。

2013年5月10日，阿里巴巴董事局主席马云在“淘宝十周年”晚会上发表演讲，公布自己正式卸任集团CEO一职的消息。马云同时说到未来的打算：“我将会从事一些自己感兴趣的事情，改善中国的环境，让水清澈，让天空湛蓝，让粮食安全。”中国改革开放带动了经济高速发展，但也带来了诸多后遗症，环境问题首当其冲。但是环境问题怎么才能彻底解决呢？金海腾提出，人和人之间的互信，可以形成良好的商业生态；个人和政府之间的互信，可以形成良好的社会生态；而全社会都开始尊重秩序时，自然生态才有可能彻底转变，这才是促进中国天更蓝、水更清、人际关系更和谐的不二法门。

郁南模式是在县域探索出了一种通过信用体系建设来优化社会管理的方法，这种模式适合的是熟人社会，适合数据收集维度较少、人口总量不多、人口流动性不高的区域，其数据信息采集和更新的时效性、真实性也决定了郁南模式的生命力，机制的长效与地方党委政府主观的重视程度与金融机构是否积极支持、配合高度相关。

而假如采取了先进的互联网技术，通过大数据来全面采集各项数据，将金融机构数据、政府数据、运营商数据、社会数据等有效结合，将极大加强效率和准确性，可以做到信用行为的实时监控、信用评级的实时调整。在大数据时代，可以说谁能掌握数据源，用好大数据，谁就能掌握精准扶贫的可靠路径，真正做到让贫困人口有尊严地富裕起来。

“互联网＋实体经济”的方式推动经济发展和人民生活水平提升，通过全社会大数据营造的社会信用体系，不仅可以帮助金融机构有效控制风险，还可以实现普惠金融、精准扶贫，带动社会生态的好转，最终摆脱“经济发展必然导致环境污染、道德缺失、腐败丛生”的恶性循环，实现从“信用生态”到“社会生态”再到“自然生态”的有效转化，有助于“绿水青山就是金山银山”愿景的达成。

阿里巴巴的成功是偶然的还是必然的

2013 年 7 月 5 日，在位于杭州黄龙时代广场 B 座阿里巴巴大楼的一间会议室里，聚集了阿里金融板块差不多所有高管，彭蕾、曾松柏（蔺相如）、樊路远（木华黎）、樊治铭等一众互联网江湖里呼风唤雨的大咖会聚一堂，他们还不知道即将面临的一场思想冲击。

“阿里巴巴的成功是偶然还是必然的？”当金海腾在讲台上抛出这个问题时，阿里金融在座的高管一片哗然。这时的阿里巴巴正踌躇满志。支付宝覆盖的用户人数过亿，且活跃度非常高；余额宝上线 3 个月就超 500 亿规模；阿里小贷 2 小时就能放出 3 亿纯信用贷款，各大银行为之瞠目。各种现象级产品层出不穷，马云那一句“如果银行不改变，我们就改变银行”的豪言壮语言犹在耳，而一位已经从银行高管位子退下来的“退休银行家”竟然敢于挑战风头正盛的阿里巴巴，大家眼中的震惊、质疑甚至不屑溢于言表。

认真回想一下，阿里的成功之路，是从马云创业时就设计好的吗？在当初沿街扫楼叫卖中国黄页的时代，难道马云就想好了后来的发展路径吗？中国的电商之路从 1999 年起步，早期电商风起云涌，国内可以说是千商大战，各路神仙都在做电商。那些年的电商领头羊如 8848、当当网、易趣网、卓越网都是风光无限，淘宝网 2003 年入场国内 C2C（个人与个人之间的电子商务）电商时已经是后来者了，那么淘宝网是如何生存下来的？

随着金海腾的一番逻辑推理，在座的阿里人沉默了。这年杭州的酷暑创下了全国纪录，极端气温达到了 40.3 摄氏度，窗外盛夏阳光火辣辣地照着，但这个会议室里的空调似乎开得太冷了一些。

金海腾话锋一转："对于阿里而言，反思过去的成功比现在的成功更重要。"成功大多是偶然的，但是偶然的成功背后肯定有必然的要素，需要认真分析这些必然要素，才能确保未来的持续成功。

而阿里成功的必然要素是什么呢？恰恰就是阿里那一句："让天下没有难做的生意。"

2003 年淘宝网上线时面临巨大的竞争压力，中国电商的领头羊易趣网刚刚和国际电商巨头 eBay（亿贝）达成合作，联手拓展中国市场，易趣也变成了"eBay 易趣"。此时的易趣如日中天，市场占有率达到 90%。eBay 易趣对淘宝的"免费"政策嗤之以鼻，他们甚至宣称，"战斗将在 18 个月以内结束"。

和易趣那带着"哈佛 MBA（工商管理学硕士）"光环的创始人相比，阿里巴巴创业的十八罗汉是草根出身，这注定了他们对于中国小微商户艰难的生存状况有着深刻的理解。针对易趣刻意阻隔商户和买家直接沟通，以便收取交易中介费的模式，淘宝承诺平台双向永久免费，而且不限制客户和商户的沟通，这对小微商户而言非常有吸引力。于是，淘宝上的商户爆发性增长。随着"淘啊淘啊淘啊淘，淘你喜欢"的广告铺天盖地，阿里帮小微商户解决了缺乏客户入口流量的困局。

这又带来了新的问题，由于不收手续费，门槛降低了，带来了海量的商户，也带来了很多“聪明人”。这些专门从事造假、售假的小老板，免费注册了无数账户，专靠欺诈客户牟利，一旦被投诉就注销账号另起炉灶，令人无从追查。消费者投诉量剧增，一时间淘宝变得乌烟瘴气。

终于，在淘宝上线 1 年多后的 2004 年 12 月，支付宝带着担保交易模式横空出世，改变游戏规则的产品终于出现！支付宝上线后，彻底打消了中国用户对在线购物的怀疑和不信任，解决了全社会信用缺乏的巨大痛点，迅速激活了这个市场。“7 天无条件退换货”将民间积蓄已久的购买力彻底释放，再加上阿里旺旺这个点对点沟通工具，对话记录可以作为发生纠纷时的证据，真的实现了“让天下没有难做的生意”，阿里至此可以说初步锁定胜局。

在座的阿里人从第三者视角，又一次回顾了自身发展的全过程。帮客户获得客户，生意容易了一点；打通沟通渠道，促进双方了解，生意又容易了一点；担保支付，帮双方获得资金交易的安全，提供了基础信任；事后评价机制，互相约束；进而给缺乏资金的客户提供资金，帮助商户进货，帮助消费者分期买单。阿里在成长的过程中，通过不断完善自身的平台，使信息更加对称，增加客户选择多样性，打破信息和价格的垄断，创造信用链接，核心在于：解决电子商务上下游的链接点——信任。

几年后，张勇在回忆“双 11”的成功时，也说道：淘宝商城（就是后来的天猫）上线后，一直难以形成足够的流量。在最困难的时候，一名员工开玩笑地说到11月11日，网民俗称光棍节，不如来搞一场狂欢节吧，这就成了后来疯狂的“双11”购物节。这也不经意间造就了中国互联网电子商务的“造节”风潮。

而这一切，在开始的时候都是偶然的。偶然发生的事情随着时间发展，其蕴含的先进性逐渐变为了必然，由此产生的蝴蝶效应促使小小的改变最终带来改变游戏规则的巨大风暴。

阿里的成功之路，其实是一条信用之路。

在挑战银行获得首胜之后，阿里也面临腹背受敌的困境，监管、银行业、其他互联网金融机构都盯着这一块大蛋糕。在阿里的护城河外，传统势力与新兴机构合纵连横，都把阿里当作假想敌，阿里下一步该何去何从？

金海腾掷地有声的话语引导着在座的各位阿里高管。气氛开始转为了火热的讨论，焦点逐渐集中到银行体系的变革上。“如果让阿里发信用卡，工商银行都会输，那么阿里巴巴能不能发、需要不需要发信用卡呢？”金海腾掏出手机对着在座的所有人晃了晃，微笑着反问道：“这不就是你们的信用卡吗？”

会议室里顿时一石激起千层浪。阿里的樊治铭兴奋地跳上演讲台：“金行长说得没错，我们的信用卡就是这个。”他挥舞着自己的手机：“我们的金融服务要比银行的更方便、更快捷，随时随地！”

不久后，阿里要做信用支付的消息就一直在坊间流传。隔年春天，京东率先推出“京东白条”，互联网人攻下了觊觎已久的信用支付堡垒，之后阿里的花呗也终于在2015年正式上线，这款有着38天免息期的“个人消费贷款”仅20天用户规模就已突破1 000万。

市场给出了答案，银行人不愿做、不想做、不会做的事情，终于有人先做到了。

银行首席数据官与运营大数据战略

2013年9月2日晚间，微软宣布，将以37.9亿欧元（约合50亿美元）的价格收购诺基亚旗下的大部分手机业务。诺基亚所代表的一个时代结束了，中国的银行人在纷纷转载刚上线一年的微信公众号中那无数怀旧、反思、鸡汤自媒体煽情文章之余，也回忆着那句不知道是不是微软创始人比尔·盖茨的名言：“传统银行是21世纪的恐龙，如不改变就会灭绝。”求新求变、时不我待，已成为大多数传统银行人在这一轮探讨中的共识，他们的心态也逐步由戒备转为探求合作。

这年10月的黄金周后，金海腾再次走进阿里，这次他是陪同8家银行的董事长一起来的，各方不再戒备和防范，而是秉持着开放平等的态度，一起探求互联网和金融的合作空间。

银行家们当天上午在支付宝大厦中领略了阿里著名的数据墙。阿里人自豪地介绍每年“双11”的交易量和数据量均以几何级数攀升，数据墙上实时刷新跳动的数据宛如中国新经济发展的脉搏，昭示着中国未来的活力与希望。银行家们也看到了被放在一边展示的IBM（国际商业机器公司）小型机，这是阿里早期支持业务发展所必不可少的，但是如今，由于中国的电商平台产生的数据量和计算力海量增长，这台当初昂贵的设备早已因不堪重负而退役了。这台曾经是银行科技人心中最高规格的小型机，作为即将过去的时代标志，仅仅能引发一下人们的怀旧之情了。而阿里巴巴自主研发的海量数据分布式集群计算引擎，已经成为具有自主知识产权的中国互联网基础设施，成为迎接不确定的未来时，阿里人的信心保证。

阿里金融的创业者们和传统银行人有了共同探讨的话题：今天我们怎样做银行。阿里金融的一众高管，在与建行短暂合作分手后，又一次与传统银行人坐在一起。他们的角色也发生了转换，阿里以给出答案的引领者姿态，畅谈着自身对中国金融行业未来的设想。银行人再也无法忽视这个曾经被视作边缘行业的新兴力量了。

银行如何玩转自身的数据？

听着阿里人对自身数据的挖掘应用案例，银行人沉默了。做到这个程度真的非一日之功，银行在科技上的投入和阿里的模式没法比。对此，金海腾又提出了一个观点：小数据和大数据，没有天然的界限，银行人不必妄自菲薄，完全可以在力所能及的条件下开展数据分析和应用。

银行并不缺乏数据。在历史上，银行可以算是最早开展数据化管理的企业，多年积累了海量数据，但是这些数据并未得到有效利用。银行数据维度单一，几乎全都是财务数据，并未将非财务数据、非结构化的外部数据纳入自身管理体系内。现行的征信系统提供了企业和个人的银行体系内的信息，但社会上企业、个人的信用信息大量地散落在各处。由于没有联网，这些信用信息成为“数据孤岛”。

国内银行在现代化的过程中，确实开始重视科技，甚至有些银行设立了首席科技官，但首席科技官管的是 IT 系统，而不是数据。

金海腾提出大数据环境下，银行的数据挖掘、应用，不应仅仅是 IT 部门需要关注的，数据是银行所有业务和管理的起点和抓手。银行必须建立全行一盘棋的数据资产管理模式，以应对未来的环境变化，将数据的产生、挖掘、运用都整合起来，促进银行各项决策的数据化、智能化。

金海腾提出银行需要设立首席数据官，统筹全行的数据管理和应用，这在当时是非常超前的设想。

多年后的 2018 年 3 月 16 日，中国银监会发布《银行业金融机构数据治理指引（征求意见稿）》，鼓励银行业金融机构设立首席数据官，确立数据治理牵头部门，将数据治理与公司治理评价、监管评级等挂钩，并纳入现场检查范围。而这比金海腾首次提出银行要设立首席数据官晚了将近 4 年半。

不止如此，也是在 2013 年 10 月，在珠海华润银行的一个培训班上，金海腾进一步提出了银行大数据应用与管理的发展路径。

大数据战略应当上升到全行发展战略的高度，大数据战略的起点是大数据思维，而银行大数据工作可以直接入手的是运营环节。

大数据和小数据原本就没有天然的界限。银行的运营部门掌握着最多的、第一线的数据，挖掘这些数据对银行的经营有着巨大的帮助。

结算方式角度分析

从使用手机银行、网上银行还是传统柜台办理业务，分析判断客户的偏好和接受新生事物的能力。

从客户使用支票、电汇、银行汇票、商业汇票、信用证等，分析企业经营特点。

交易对手情况角度分析

从上下游交易对手行业及客户情况、交易频度、数量等数据，分析客户经营情况、风险程度。

从交易对象看客户消费习惯、消费层次及消费能力。

资金来源角度分析

从代发工资分析客户收入的稳定性、增减趋势、经济实力及其对应企业的成长性及发展趋势。

从客户收入来源分析客户的经济实力、资产配置、收入的稳定性，如房租收入、理财收入、投资收入等。

……

而这些看似马上可以实现的数据分析工作，至今仍鲜有银行能够全部做到、做好。

银行人员如果具备大数据思维能力，可以能动地处理非结构化数据，以及结构化数据与非结构化数据的关系，从中发现问题、预测未来、创造机会。

根据分析结果，银行可以制定和采取对应策略，实现精准营销、精准实施风险控制，为客户提供贴心、适合的服务，让经营管理变得更加高效。

在传统银行，运营部门是银行支付结算的支持部门，而在金海腾的思路中，运营部门是银行大数据的起点和核心部门，如何做好运营大数据将决定银行能看到什么样的世界。

第二篇

第五章 在不确定性中引领

预测未来最好的方式就是创造未来。

——彼得·德鲁克

银行业进入“无人区”

2014年3月8日凌晨1点21分，马航MH370航班突然消失在了空中管制中心的雷达中，从此杳无音讯。这架搭载着154名中国籍乘客，型号为B777-200ER波音客机的离奇消失成为当年的一个重要事件。在现代科学技术已经如此发达的今天，大家无法想象一架堪称庞然大物的飞机是如何凭空失去踪影的。

马航MH370事件向人们揭示了一个残酷的真相，即我们自以为有着强大的认知能力，掌握了先进的科学技术，这个世界对我们而言仍然存在着许多不确定性。

什么是不确定性?

经济学家弗兰克·H. 奈特早在 20 世纪 20 年代就提出，与确知损益概率分布的、可以衡量的风险相比，不确定性描述的是一种不知道未来将会发生何事、可能性有多大的状态。

面对不确定性，人们往往会感到束手无策。

中国的企业家们要比普通人更深刻地理解面对不确定性时的无奈。

华为的任正非说：华为正在本行业逐步攻入无人区，处在无人领航、无既定规则、无人跟随的困境。华为已感到前途茫茫，找不到方向。彼时的华为早已超越爱立信成为全球第一大通信设备制造商，成为市场的领导者之后面对技术的快速迭代却发出如此的感慨。

过去，企业的成长道路和标杆清晰可见。加入 WTO（世界贸易组织）所带来的第二轮全球化红利大大开阔了中国企业家们的眼界，他们中的先知先觉者或者在国际市场上找学习目标，或者把改革开放 30 多年来已经成长起来的企业家作为榜样。

这种易得的对标，和相对稳定、可复制的成长路径一度给了中国的企业家一种错觉，似乎他们不需要进行太多的战略思考，因为产品如何设计、市场如何开发、管理如何落实、流程如何改进等这些问题都有着现成的经验。但外部环境的日新月异让过去静态的市场不复存在，对标者的成功实践可能是建立在旧的市场环境下的，并不再适用于当下。同时随着这些企业的体量逐步增大，甚至大过了被它们模仿的企业之后，前方的标杆就消失了，它们成为自己的引领者。

中国企业家们是第一次品尝这种战略上的迷茫。战略是在多个约束条件下对未来的深刻洞察，要回答的是企业未来在哪里增长、如何实现增长等问题，而不是基于过去、基于已有的资源与能力来选择企业的成长方式并设定成长速度。从跟随到引领，新的时代对中国企业家的知识结构、学习能力、自我革新的精神都提出了更高的要求。

在崭新的不确定性时代，企业的成长没有确定的方向，几乎无法预测。往前一步就是无人区——没有地图，无人领航。不知道市场在哪里，也不知道竞争对手是谁。

吴晓波在《激荡十年，水大鱼大》一书中写道，中国企业的崛起离不开中国这个巨量的市场的成长。事实上，这些企业的成功是中国经济成功的一个缩影，然而从改革开放到2014年，中国的经济结构已经经历了巨大的变化。

2013年中国的第三产业增加值历史性地首次超过第二产业，占比达到46.1%。这表明中国的第二产业已经走向了高度成熟，可以向外输出能力以全球作为市场，让以服务第二产业为主要任务的第三产业具备了成长空间。2014年，作为全球第二大移动通信市场的非洲，其第一大手机品牌Tecno（传音）就来自中国，它在非洲的出货量高达4 500万台，被非洲人民认为是“中国最大的品牌”。

到2014年，中国替代美国成为全球第一的石油进口国，取代印度成为最大的黄金消费国，同时，它还是铁矿石、煤炭、玉米、大豆、水稻和铜的最大进口国。更重要的是，中国的经济总量只有美国的一半，而人民币发行量已超过美元。

经济总量的提升代表着国际事务话语权的提升，中国与世界的关系要进行合理的重构。

“中国想要什么？”

《经济学人》杂志在2014年下半年的一组系列封面报道中，提出了这样的问题。在它看来，“随着中国即将再次成为世界上最大的经济体，它寻求重新得到在过去千百年里所享有的尊重。但中国不知道该怎样获得这种尊重，或者说，它是否值得这样的尊重”。

中国政府提出的“一带一路”倡议，代表了一种新的经济全球化模式和一种以经济能力输出为主题的重大国际竞争战略。这一倡议由丝绸之路经济带和21世纪海上丝绸之路两大规划构成，将极大地重构中国与周边国家以及非洲、南美洲的经济互动关系，据估算，仅铁路建设金额就将达3 000亿到5 000亿元左右，由此所带动的亚太区域未来10年间的基础设施投资需求，将达到8万亿美元。

因此，为了配合“一带一路”倡议，中国还发起建立拥有86个成员的亚洲基础设施投资银行，和设立400亿美元的丝路基金。这种新全球化模式，不是依靠霸权和军事威慑力来维持，而是需要向外输出商品、技术和人民币来缔结牢固的联系。

对此，美国约翰·霍普金斯大学教授德布拉·普兰廷根指出："尽管中国的影响力越来越大，它的介入却不是霸权性的，而是交易性的。"

然而，历史上每一次全球秩序的重构都经历了激烈的冲突，甚至是战争。随着中国的崛起，中美之间的关系和博弈将在未来的几年愈加重要，成为经济不确定性的重要来源。

这一年，融至道邀请了其在美国的银行家伙伴来中国参加了中小商业银行 CEO 论坛，美国的银行家们带来了他们的优秀经验，也惊叹于中国银行业特别是互联网金融的蓬勃发展。

其中的一位银行家对融至道说：以后中国国内银行业和互联网金融的最新动态请及时告诉我们，我们也要学习。

中国的经济进入了"无人区"，中国的银行业乃至全球银行业也进入了"无人区"。

率先抢跑的互联网金融

当"一带一路"这个巨大的市场展现在中国的企业家和银行家面前时，几乎所有的银行家都没有想到，中国国内也存在这样一种巨大而未经开发的市场，这个市场直到 2013 年之后才被互联网金融开发出来，今天已经成为人人垂涎、意图分一杯羹的领域。

作为互联网金融元年，2013 年互联网金融企业给银行业带来了巨大的冲击。

也是在2013年，众安在线获批开业，“三马卖保险”开启互联网金融新模式，另一边马云成立阿里小微金融集团，支付宝联手天弘基金上线余额宝，同年微信5.0上线，增加“微信支付”功能。

互联网金融的冲击在2014年进一步发酵。时年第一届世界互联网大会在浙江乌镇举办，李克强总理会见出席大会的中外代表并与他们座谈，这意味着互联网的力量被政府放在了一个举足轻重的位置上，从侧面给行动迟缓的银行业敲响了警钟。2015年的第二届世界互联网大会，大会甚至单列了“互联网金融创新与发展”论坛，并且这场论坛的位置仅次于开幕式，排在所有分论坛的首位，足见互联网金融的火爆。而中国的银行业则在这样的全球互联网盛会中略显沉寂，不仅没有什么话语权，甚至参会者寥寥。

在互联网金融诞生以前，金融服务存在着巨大的市场空白，大量的小微企业和个人没有获得过金融服务。这些客户没有央行征信记录，也没有合适的抵押品，使得很多传统金融机构既不愿意也没有能力去提供小额贷款。而互联网金融这支不被重视的金融力量，由于被挡在传统金融领域门外，反而意外地与这些游离在传统的信用评价体系之外的客户取得了奇妙的连接，大大加速了普惠金融在中国的普及速度。

与传统的客户不同，互联网金融所瞄准的客户对贷款金额要求比较低，对贷款利率也不敏感，但是对贷款标准、审批速度、贷款期限、还款灵活性等条件又十分敏感，他们的借款金额小到几百元的发薪日贷款，最大的也就是用于经营周转的几十万元流动资金贷款，与银行动辄上千万的贷款金额相比可谓是九牛一毛，也因此，要是再用传统金融的手段可能就是死路一条。

现在，当我们回溯互联网金融的发展之路，发现它们最大的贡献是推动了风险管理技术在另一条路径上的进步。过去，在银行体系外，是没有什么像样的金融风险管理体系和管理技术的，但随着数据这个新型生产资料的普及和运用，互联网金融机构的风险管理能力在某些细分领域已经超过银行。它们通过大数据、社交网络、好友情况等林林总总成百上千的维度判断一个人的信用情况，颠覆了传统的信用判断体系，促进了一个更广泛的信用文化的诞生。

在传统金融领域，中国的发展还落后于欧美发达国家。但中国的互联网金融却后发先至地在规模和速度上远超美国。互联网金融以一种令人意想不到的姿态崛起，成为传统金融之外另一支重要的力量。

为什么同样的互联网的平台、同样的技术，互联网金融机构却比传统金融机构做得更好？

金融是一个复杂的行业，从业者、管理者需要长时间地对其本质深入理解和体会，但有时这种理解反而成为传统银行人的包袱。在历史上，金融业一直是运用最前沿科技手段的先驱，但是面对互联网的时候，他们只是把互联网看作是和过去的电话银行一样的一个普通营销渠道，并没有认识到互联网是生产方式和生活方式的代际革命，更没有根据互联网的特点开发出全新的金融产品和服务。

而互联网金融机构全身心地拥抱互联网，它们的经验来自早年互联网运营所积累的种种技巧，以互联网的思维来运作金融产品，将金融服务与互联网体验合二为一。

视互联网为工具还是视其为思维方法，这就是本质的差别。

科技所带来的变革冲破了传统制度下金融的牌照垄断优势，互联网金融在主流金融机构所定义的利基市场站稳脚跟后，马上开始在正面战场挑战主流金融服务领域。

当然，我们也应该认识到，技术固然可以有效提升传统金融的水平，但要解决金融服务业长期存在的痛点，不是纯技术方案能解决的。商业银行业务在经历了以国家为顾客、以企业为顾客和以个人为顾客三个阶段后，未来将要演变成怎样的形态，值得所有银行从业者深思。

银行业的黑天鹅

欧洲人观察了上千年，见到的天鹅全部是白天鹅，于是得出结论：所有的天鹅都是白的。直到17世纪，欧洲人发现了澳大利亚，一上岸竟发现有黑天鹅。虽只是看见一只黑天鹅，但这个事件就足以推翻几百年来数百万次观察总结出来、一直信奉、一直灵验的历史结论。

这就是纳西姆·尼古拉斯·塔勒布在《黑天鹅》一书中提出

的重要理论：经验有时会欺骗你。

塔勒布认为，黑天鹅现象有三个特点：一是非常罕见；二是影响非常巨大；三是人们总在事后为它的发生编造理由，并且或多或少地认为它是可解释和可预测的。

换句话说，人们会尽力避免承认黑天鹅的存在，不论是事前还是事后。

但是，如果我们能诚实地审视四周，会发现其实黑天鹅现象的确在频繁发生。这种频率的变化本身就是巨大的不确定性。对于银行业而言，黑天鹅现象尤其值得警惕，因为金融行业本身的系统非常复杂，存在非常多的不可知变量。而且银行业是高杠杆经营行业，一旦遇到黑天鹅，损失会比普通企业高得多。

巴林银行的倒闭就是如此，1994 年底，有“不可战胜的里森”之威名的新加坡巴林期货（新加坡）有限公司总经理兼首席交易员尼克・里森大举买入日经 225 指数多头跨期期权和日本政府债券的空头期货合约时，他所设想的完美结局是日本经济走出衰退，日本股市平稳向好。但突如其来的日本 1995 年关西大地震粉碎了他的美梦，随着日本股市掉头向下，他的操作为巴林银行带来了高达 6 亿英镑的亏损，将这家拥有 233 年历史的银行彻底击垮，以 1 英镑的象征性价格被荷兰国际集团收购。

中国银行业的黑天鹅会在哪里？

首先可能是经济形势的黑天鹅。

2014 年以来实体经济的转型步履维艰，2 月出现了罕见的贸易逆差，上半年全国固定资产投资增速仅9%，2014年全国房地产开发投资增速也降至14.1%，中国传统的两大吸纳流动性的蓄水池,同时也是金融行业重要的晴雨表——股市和楼市都陷入了低迷。但为了消化2008年的4万亿，新一届领导人在经济金融政策上非常谨慎，自2011年坚持银根紧缩，其程度出乎很多人的意料。银行看着实体经济，却几乎找不到什么可以贷款的行业。

而到了2014年下半年，形势突然发生了翻天覆地的变化。

6月底，股市IPO（首次公开募股）重新开闸，7月7日，证监会发布修订后的《上市公司重大资产重组管理办法》，规定除借壳上市和发行股份之外，上市公司的重大资产重组不再需要经过证监会的行政许可。9月30日，央行、银监会发布一则重大通知，提出拥有1套住房并已结清相应购房贷款的家庭，可享受首套房贷款政策。同时，住建部、财政部又出台配套性新政。11月17日，上海证券交易所开通“沪港通”业务。11月21日，央行出人意料地宣布28个月以来的第一次降息，其中，贷款基准利率下调0.4个百分点，是自2008年以来降幅最大的一次。

经济形势的黑天鹅使得银行的业务也偏离了轨道。

股市、楼市、货币相继开闸，汹涌的流动性再次扑面而来，上证指数全年大涨52.87%，多个省会城市创下2009年以来的交易最高纪录。而银行作为货币传导的中枢身处其中，想尽办法要在这波流动性机遇之中分一杯羹。

2014年之前，银行虽已经偏离了中小企业、偏离了制造业，但至少还没离开实体，尤其是城投（城市建设投资公司）和房地产融资。银行的创新只为了规避表内信贷规模、资本充足率等限制，而监管则忙于追着银行的步伐四处堵漏洞。到了年底，伴随流动性宽松、资金面波动降低，不少银行，尤其是中小银行主动负债，通过发同业存单的形式加杠杆，甚至在异地设立同业中心，试图利用同业资金实现银行规模的“弯道超车”。

借来的资金投向何处？

随着城投和房地产的漏洞渐少，银行将目光投向了同业业务，债券牛市为中小银行打开了新的“发展”思路。由于中小银行自身不具备对应的专业能力，符合收益要求的债券又比较稀缺，“委托投资”等方式开始进入银行视野。银行申购一个外部的资管产品，由该产品再去加杠杆、加错配去投资，获取更高的收益。这个决定意味着银行与实体经济真正分道扬镳，银行的发展开始误入歧途。

经过多年的酝酿，就在这一年的4月1日，《国务院关于同意存款保险制度实施方案的批复》（国函〔2015〕60号）公布，明确存款保险的范围覆盖境内所有吸收存款的法人银行业金融机构，同时宣布存款保险实行限额偿付，最高偿付限额为人民币50万元。存款保险制度正式推出。

“银行能破产了？”

一时之间这个耸人听闻的标题出现了在无数的报纸杂志上，让无数不明真相的群众开始担心起自己存在地方性银行里的那些存款。毕竟《大而不倒》这本书里的观点让很多人接受了，银行越大越安全，要不要把自己的存款也都搬到工农中建里去呢？

银行业从业人员当然不会像普通群众那样看待这个文件。他们很清楚，存款保险制度实际上是对中小银行的利好。在推动金融改革的意义上，存款保险制度是推动银行体系改革的基础条件之一，尤其是为中小银行、民营银行的发展创造一个基础和条件，解决这些银行发展过程中可能会面临的信用不足的问题，通过保障存款人的利益，提高中小银行的信用，为大中小银行创造一个公平竞争的市场环境。金融体系的稳定关系到社会的稳定，存款保险制度的建立使得银行发展过程中发生的风险有了重启回正机制，使金融机构能够优胜劣汰，形成一个竞争性、可持续发展的金融体系。

但是，不论是普通群众还是银行从业人员，他们都意识到了随着存款保险制度的推出，银行不再是一个铁饭碗、保险箱，银行的倒闭和兼并将成为现实。换句话说，过去银行那种只重规模不重效益、千篇一律同质化竞争的时代就快要结束了。

不与银行家交流的银行家

2013 年 12 月 16 日，在引擎的轰鸣声中，一架飞机降落在了波特兰国际机场。金海腾带着他的随行助理邓超走下了飞机。尽管常自诩为“资深旅行家”，已经来过 40 多次美国，但波特兰这座城市他还是第一次到访。

呼吸了一口清晨凛冽的空气，他看了一眼手中的地址，他今天来波特兰可不是来旅游的，他是任务在身——拜访一家美国的社区银行。

在国内银行一蜂窝做着同业业务，陷入同质化竞争的迷局之中时，美国的同行们早就使出浑身解数以让自己变得与众不同，在这其中，安快银行又是最特别的那一家。

当金海腾第一次得知安快银行的种种做法时，他立即决定，要亲自上门去考察一下这家银行。于是，经过了前期的简单联系，与安快银行行长兼 CEO 雷蒙德·戴维斯先生约定好了拜访的时间后，金海腾就利用这次带中国银行家赴美国考察的机会特地来到了这里。

赶到安快银行位于波特兰的总部大楼，在会议室坐下后，面对着满头银丝、着装一丝不苟的雷蒙德·戴维斯，金海腾迫不及待地提出了第一个问题："听说你不做广告？"

"为什么要做广告？"戴维斯微微一笑，反问道。

"你知道吗，"戴维斯说道，"据统计，92% 的人是根本不会去看高速公路上的广告牌的。而在剩下的 8% 里，7% 是银行自己的员工，真正有效果的只有不到 1%。花 100% 的钱却只达到了 1% 的效果，这就是我们所谓的广告。与其这样浪费我们的营销费用，不如把广告省下来的钱往社区送免费冰激凌。"

这倒真不是一句玩笑话。金海腾后来了解到，每次安快银行的"商店"进入一个新社区时，都会开着冰激凌车往社区免费送冰激凌，这已经成了安快银行获取社区认同感、提高社区知名度的标志性手段。

金海腾于是接着问出了他的第二个问题：“为什么你们的每个网点都不一样？”

“为什么要一样呢？”戴维斯对于这个问题似乎早有预料，毕竟安快银行的这些做法太违背常理，一定常常被人询问。

银行需要统一的视觉效果，熟悉的视觉标识会带来安全感和建立对品牌的感知，而且统一的网点设计也更便于管理，这好像已经成为银行管理中的“常识”。

戴维斯轻轻点了点头：“问题就在这里了。安快银行是一家社区银行，我们希望我们的网点能融入社区之中，而社区本身是千变万化的，我们的网点要跟着社区而变化，当然不能千篇一律。除了我们的 logo（商标）和标语，网点的一切都没有固定的标准，在我看来这才是常理。”

就像安快银行的冰激凌车一样，安快银行的网点充满了与众不同的特点。作为移民国家，美国的社区与中国有着显著差异，不同种族聚集，形成了白人社区、黑人社区、拉美人社区，当然，也有华人社区，不同社区在文化信仰与生活习惯等方面各不相同。作为定位于社区银行的安快，让各网点负责人自主决定网点风格，才是真正的以客户为中心。

戴维斯接着介绍了一下安快银行“商店”的进化过程——是的，商店。这就是他们称呼自己的营业网点的方式。

“为什么不叫网点要叫商店呢？”金海腾对这种称呼上的差异也非常感兴趣。

“银行的网点们没有任何吸引力。”戴维斯解释说，“想象一下，如果你家附近开了一家银行你会走进去吗？除非你恰好是这家银行的客户，否则肯定不会。而如果你家旁边新开了一家鞋店呢？你一定会在闲逛时进去看看，甚至试试他们家的鞋。”

听闻此言，金海腾眼前一亮，这个观点触动了他，他隐约觉得，银行网点和鞋店的区别可能从更本质上揭示了银行未来发展的方向，而戴维斯和他的安快银行则是一个非常好的范本，可以成为中国同行们开阔眼界的很好的学习对象。

戴维斯仍在继续着他的介绍，他接着说：“安快银行所有分行的标准只有一个——‘不像银行’，因为安快银行希望能吸引人们走进银行的网点中，去掉金融那层神秘严肃的面纱，让客户能实在地感受到金融。”

金海腾发现这位当过军官，从咨询公司跳槽到银行来的美国行长思路开阔，与一般的老银行家截然不同，与他认识的其他美国银行家也不一样。他想起临行前得知戴维斯还有一句广为流传的名言：绝不与银行家讨论怎么做银行。他不由得出言询问道：“听说你不爱与银行家交流？”

“的确，”戴维斯坦然承认道，“与其向银行家们学习，我觉得不如向其他行业的优秀的人学习，比如我们的新员工上岗前会专程到丽思卡尔顿（Ritz-Carlton）酒店接受两天的客户服务培训。事实上，安快银行向丽思卡尔顿酒店学习服务，向诺德斯特龙（Nordstrom）学习商品陈列和展示，向星巴克（Starbucks）、耐克（Nike）、迪士尼（Disney）甚至苹果公司（Apple）学习，我们不向银行学习，而更多地从酒店业、零售业等其他行业中汲取养分。

“举个例子，安快银行的每一家分行网点每天早上都要举行晨会。或许你在别的银行也能看到晨会，但是安快的晨会与众不同。我们让员工决定晨会的内容，每一天的晨会都由员工们轮流负责。前一天晚上，被指定的员工会设计好第二天的活动并准备材料。到了晨会上就由他带领其他员工一起参与到活动中去，我们要确保每一个员工都参与进来，一般是一些小游戏，让大家能哈哈一笑，轻松愉快地投入到当天的工作中。”于是，安快银行的每个网点都有不同的晨会，形成了安快银行的多种晨会形式。

中国的银行也搞晨会，那是为了总结工作、分配任务，后来参加过安快银行这种晨会的人都会说，那几乎就是一个做游戏的晨会。

戴维斯说：“一个人早上来上班的时候，你不知道他昨天下班之后经历过些什么。可能昨晚和太太吵架了、半夜小孩生病了、早上出门的时候车碰了一下，他们可能会带着各种各样的情绪来到银行里，这样会损害我们对客户的服务质量。所以晨会的意义就在于，通过这种轻松的游戏，让大家忘掉上班前发生的一切不快，全身心地投入对客户的服务中。”

这场会面，金海腾意识到，安快银行的确是一家与众不同的银行，他们真正践行了“以客户为中心”“以服务为中心”的理念，颠覆了传统的银行在人们心目中的形象。他盛情邀请戴维斯先生来中国，与中国的银行家分享他的真知灼见。

这次拜访奠定了将安快银行模式引入中国银行业的基础，也成为戴维斯先生后来多次应邀在中小商业银行 CEO 论坛上发言的开端。

网点建设的标准：不像银行

安快银行虽然从规模上来说并不算一家很大的银行，但其在零售银行服务体验和品牌塑造方面具有业界领先的经验，多次被评为最具竞争力银行和最佳社区银行，并被美国独立社区银行家协会称为“体验式银行”的鼻祖。

在坚持做社区银行的基础上，戴维斯抓住了银行网点这个切入点，带领安快银行的网点不断进化，经历了商店、社区中心、邻里商店三大阶段和若干个迭代进化的小阶段，始终使安快银行的网点体验在同业中首屈一指。

对于安快银行，网点改造不仅仅是装修、ATM（自动取款机）、家具、墙壁和装饰的变化，而且是围绕着客户体验对网点的完全重构。

1994 年，安快提出“商店”网点的概念。相对于传统的银行支行，商店网点看起来不太像是一个银行：传统支行的桌子被挪走了，取而代之的是走来走去与客户交流的银行雇员；店内的电脑吧台区供客户免费上网，还有一部可直接与戴维斯本人连线的客户电话；他们设置供人们读报的专区，模仿星巴克摆放报纸和杂志，还免费提供安快银行自己定制的本地烘焙咖啡，安快银行把它开放给其所在的社区，希望可以成为社区居民“自己的空间”。

商店网点学习百货店的商品陈列方法，为了推销住房按揭贷款产品，安快银行在商店内放置了一架梯子、一堆油漆桶和刷子，通过这种生动、形象的方式来展示他们的按揭贷款服务不仅能帮客户买下房子，而且，如果客户有需要，还可以获得一些免费的装修服务。

第一家重新装修过的网点开业之后，由于太不像银行了，很多客户第一次走进网点都会露出疑惑的表情，左看看右瞧瞧，然后退出去重新打量一下大门和门口的银行 logo，以确保自己没有走错地方。

这样新奇的银行零售商店果然获得了很大的成功。社区居民们听说有这样一家银行，纷纷来一探究竟，他们浏览和咨询各种服务与产品，并被银行舒适的环境与人性化的服务所吸引，不久，客户和社区成员都开始在安快银行的商店举办活动。

第一代网点有很多有口皆碑的精妙之处，例如，已然口口相传、“品牌化”了的安快现煮咖啡、免费的网络浏览和报纸杂志，还有被业界和顾客戏称为“Un-bank”（非银行，谐音安快）的环境和氛围。但是，除此之外，安快还想为自己的银行网点创造出一种更为舒适惬意的、更像人们的起居室的温馨感觉。

2003 年，安快银行已经上市并将总部搬到了俄勒冈的第一大城市波特兰市，开始着手第二代网点的设计来进一步提升客户体验并融入社区中心的元素。

当时，共有三家设计公司应邀参加比稿，其中有一家是专注于银行业设计的，另一家也有一定的银行设计经验并且擅长向优秀案例学习。而最后一家波特兰本土的设计公司 Ziba 其实完全没有任何银行的设计经验，但恰恰由于没有经验，他们非常认真地倾听了安快的需求，明白了安快要营造一种与众不同的零售银行体验的决心。

最后 Ziba 公司赢得了竞标，因为它如安快所愿，抛弃了银行网点的常态，让一本正经的银行雇员和大理石砌成的高大圆柱等组成传统银行支行的元素彻底淡出。

第二代网点确立了伴随安快银行发展的零售体验战略和设计，Ziba 做了大量的模型来测试运营效率，模拟客户体验，他们和安快银行一起在信息传递、印刷制作、数字化设备上开创并应用了具有安快银行特色的审美体系。第二代网点的特色包括免费的无线网络、免费使用的笔记本电脑、开放式空间、冷藏饮料及创新性产品包装，还包括营业时间外的各种社区活动，从诗歌朗诵、瑜伽课到电影之夜和艺术收藏研讨会。

而理所当然的是，戴维斯再次全程深度参与了这次网点设计，他下班时常常特意去设计公司转一圈看一下进度。

2007 年，安快银行推出了第三代网点“邻里商店”，推广一种小型化、轻型化的网点设计。而到了 2013 年，随着安快银行进军旧金山，他们在旧金山的金融街开出了他们最新一代的旗舰店。

旧金山旗舰店以成为一个“互动资料中心、商业交流中心及激发灵感的场所”为设计理念，将多种功能集于一身。旗舰店的交易区域被有意设计成了宾馆前台的样子，而两个“移动礼宾员”则装备着 iPad（苹果平板电脑）和耳机在商店里走来走去，这些设备能让他们及时帮助店里的任何一位顾客。

为了符合旧金山的气质，旗舰店内塞满了 iPad，还有 6 个投影仪和满墙的巨大液晶屏幕。沿街的橱窗里，巨大的液晶屏幕显示着当地的天气信息、活动日程、公交信息以及实时更新着的安快银行相关的推特（Twitter）话题。透明的玻璃外墙则让整个网点在公众和路人的眼中一览无余。

旗舰店里最显眼也最丰富多彩的就是那面 20 英尺（6.10 米）长的多屏幕“感官催化墙”了，墙的右边是许多电子小工具和资料，左边是“灵感之墙”，这个区域充分调动了人的五感——视觉、听觉、触觉、味觉和嗅觉，能让访客完全沉溺于某个本地优秀企业的产品中去，每季度或者月度轮换。第一个展示的 TCHO（特乔）巧克力是一个高端糖果品牌。顾客可以边和触摸屏进行互动并了解公司的历史，边从样品区拿免费试吃的美味巧克力。桌面展示区则展示了 TCHO 是如何制作巧克力的，顾客们能直接摸到、闻到真正的可可豆豆荚。TCHO 公司的高管还会在商店内进行讲解。

旧金山旗舰店运用了大量的科技元素，但安快银行以一种新的方式将服务和科技结合在一起，更好地契合顾客和大众的需求。安快的设计者们相信并不是最新的或最炫的科技就是最好的，科技只是用来增强客户体验的。

对此，戴维斯是这么评价的："近 20 年来我们一直聚焦于创造一种独特的银行体验，其背后的理念是我们应如何运营我们和顾客的联系。我们的新旗舰店是该理念的重申，用来反映当今顾客和企业的偏好并使消费者能够用各种方式来和我们进行互动。"

银行看起来是什么样子的？对安快银行来说，它更像是和苹果商店一样热情、现代、可以让人闲逛的场所，而非那些典型的社区银行。交互式触摸屏显示着客户提供的社区照片，向客户介绍本地商户，让客户能浏览他们的产品并当场购买。

银行听起来是什么样子的？在安快银行，你会听到来自当地独立乐队的音乐，而不是夹杂着房屋贷款广告的罐头流行乐，这些旋律都是银行"发现本地音乐"项目的一部分。

银行闻起来是什么样子的？安快银行，鲜煮咖啡的香味弥漫在空气中，吸引客户进入银行品尝，甚至买一磅烘焙好的咖啡豆带回家。

最后，安快银行尝起来是什么味道的？当你顺路在这儿兑现支票或办理定存业务时，每一笔交易都会伴随着一小块放在托盘里的金色包装巧克力交到您的手中。

安快银行充分授权各位网点经理对他们的网点进行本地化改造，但不论是哪家网点，不论互相之间的外观有多不相同，客户只要踏进大门就一定不会弄错——这种氛围，就是安快银行。

欢迎来到世界上最伟大的银行

“Welcome to the World’s Greatest Bank.”（欢迎来到世界上最伟大的银行。）——这是一句挂在安快银行所有网点门口的标语。

在千姿百态的安快银行网点，只有两样东西你一定能看到，其一是它们的树状 logo，其二就是这句标语。这个标语是安快银行的核心，也是他们的愿景。有趣的是，这句标语并不来自安快银行总行的设计，而是某一家网点开业时网点经理自作主张添上去的，他希望社区居民能够一眼就把安快银行的网点和其他银行的网点区分开来，就在进门的地方贴了这么一个口号。安快银行总部的人得知后不但没有怪罪这个网点经理异想天开，反而在经过研究后觉得这是个很好的想法，于是将这个口号升格为银行的愿景，并推广到了所有的网点，此后安快银行所有的网点都在进门处贴上了这句标语。

这样一家有趣的银行崛起的历史其实非常短暂。

1953 年，6 个伐木工人在美国西海岸的俄勒冈州罗斯堡创办了安快银行，专为家庭和俄勒冈州的郊区农户、伐木工人提供银行服务。

俄勒冈州的印第安语意为“美丽之水”，森林占全州面积的一半，是全美林业最盛的州。罗斯堡这个人口只有2万多的小地方，以木材加工业为主，1990年灰色猫头鹰被列入濒危物种后，一场环保运动从俄勒冈州开始兴起，当地的经济发展受到很大的影响，许多银行都难以生存，纷纷倒闭。

6个网点和1.4亿美元的总资产，这就是1994年雷蒙德·戴维斯临危受命成为安快银行CEO时银行的现状。“往海岸的方向飞行一个半小时就是硅谷。在那里，一个缔造百万富翁的辉煌时期刚刚拉开帷幕，一直持续到新世纪的第一年才结束。硅谷到处都是电脑芯片、生物技术和风险投资家，而我们这里除了木材业和猫头鹰，却一无所有。”他告诉董事会，“摆在我们面前的只有两条路，发展或者倒闭，没有第三条路可选。”

“如果让我来当CEO，”戴维斯说道，“那我有一个要求，你们不能干涉我的战略。”董事会同意了。

在戴维斯为安快银行制定的战略中，其突破性的网点设计是最为人所熟知和称道的，但这远远不是安快银行的核心。

戴维斯曾经问过安快银行所有人一个问题：“我们究竟从事的是什么行业？”

当然，这个问题可以回答得很简单：“我们是一家银行，因为我们处在银行业内。”

这个答案谁都知道，但这样一来你将永远不会突破传统观念的藩篱。

而如果你无法突破传统观念的藩篱，你就无法改变传统模式，你就不可能脱颖而出，创造一种能把你和其他银行分开的竞争优势。

现在，各位读者也可以掩卷问问自己："我们究竟从事的是什么行业？"

这个问题并不简单，它直指商业的本质，它们并不存在于纸面上的定义中，而是由客户牢牢掌握。

回答这个问题迫使每一个人从不同的角度审视自己的公司，并且使我们有机会创造一个有意义的价值定位。

毫无疑问，尽管安快是一家银行。但是在回答这个问题时，安快银行意识到自己其实是处在零售行业中。这意味着安快银行是一个零售商，只不过是一家恰好在网点和网上销售着银行产品和服务的零售商。

当安快银行认识到这一点时，他们的思路完全打开了，安快决定要像零售商那样要在价格（利率）之外去竞争，要使得安快的网点与客户息息相关。在这个网点人流下降的时代，这是个颠覆性的观点。

随着消费者技术在以音速变革，关于银行网点未来的争论在继续——网点已死？网点会继续生存下去吗？网点应该变成怎样？

这个答案很简单。安快相信为了维持银行和客户的相关性，银行网点必须进化，绝不能一成不变。

为了专注于客户体验，安快银行创造了一个新的战略——在服务体系上做到出类拔萃，借此转变人们对银行的印象。

于是，安快引进了新的网点概念，改变了银行业内关于网点功能和职责的普遍看法，并且使得安快的网点成为舒适和诱人的空间，通过科技和设计创造了一种非凡的客户体验。

安快银行将自己视作零售商，甚至在其网点内销售咖啡杯、T恤和音乐，但这只是它网点经营哲学的冰山一角。

安快银行网点无可匹敌的客户体验是安快银行的价值定位和自我认知所决定的，而在这一份客户体验的背后，起到决定性作用的并不是那些冷冰冰的器材和装潢，因为营造不一样的空间并不难，银行的产品和网点的设计总是易于模仿的，并不代表区分度，造成区分的是安快银行的员工们。

安快银行的员工被叫作全能员工，他们与普通的银行员工不太一样，全能员工有四个特色：

每一个员工都熟悉安快银行的所有产品。

每一个员工都要求能用顾客的名字来称呼顾客，并且每次交谈要至少称呼客户的名字两次。

员工会始终佩戴自己的名牌，名牌上可能写着自己的兴趣爱好或某些家庭情况方便客户看到成为聊天的话题。

每个团队都有一笔费用专门用来给客户购买一些礼物，每一次客户来办理某项业务都会送上一枚硬币巧克力。

除了这些要求和技巧，安快银行的员工们真正将“创造一种前所未有的客户体验”融入了自己的日常工作中。安快银行的企业文化授权和激励每一位安快的员工，使得他们不再只将工作重心放在产品或者政策上，而是聚焦于客户体验。

与之对应的是，安快银行在考核上并没有使用常用的 KPI（关键绩效指标）考核而是选择了质量回报计划（ROQ，Return on Quality）来考核自己的员工。在这个考核体系中，安快银行关注的是门店向顾客提供的服务体验的质量，而不是他们销售了多少产品。

安快基于特定的可测量因素来评估网点和员工的质量回报计划，通过定量的衡量来对门店团队和销售人员进行财务方面的奖励，使得员工能心无旁骛地专注于优质的客户服务。

为了贯彻企业文化，安快银行在一开始的人员招聘时就植入了自己的理念，激励员工传递卓越的银行服务体验。

在招聘的过程中，安快银行寻找的是那些具有优秀人际交往能力的员工。因为银行业务技能可以培训，但客户服务技能却难得多。

“既然我们想要转型成为一家零售商，就需要那些拥有零售背景的员工。”戴维斯说。对比一个有十年银行柜员工作经验的人和一个拥有零售背景的人，“大部分银行家都会雇用那个柜员，但我们不会”。

为了贯彻安快银行的企业文化，早在 20 世纪 90 年代初，安快创立了“总裁俱乐部”，其成员都是安快银行的文化大使。总裁俱乐部有大约125名成员，他们分散在银行上下。他们是戴维斯的耳目，每个季度都要跟戴维斯碰头。总裁俱乐部宣传安快的文化，他们选出他们认为以最为专业的方式达到公司标准的团队，并用多种方式予以表彰。

网点特色折射出的是价值定位，员工行为折射出的是企业文化。安快银行在短短20多年的时间里异军突起，尤其在次贷危机中逆势崛起，如今已经成为美国西海岸最大的社区银行，拥有近400个网点和257亿美元总资产，靠的并不是随机应变和追逐热点，而是坚守着自己的价值主张，通过企业文化的长效建设让自己立于了不败之地。

安快的成功或许能给中国的中小银行一点启发，在时间的维度上，战略的重要性被进一步放大，在正确的方向用力终能开花结果。

如何在不确定性中引领

英国银行家和金融家内森·罗斯柴尔德（Nathan Rothschild）曾说，赚大钱的时机是炮弹降落港口而非小提琴在舞厅演奏的时候。理由很简单，环境越不可预料，不确定性越高，机会就越大——但前提是，你得掌握利用这些机会的技能。

这样的技能至少有四个。

第一个技能，直面不确定性。

当面对不可知的环境时，只有少数人拥有正视不确定性的勇气，大多数人会对发生在周遭的信号视而不见，就像把头埋在沙子里的鸵鸟一样，假装什么都没有发生。他们相信外界这些不利的变化只是暂时的，只要等它们过去，一切又会回到以前的样子。

但是这种掩耳盗铃的做法只是浪费时间。

中国的银行家们面临的是利差缩窄、新监管法规带来的经营成本增加、新的竞争者不断出现、消费者偏好变化、优质资产争夺不断加剧、科技手段飞速发展等一系列错综复杂的变化。任何一个银行从业人员都无法无视这些变化，并且能够清楚地意识到这其中即使不是所有，也至少是大部分的变化是不可逆转的，只会向前不会回头。

让我们面对现实：我们正经历的不确定性还远未结束。实际上，这份不确定性将会成为未来的新常态，而决策者需要在制定对未来有深远影响的决策时把这些因素考虑进去。

第二个技能，分辨坏的不确定性和好的不确定性。

暴风雨的出现会让人畏缩不前。这时每个人都想待在安全区，什么都不做，直到暴风雨过去。但这将会是一个致命的错误。作为一个领导者，你必须始终向前看。因为即使前方一片混沌，机会也会永远存在。

在如今的不确定性环境中，每一个领导者都必须知道如何管理风险。风险和机遇是自然地连接起来的：管理风险意味着管理机遇。

为了发现和抓住机遇，就必须对评估和管理风险保持一个开放的态度。这可以说是银行家的本职工作，而另一方面，这也是每一个领导者真正该做的工作——分辨风险、控制风险和把握机遇。

在如此复杂的外部环境下，对每一项不确定性进行评估是必不可少的工作。有的变化看似糟糕，实则是非常重要的机遇。比如，消费者偏好的改变是中小银行实现弯道超车的绝佳机会。当消费者对银行的诉求从提供安全、可靠的产品转向便捷、亲切、可信赖的交流和服务，大银行的固有优势就被抹平了。

安快银行是最早发现这场危机的银行之一，而且也是最早开始着手应对这场危机的银行之一。面对次贷危机时，安快的贷款资产组合同样一点也不轻松。然而安快银行发现了风险，注意到了风险并加以分类，随后采用合适的战略，快速大胆地去处理这些问题，专注于别人所忽略的那些机遇，最终帮助安快银行在竞争中遥遥领先。

第三个技能，做好准备。

在2007年的次贷危机中，安快银行也并不能一开始就独善其身。不良贷款所引发的利润危机、日益增长的监管成本，以及市场上优质资产的激烈竞争，无一不给安快银行的利润水平施加着压力。

面对收入下滑，美国的标准做法是通过裁员来降低成本。当你的公司裁掉了10%或15%的员工时，股票市场立刻就会给予你积极的回应。但是，安快银行并没有这么做。在没有开除任何一个员工的情况下，安快银行度过了这场重创美国银行业的大危机。

因为它们认为裁员是短视的行为，它们反问自己：为什么这些银行一开始要招这么多人呢？

想象一下，当你的船处在波涛汹涌的大海中遇到暴风雨时，你只会让所有人都上甲板帮忙，难道你会勒令一半的人跳海吗？与暴风雨中的船长相比，为了帮助公司度过危机和保持增长，领导者有更多的工作要去做，所以更不应该削减公司创造未来的能力。

安快银行认为员工是公司宝贵的财富，在危机时保护好员工并重新调整业务布局，以便在危机过去后取得先机。在真正的不确定性中，光想着如何安然度过暴风雨远远不够。要想在不确定性中引领趋势，就要在不确定性来临时做好准备、积蓄能量，业务发展的低潮期可能恰恰是建设企业文化和长效机制的最佳时间，这其中也包括能力的建设和资源的积累。

第四个技能，创造未来。

前三个技能只是铺垫，第四个技能才是重中之重。创造未来并不是一句空话，现代管理学的开山鼻祖彼得·德鲁克说过，预测未来的最好方法就是创造，因为关于未来我们唯一能确定的就是它会是不同的。

竞争和改变是不会停止的，经济也一直在波动，你无法预测未来。也许偶尔你会幸运地言中一次，但是依靠运气显然不是一种战略。

但是如果我们无法预测未来，我们该如何保护自己呢，又如何保护我们的银行呢？

2014 年，张瑞敏决定把拥有 8 万员工、产品利润“薄如刀片”的海尔裁员 1.6 万人，并宣布将继续裁员 1 万人，引起极大的震动。他要自我革命，并发明了一个新的词语——“自以为非”，即过往种种皆可断舍离。

他将海尔的整个管理体系推倒重来，打破既有的科层管理制度，把偌大的海尔彻底扁平化，所有员工分为平台主、小微主和创客三种身份，以鼓励内部创业。未来的海尔将全部由数百家“小微公司”组成，集团公司变身为一家平台型组织，为海量的小微组织提供适合创业的资金、资源、机制、文化等各种支持。

从 2014 年 6 月到年底，张瑞敏一直在做一件事情，他把集团内各业务条线和子公司的负责人叫到自己的办公室，一一谈话，先卸职，再任命，“给他们自由”。临离开前，张瑞敏会送他们一本美国创业家、奇点大学创始人彼得·戴曼迪斯的《创业无畏》。

敢于将一家全球最大的白电企业自我瓦解，在基础到组织架构的层面上进行彻底开放型、失控式改革的案例，迄今在工业史上还没有发生过。

但是，当时的海尔已经大到在世界上找不到对标了，唯有战胜自我、超越竞争，凭借企业家和创新者对未来的洞察与信念，才能在迷雾之中找到方向。

正如软银孙正义所说:“当迷茫的时候，只管往远处看，就能看到洪流中的未来。战略洞察与预见的核心是企业领导人对产业趋势的前瞻和感知。战略就是对未来不确定性的选择，战略的选择往往是方向性的、探索性的，甚至是试错性的，而不是来自预先精确的计算与方案制订。”

其实在我们身边每时每刻都存在着不确定性，黑天鹅现象的频繁发生，就是诸多不确定性的涌现，应对黑天鹅现象就是在应对不确定性。黑天鹅现象是对人们原有的认知和事物的颠覆。从哲学上讲，黑天鹅现象是一种质变，质变是量变达到一定程度引发的。从这个角度来讲，只要量变能够足够积聚，黑天鹅现象存在某种必然性。这种必然性既有好的一面，也有不好的一面，就看你是主动应变，还是被动应付，比如：数码摄影技术的发展导致了柯达的破产，但却让成功转型的尼康、佳能找到了新的增长点；旅行社和机票代售点被电商彻底颠覆，但却造就了携程、去哪儿这样的电商巨头。

安快银行自身就是当前银行业中的一种黑天鹅现象，做到了出类拔萃，颠覆了许多固有的认知。所以要做到引领不确定性，最重要的就是能够有预见性地跳出圈外（常规的、已有的发展模式），主动去应对甚至创造符合事物发展规律的黑天鹅现象。

史蒂夫·乔布斯曾经说过，创新是区别领导者和追从者的标准。

这句话不但高度概括了他的一生，实际上也概括了伟大企业的必由之路。

第六章 不是所有“社区银行”都能叫社区银行

> 跳出银行做银行，关键在于厘清背后的逻辑。
>
> ——金海腾

社区银行是零售银行的救命稻草吗

在相当一段时间里，中国银行业主流视野里，银行零售业务只是一个主营业务的点缀，零售业务被简单地理解为“拉存款、卖理财”，毕竟这块业务对利润影响不大，而且做起来收效慢，费力不讨好。但当经济环境和外部条件发生了变化，银行传统的粗放经营模式逐渐陷入发展瓶颈，零售银行业务由于资本消耗小、风险小额分散、受经济周期影响小等优点，开始逐步进入中国商业银行的视线中，各家银行都开始跃跃欲试。

招商银行从2005年起提出“零售战略”，成为第一家把发展零售银行业务放到全行战略高度的全国性股份制银行，于是招商银行自然而然地成为各家银行效仿的标杆。

当大家开始学招商银行做零售时，却发现这件事真的不简单。首先，时间窗口已经逐渐关闭，招行虽然是从 2005 年开始全面布局零售战略，但是招行从 1995 年就开始发行一卡通，1997 年开始推出一网通，产品体系的完整性、使用的便捷体验、金葵花财富管理的高端专业形象、中高净值的客户黏性等先发优势是中小银行难以望其项背的。零售业务所依赖的规模效应和其遍布全国的网点更是中小区域性银行天然的障碍。其次，由于中小银行多年以来不重视零售业务的发展，导致大多数银行对零售业务的人才储备极其匮乏，外部招聘或挖角也一时很难找到合适的人才，不少银行是将对公业务业绩不佳的人才安排去做零售业务，形成了零售业务人才队伍的恶性循环。

同时，各种互联网金融业态的兴起，极大地分流了活跃的中青年客户，在一些层面上甚至改写了游戏规则。这是传统银行无法想象的，对银行存款的分流令商业银行感到了巨大的压力，这一点甚至连大家公认为标杆的招商银行也并无高明的应对策略。

中小银行大多在自己的经营区域内部占有一定的地缘、人脉优势，但说到专业服务能力和金融产品的丰富程度，绝大多数客户还是会选择国有大行和股份制银行。起初，各家银行为了提高储蓄存款占比，只能靠各种擦边球手段，在月末、季末变相高息揽存冲时点。到 2014 年银监会为了遏制冲存款，采取了存款偏离度考核，原先习以为常冲时点的各种手段突然间无效了，一时间甚至出现银行月末向外“赶存款”的奇景。一些醒悟较早的银行开始正视零售业务的战略价值，大家开始理解招商银行的远见之余，也为简单地拷贝招商模式难以奏效而纠结，逐步思考适合自身条件的零售转型之路。

2013 年到 2014 年间，银行业最火热的话题，除了互联网金融外，就属社区银行了。龙江银行“小龙人”社区银行算是中国银行业较早明确提出的社区银行发展模式，各家中小银行纷纷尝试开设各种类型的社区金融服务点，有理财特色服务和小微信贷特色服务等各种类型。这些小型化的社区银行网点一般选在社区周边，网点面积一般较小，只有两三名银行人员，内部装修不再像传统银行那样“高大上”，以简洁朴实为主。因为监管限制，这类机构大多没有行所号，内部不设现金区，现金业务全部由自助机具完成，业务人员则主要为居民提供各种咨询、理财等非现金业务，也难怪一些从业时间较长的老员工感慨道：“这不就像是没有现金业务的储蓄所吗？”

随着银监会出台相关政策，明确了社区银行是定位于服务社区居民的简易型银行网点，属于支行的一种特殊类型，并对社区支行行政审批流程进行简化，以往开设支行网点备受压制的银行纷纷启动社区支行战略，都不希望错过这一波跑马圈地的机会。2013 年 6 月，兴业银行福州联邦广场社区支行开业，成为全国首家正式获准经营的社区支行。自此开始，社区银行在中国风起云涌，不但全国股份制商业银行纷纷建立社区银行的相关部门，各地城商行和大一些的农商行，在本地网点密度已经很高的情况下也纷纷上马该项目，都希望将布局社区银行作为撬动“最后一公里”金融服务的重要支点。民生银行甚至一度提出 3 年内在全国开出 1 万家社区银行的宏伟目标。

这时的社区支行作为银行物理网点的延伸，被当作救命稻草从而寄予厚望。

从西方社区银行实践的情况来看，社区银行因为面向社区居民，具有贴近客户服务便利、客户关系维护效率高、对客户行为变化感知敏锐等特点，从而达到深入服务、风险可控的目的。中国的商业银行则希望通过发挥这些因素，低成本地迅速扩大银行物理渠道布局，弥补银行网点覆盖面不广、服务下沉渗透不深的缺陷，与传统网点发挥优势互补效应。

细究之下发现中国的社区银行并没有想象中的那么好，网点下沉并未真正实现服务的下沉。

此“社区银行”非彼社区银行

随着第一批社区银行的开业，各家银行都在努力思考用什么方法可以完成当初设定的目标，如何让流失的客户走回银行来，如何引进跨界服务做好平台。五花八门的招数充斥在各家银行的计划书中。

大多数社区银行定位为小区居民“家门口的银行”。以往银行白天开业，客户也在上班，傍晚下班了银行早已关门了，客户晚上得不到金融服务。于是各家社区银行纷纷出台延时服务计划，实行错峰上下班制度，营业时间一般会延长至晚上 8 点。这个做法很快就出现了问题，傍晚来银行的客户总体上还是寥寥无几，加上社区银行可提供服务的种类并不多，大部分都可以在手机和自助机具上处理，手机和 ATM 不能办的业务，大多还需要去支行才行，客户体验并不好。社区银行延时服务带来的不仅是管理成本高企，更让员工抱怨，业绩也难产生。

一些社区银行购置了大屏幕液晶电视，不停播放电视节目或者火爆大片，也有把游戏机搬到社区银行中开起“游戏厅”的。结果除了社会上的闲人聚集，真的银行业务办理者不但不会来这里看片玩游戏，反而因为闲杂人员太多而避而不进，这些吸引客流的手段热闹几天后也逐渐被放弃了。更常用的方式，是用存款、理财积分兑换米面油、鸡蛋、蔬菜等各种小礼品，这些招数吸引了不少中老年客户和对价格敏感的客户，但他们会为了礼品过来，也会因礼品离去，谈不上黏性。

为了获客，社区银行也尝试通过“亲情攻略”来打开老年人市场。这期间，北京某银行理财经理靠跳广场舞拓展客户的新闻引发热议，他不仅将舞蹈队中 1/4 的成员发展为理财客户，还从观众中发掘出千万级大客户。经过媒体的大肆炒作，其他银行也纷纷效仿。但是没过多久社区银行跳广场舞的热情也消退了，毕竟并不是每一个广场舞小队里都有千万级大客户的，光靠广场舞大妈，难以支撑一家社区银行的持续发展。另一方面，为了吸引老年客户举办广场舞大赛、金融知识普及讲座、开设各种兴趣班的费用也非常高昂，偶尔为之尚可，经常办成本也无法承受。

2014 年，招商银行与韩国咖啡店品牌的“咖啡陪你”合作，设立了一家咖啡银行的店中店经营模式。同年，中信银行在广州设立了一家类似的新概念模式的零售旗舰网点，而一些地方性商业银行在社区银行模式探索中也采用与非金融机构的异业联盟方式创新网点经营，希望通过跨界服务、轻松的体验带动银行业务的提升。事后证明这些合作与创新绝大多数并未达到开始时期望的效果。

仔细去看，国内这些社区银行大多是把原有的银行网点搬到社区去，但是自身的金融产品和金融服务依然还是一个支行的简化版，不过是换了一个地方拉存款、理财而已。其他服务手段和传统的支行并无区别，结果就是金融不够、跨界来凑。

这时候回过头去再看国内很多银行推崇的社区银行的范本——富国银行在社区银行上的做法。通过比较后发现，原来这里存在一个巨大的误解。首先，社区的概念就不一样，西方的社区概念接近中国的县或城市的一个区，从这个角度看，国内大多数农商行、村镇银行都可以算作社区银行；而中国的社区，一般指的是居民小区，最多也就是一个街道居委会的范畴。中国的社区银行则更多像是传统网点的补充与延伸，很多复杂业务和现金业务都不能做，仅仅提供自助机具和人工的咨询服务。

富国银行的社区银行，不仅仅是作为一种业务模式、管理模式，而且是一种坚定的战略，一种市场和客群的定位。富国银行在全美设有超过 8 000 个网点，服务了全美超过 1/3 的家庭，存款市场份额在美国 17 个州保持前列。从业务范围看，富国的社区金融网点类似于国内的零售小微专营支行，主要以信用卡、消费信贷、小企业贷款为主，包括代销基金、保险等居民常用金融产品。富国银行通过社区银行业务吸引了大量个人客户和小企业客户，为其带来低成本的资金来源和高收益的信贷资产，进而通过交叉销售带动其他综合业务。富国银行通过社区经营带动的零售业务净利润贡献占比一直保持在 60% 以上。

但是富国银行的社区银行模式到了中国这里这就开始变味了。社区银行成为线下网点跑马圈地的工具，甚至寄希望于监管能松手，在未来的某天将社区网点转变为全功能网点，实现原来难以做到的网点扩张。

从 2013 年 6 月全国首家社区支行开业算起的 6 年时间，当初的豪言壮语言犹在耳，门庭冷落、网点关停成了现今社区支行比较普遍的生存现状，社区银行已经逐渐沉寂。甚至在一些地区，全功能网点也逐步开始被纳入裁撤名单。这不仅仅是互联网冲击带来的问题，更是银行固有商业模式不适应客户需求的缩影。

零售银行经营模式必须社区化，但银行的社区化经营不等于像现在这种社区银行一样只是把网点搬到了居民区边上，银行接触客户的方式需要超越单纯的距离优势，社区化需要的是模式再造而不是简单的渠道延伸。原来的社区银行模式并没有真正关心社区中人们的生活状态与难点痛点，想当然地认为现有的银行产品就是客户所需，当市场反馈不佳时，就统统将责任推给基层员工，指责他们营销不力。

社区银行外表的变化并没改变银行经营的传统思维方式和内在逻辑。事实上，银行客户的行为模式和需求正在发生根本性的改变，银行需要的改变并非简单地从柜面交易向电子渠道转移，也并非只是将传统银行业务变得更快捷简单。生活中的金融服务已经隐形化、场景化，社区银行虽然在地理位置上很“接地气”，但和客户的心理距离渐行渐远，客户心目中的银行越来越没有存在感了。

热点年年有，但是银行蹭热点并不能带来长久的客户黏性。怎么才能抓住金融服务的本质呢？还是应了《金融道》里的那句话：“金融之道，常在金融之外。”

从社区银行到儿童银行

中国需要什么样的社区金融服务？这要去探究人们生活真实的底层刚性需求，是享受生活，是教育子女，是照顾老人，还是置业、创业、医疗？

如何去探究人们的刚性需求，有一个案例很值得分享。

“在一个社区里，谁最受关注？老人、女人、小孩、宠物，可能都是被关注的焦点，但哪个群体是最受关注的呢？”金海腾给中国的银行家们点出了社区银行的关键问题所在。

金海腾和他团队在 5 年多的实践中给出了他们的答案：小孩。

他们也探索出了一条独特的社区金融服务模式：儿童金融模式。

故事还是要从一个学生兵说起。邓超，这位与电影明星同名的 85 后帅小伙，是华南理工大学的硕士，他本科和研究生阶段所学的专业大家听上去都感觉很新鲜：玩具和动漫设计。这是一个善于钻研和勤于发现的年轻人，加入融至道后，金海腾亲自带他，并且给他定位为一个自由人的角色，让他充分发挥自己的专长。

2013 年的一天，邓超在自己发表毕业论文的期刊上，无意间看到了广州图书馆——这个亚洲最大的城市图书馆，向社会公开征集儿童玩具馆运营项目的公告。这吸引了邓超的目光，他的毕业设计论文正是“玩具共享”这个新兴的话题。邓超匆忙赶到广州图书馆，可见到相关负责人后当头就是一盆冷水。负责人说项目已经有了候选人，第二天一早就要开评审会拍板定下来了。邓超并不气馁，他反复陈述自己对项目的理解，对玩具共享和儿童产业的设想，最终打动了这位图书馆的负责人，他承诺如果邓超可以在第二天一早提交一份方案，就可以一起参加第二天的项目评审会。

邓超几乎一夜没合眼，终于在天蒙蒙亮的时候拿出了自己的心血：一份 40 页的关于儿童玩具共享运营模式的完整方案。到了正式开评审会的时候，另外一家参与项目评审的机构，大概是之前作为“唯一入选单位”的状态太久而心态放松，他们提交的方案仅两张 A4 纸。

机会总是偏爱有准备的人。这个最后一秒钟才“拿外卡进场”的刚毕业的学生——邓超，以全票胜出，拿下了广图儿童玩具馆的运营项目。

2014 年元旦，广州图书馆的玩具图书馆正式开馆。这个以可爱的小河马作为吉祥物的场馆，是全国首家融入了儿童多元智能开发理念的玩具图书馆，推广玩具（游戏）在儿童成长中的作用。邓超将玩具分为角色与交流、构建与空间、视觉与艺术、科学与数学以及自然与技术五大类。这里可以为儿童提供一个动手、交流、合作的游戏环境，以及寓教于乐的全新儿童服务模式。邓超带着一批幼教、玩具等专业的同事们正式上岗了。

没想到开业不久，一天广图的领导向邓超发出质询，为何玩具图书馆接到了大量家长投诉？邓超赶紧跑去和几位投诉的儿童家长沟通，才知道这真是天大的误会。原来玩具图书馆占地面积不大，每次最多只能容纳 20 来个小朋友同时参加活动，那些带着孩子来了却没位置的，只能预约下一场活动。但是越来越多的家长通过口碑传播，纷纷都要来参加活动，预约电话总是占线，一位家长最多打了 170 多个电话也没打进去，于是开始向广图领导投诉，是不是玩具图书馆故意不接电话。邓超只得哭笑不得地解释，说明白真相后家长也是恍然大悟，只怪这个玩具图书馆魅力太大了。

玩具图书馆开业后，一年时间就举办了 840 多场次活动，参加活动的小朋友达 1.2 万多人次，形成了广泛良好的社会影响。金海腾也被邓超拉来，参观了这个全国首创的新形态玩具图书馆。

在成年人都开始变成低头族玩手机的年代，看到这个门口排着长队的玩具图书馆，那些到时间了还依依不舍不愿离去的孩子们，他不禁想起来那些门可罗雀、苦于没有客户登门的银行网点，这两者嫁接，会碰撞出怎样的火花呢？

金海腾当即召集公司管理层和外脑团队召开现场会，这也是他一贯的工作风格。

正当此时，全国各地的社区银行建设正如火如荼，但大多都没找到良好的融入社区的方式。按业务逻辑来推理一下：社区银行如何才能融入社区？要融入社区，就必须关注社区中最重要的元素。那么社区里什么最宝贵？社区的几个关键要素：老人、女人、宠物、孩子。无疑，孩子是家庭的希望，一个孩子身边三个家庭围着转，孩子是社区中最宝贵的对象。

那么什么才是儿童最需要的呢？孩子们现在不缺什么物质的东西了，但是他们不一定真的快乐，他们缺玩耍、缺游戏、缺一起玩玩具的小伙伴。家长平日辛劳无暇陪伴孩子，祖父母除了生活上的关照，很难满足新时代儿童的好奇心和求知欲。玩具图书馆正好提供了一个通过玩具让孩子认知世界、和小朋友们一起玩耍，并且有专业教师陪伴互动的儿童专属社交场所。

如果有一家银行可以将传统银行转变为特色“儿童银行”，以儿童作为接触客户的切入点，用玩具为孩子提供认知世界的教育，以银行金融为知识背景提升孩子和家长的财商，使儿童在玩乐中有所知有所学，会不会对有孩子的家庭很有吸引力呢？银行还可以将网点的日常运营、产品营销和客户渠道建立与儿童活动结合起来，抓住这一每个家庭都高度关注的社会焦点话题与这些家庭真实、高频的刚性需求，进而以儿童为中心带动整个家庭，甚至相关亲属的多个家庭与银行深度互动，以银行的零售与其他相关产品满足其生活其他方面的需求。而这些，都是一个贴近居民的社区银行最合适的工作。

这个想法让所有玩具图书馆的参与者都激动起来，很快，邓超就联系了两家正在筹建社区网点的银行，大家一拍即合，说干就干。不久，广东南粤银行的两家以玩具图书馆为特色的社区银行就建设起来了。玩具图书馆在银行网点内划出一片儿童休闲娱乐区，这里墙壁有明快的配色和老师们精心绘制的卡通图案，中间稳固的桌椅边角都有柔软的包边，边上成排的玩具储藏架上摆放着适合各个年龄阶段孩子的玩具。玩具有帮助孩子理解形状、大小、颜色的，也有展现摩擦力、齿轮、传动的，更有帮助理解逻辑和流程的可编程玩具。在这里，可以随时见到活动区成群做游戏的孩子、陪伴孩子的幼教老师、休息区耐心等候的家长、和家长们亲切攀谈的银行员工。

通过几天的预热宣传，到了正式开业的日子，附近家庭纷纷带着孩子来"逛"这家银行，引爆了当地社区。一位社区支行的员工感慨地说道："在银行这么多年，头一次见到有这么多年轻人来到银行。"银行网点由过去冷冰冰、充满距离感的形象，转变为社区信息集散地，家长们的活动交流中心，一个充满儿童健康、教育、情商、财商各类话题的社交场所。社区银行的经济效益也得以显现，这两家银行的玩具图书馆采取公益性与会员制相结合的方式，初期对社会有条件免费开放，之后成为银行客户后就拥有会员资格，可免费带孩子来玩几次，然后根据 AUM 值（资产管理规模）和综合贡献度，逐级加码，最高等级可以全年不限量参加任何活动。于是，有孩子的各家各户都踊跃地把存款搬到玩具图书馆所在的社区支行。其中一家周边居民比较多的社区支行，3 个月储蓄存款就增加了 3 000 多万元，加上理财业务综合 AUM 超过 1 亿元。

银行过去也经常搞儿童类的跨界服务，但大多是“阶段性、流动场所”，设立玩具图书馆后转变为“长期性、固定场所”，队伍更加专业化，市场形象更加鲜明突出，社会效益也得以显现。

在这期间，融至道开始为这个模式专门搭建平台，邓超和他的团队组建成立了广州融至益教育信息咨询有限公司，专业专注地在这一领域进行探索。

银行和玩具图书馆的嫁接一经起步即得到银行方面和孩子家长的广泛好评，邓超和他的团队开始更多思考儿童和金融的相关性。他们聚焦在学校教育中最为缺失的儿童财商教育，开发了一系列相关内容产品，包括财商教育绘本、财商课程、财商游戏和财商教具，比如：玩具拟真 ATM 机、玩具搭建点钞机、玩具交换买卖模拟市场流通等。

江苏昆山农商银行不仅请融至益帮助创建了玩具图书馆，更在社区银行特色转型经营和KYC（了解客户）感动服务上与融至益联手进行了探索，推出了真正意义上的儿童银行和儿童家庭金融服务，而不是只有儿童玩耍区的银行网点。昆山农商银行儿童主题银行作为江苏省首家融合财商教育活动和儿童金融服务的儿童主题银行，第一个新型网点“西门分理处儿童银行”于2017年2月4日开业，在昆山市广受好评，不仅各类媒体报道，而且来参加过活动的家长也都纷纷在朋友圈、微博、论坛等线上平台自发性地肯定了儿童银行。从家长的反馈来看，儿童银行落地昆山是符合当地人需求的，尤其深受银行周边社区客户的喜欢。

昆山农商银行儿童主题银行以儿童服务为获客抓手，设计普惠类活动体系、稀缺类金融活动、定制类精品活动和权益类活动方案，通过优质的课程活动进行客群的初步转化。然后，昆山农商银行对客户进行分层分析，用多种场景服务的方式提升客户资产。经过一年时间的有效探索，西门儿童银行儿童会员的家庭金融总资产达1亿元，户均资产约17万元，远高于当年全行零售客户户均资产值。

2018年3月，昆山农商银行第二家儿童银行——新城天地分理处儿童银行开业。他们再一次将运营模式进行了升级，他们通过分析客户需求，整合市场相关资源，用活动和权益与金融产品相结合的形式，把儿童银行打造成为一个集教育、健康、娱乐、消费于一体的服务全行的获客平台。昆山农商银行两家儿童主题银行的社区零售金融服务模式经过两年的实践，得到了有效的充分验证，这两家儿童银行网点综合零售业绩均持续名列该行 10 家社区银行网点前三名。

昆山农商儿童的服务理念是：陪伴孩子认知世界，创造美好记忆。银行在为客户创造美好记忆的同时，客户也在为银行的创造感动。作为银行从业人员，为客户过生日的故事我们听过很多，但客户为银行员工过生日，你见过几次？而这一切，就在昆山农商银行儿童银行发生了。

儿童银行有一位叫顾梓彦的小朋友，聪颖可爱，十分招人喜欢。顾梓彦也算是儿童银行的忠实粉丝了，经常由外婆带着来参加活动。有一天，顾妈妈带着顾梓彦到儿童银行参加活动，并认识了儿童银行的风车老师，因为年龄差距不大，又聊到了大家都关心的教育问题，一来二去，话匣子打开了，风车老师与顾妈妈也就熟识了。日常生活中，风车老师也时常与顾妈妈聊天，分享一些关于教育的心得和顾梓彦小朋友在儿童银行的表现和成长。也是在这样朋友般的聊天中，顾妈妈了解到了儿童银行的业绩指标是一个亿。

7 月，风车老师生日要到了。生日当天，风车老师为当天来儿童银行的每一位小朋友都准备了小蛋糕，想把快乐与他们一起分享。就在此时，风车老师接到了一个电话，说有一个蛋糕要他签收。谁送的呢？风车老师收到蛋糕才知道，是顾妈妈。蛋糕上面写着“祝风车老师生日快乐，早日完成一个亿”。这个生日让风车老师和全体儿童银行工作人员都格外难忘。当银行员工的生日被客户记在心上，有客户联合为他们定制蛋糕举办生日聚会；当银行的服务被客户充分肯定，以这样的方式送上“奖状”；当银行员工的业绩指标时时刻刻被客户惦记，为他们鼓劲儿，想办法帮他们达成目标……这样的社区银行网点，还怕做不好吗？

从 2014 年至今，邓超带领融至益团队将儿童家庭服务与社区银行结合的创新模式不断打磨升级，被中国银行界广泛关注，并以各种形式与 30 多家银行合作落地。2015 年和 2017 年，融至益和合作行重庆银行、廊坊银行在参评中国银行业协会举办的中国金融创新奖评选活动中，获得中国创新奖 • 服务类、中国创新奖 • 获客类两项殊荣。

都是跨界，为什么儿童金融模式成功了

社区银行嫁接儿童玩具图书馆获得广泛关注的背后，是中国社会变化的一个缩影。当前 80 后、90 后独生子女群体已进入生育高峰期，开始成为年轻父母一代。这一代年轻人普遍受教育程度高，收入水平进入明显提升阶段，消费观念有很大改变，在购买力上较上一代也显著增强。同时，他们更注重孩子的教育，更加愿意对孩子进行智力、人脉等多方面的投资。

从有关数据可以看出，一个家庭一旦有了孩子，整个家庭的现金流都将围绕着孩子做布局、支出，而数额如此庞大的消费市场，我们银行介入了吗？

2017 年全球教育报告结果显示，中国家长在儿童教育储备上

最为充足，55%的父母通过日常储蓄、投资或保险来支付孩子的花销；超过70%家庭，对孩子教育及日常开销月支出占总收入50%以上，其中更有37%家庭在育儿方面的支出占家庭总消费60%以上。

现阶段，中国的家庭结构多呈“4+2”模式，也就是家庭金字塔形式，孩子作为金字塔塔尖，下面对应的是父母二人加祖辈四人。儿童是整个家庭消费支出、金融理财计划的核心，80后、90后年轻父母，也开始迈入以儿童生命成长为周期为轴线的家庭财富管理阶段。

国家政策由“单独二孩”调整开放为“全面二孩”，新政策将可预见地促成新一轮家庭消费升级，中国儿童相关产业已经迎来一个黄金时期。儿童相关的产业，不是朝阳产业，而是常青产业。相对于其他产业的生命周期（成长期—成熟期—衰退期）而言，儿童产业生命周期波动是很小的，支撑其长期处于成长期与成熟期的是，家庭收入增加后，对子女养育消费的投入也相应增加。

在这个信息爆炸、互联网内容纷繁复杂良莠不齐的环境下，家长们都不希望自己的孩子沉溺于手机、游戏的虚拟世界当中。儿童在成长过程中需要听故事、玩玩具，这些内容最合适通过线下的模式传播，而线下物理网点又是商业银行较互联网金融的一大传统优势。

儿童还不仅仅需要有玩具，更需要有人陪着玩耍。玩具图书馆正是找到了这个关键点，营造了一个有专业的幼教老师和同龄儿童互动的社交环境，还有利于培养孩子的团队协作精神和情商发展。通过网点传播儿童内容，通过活动运营抓住 0 ~ 14 岁儿童群体，也就抓住了年轻的家庭客户，得儿童者，得家庭。这一切特征，都使得儿童服务成了银行转型及获客的有力抓手，儿童金融也应运而生。

两次荣获中国金融创新奖，30 多家银行落地实践，玩具图书馆和社区银行的嫁接获得了出人意料但又在情理之中的成功，金海腾带领的团队也在总结经验并进行反思：在中国银行界，几乎人人都在说跨界服务，为何那么多创新模式，如：咖啡银行、图书银行、鲜花银行等银行嫁接社会服务模式难以成功，但儿童银行却大获成功？这貌似偶然的成果里面有什么必然的规律呢？

当前社会上的儿童服务有着各种模式，多数采取一次性预付费模式，后期如果产生纠纷退费很麻烦，也不乏收费后服务机构卷款消失的案例。最让家长们感到担忧的是服务质量评价上没有标准，而儿童处于智力发展阶段，更加难以简单识别服务品质好坏。儿童银行的模式有了银行的信用背书，并且全程透明开放，使更多的家长愿意参与儿童银行的服务项目，这也是用银行信用为商业信用增信的成功案例。对于咖啡银行、图书银行、鲜花银行这些银行所提供的服务消费者有自己认可的评价标准，银行所提供的这些服务并不是他们所必需的。

儿童金融的成功，不是因为金融模式多么先进才获得的成功，它只是当前中国儿童教育服务产业整体落后于社会需要的一个缩影。金融机构做儿童服务，因为满足了市场上供给的不足才得到群众的广泛响应。国家强调供给侧改革，就是鼓励企业面向社会供给不足的领域，真正满足人民群众的物质文化的实际需要，充分吸引与满足客户，建立和客户的密切关系。

银行总是一厢情愿地认为自己的金融产品就是客户所需，就陷入了“手里有个锤子，眼里到处都是钉子”的思维模式。殊不知，客户要的本质是金融之外的东西，金融只是帮助达到目的的工具，而生产、流通、消费才是最终的目的，只有找到客户真实需求的解决方案才能打动客户。当很多互联网金融企业给出了客户真正需要的模式时，客户就顺理成章地迁移过去，哪怕价格并不如银行那么优惠。

银行也不应满足在“奇货可居”后通过金融产品对客户进行绑架，不应一直停留在提供各类其他社会服务，而偏离了金融主业。金融企业更多应该起到示范效应，引领并启发实体经济的转型发展，以实体企业为主体提供更为有效的社会服务，金融最终将成为无处不在，但又无形无影的存在。

“跳出银行做银行”，更要理解这背后的逻辑本质。

管理驱动式转型

如果说儿童银行推动零售转型是业务驱动式转型的话，那么有一家银行通过管理的转型来驱动整个银行的成功转型，对于很多的银行更具有一般性的借鉴意义。

这家银行叫晋商银行，最初是由太原市商业银行改制而来，然后发展成为山西全省的区域性银行，在刚开始着手转型的2013年，他们除了在太原市有比较密集的网点以外，在山西其他地市要么只开设了一两个网点，要么连网点都还没有。

我们先来讲转型的结果：大零售转型项目完成当年，晋商银行零售客户数增长70%；2017年末，晋商银行零售客户数较2013年末增长超过3倍；2016年、2017年，晋商银行储蓄存款的增幅超过了除整个山西农信系统之外的所有银行，这包括了工农中建四大行，而且是增长的绝对额，不是增长比例。

这确实是一个不可思议的成果。

2013年深秋，此时全国的煤炭价格早已经过了2008年4万亿刺激下产生的历史最高点，且一路下行的趋势并没有停下来的意思，煤炭价格经历了暴涨暴跌“过山车”，各家煤焦钢铁企业利润下滑，现金流开始紧张，甚至一部分煤炭企业进入间歇性停工停薪的状态。而山西这个严重依赖煤焦钢铁产业的大省，几乎所有的商业银行资产负债表里全都是与这些产业相关的资产。作为省属金融机构，晋商银行的行业集中度已经很高了，面对地方政府坚定支持地方企业，必须确保地方社会和谐平稳的要求，他们在这个秋天感到了阵阵凉意，开始思考其现有经营模式的可持续发展问题，未来该怎么办？

2013年8月，晋商银行的高管们参加了在哈尔滨举办的第九届中小商业银行CEO论坛，现场感受到互联网金融带来的挑战和第二轮改革蕴藏的机遇。会后，晋商银行向融至道发出了邀约，希望合作探讨一个在资源型产业为主的省份，资产结构严重向对公业务倾斜的地方性中小商业银行，如何开展大零售转型，以及建立能够应对周期性变化的先进银行模式的转型路径。

晋商银行零售银行部的同事们一直难以忘记当初在身边发生的故事。在零售业务刚起步阶段，大家对于本行的业务定位没有很明确的认识，员工脑子里还是公司业务的那一套拉大户、卖产品、拿提成的简单思路。

一天，一家支行带来了一位煤老板，煤老板明确提出现有的银行理财不能满足他的收益需要，如果没有年化10%的产品，就不要谈了，如果能有这样的产品，他可以先做个2亿元看看。这下零售条线全都闻风而动，这样的大客户不可怠慢。于是，各家公募基金、私募基金、信托公司、保险公司的渠道都发动起来了，各处询价找项目。项目不少，但也有很多问题，这些产品收益高的风险也高，安全稳健的收益却难以达到煤老板的要求。最终好不容易找到一家信托公司愿意接这个单，价格也合适，没想到了快要签约的时候，煤老板跳过了银行私下找到信托公司的客户经理，获得了更好的价格。结果，那2亿元的储蓄存款，自然就转出去购买信托产品了，银行人忙活那么久什么也没得到。

经历了这一轮折腾，晋商银行开始冷静下来，认真思考起一家区域性中小银行的零售业务定位。

对于一家银行的战略定位和设计，金海腾有其一整套独特的方法论，这也是融至道咨询方法论的核心：角度、逻辑、辩证法。

第一步，首先选取什么样角度去发现问题，看待问题。

第二步：厘清事物内在的逻辑关系和规律，找到本质。

第三步：以哲学思维方式寻找辩证法，通过好的方法去解决问题。

于是，晋商银行大零售转型也就此开始思考并入手。

对于当时的晋商银行而言，从产品角度看，单一做渠道卖产品，只能陷入价格战；从营销角度看，关系型营销时客户经理只提供信息，不提供金融资产配置的服务，客户和银行难以形成综合客户关系，根本谈不上黏性；从资产配置的专业角度看，当时中国零售大客户的主要需求，更多在于实体经济投资，金融资产的配置在富裕人群中占比较小，先富起来的人群主要关心的还是自己事业的发展空间，收益来源并不会以银行产品为主，而那些很早关注全球资产配置、家族财富传承的客户，大多已经是大行的私人银行客户，中小银行综合实力也很难服务他们。

想明白这些，晋商银行大零售业务定位和策略就逐渐清晰了：服务本地居民和中产富裕阶层；通过传播财富管理理念，帮助客户进行资产配置；通过交叉销售，强化客户黏性和综合贡献度。

就业务逻辑而言，当时银行的三大支柱型业务是公司业务、金融市场业务、零售业务，它们内在的逻辑并不相同。公司业务像种庄稼，春种秋收当年见收成；金融市场业务像打猎，要有市场机会，好猎手才能抓得住；零售银行业务是种果树，要先培育，是前人栽树后人乘凉的积累，没有任何捷径。

培育果园和种果树是费时费力难以短期见成效的事，就需要解决“谁来培育谁来种树”的问题，也就是总分支三级架构在零售工作上的职能分工。

从原有旧的分工不明确或者分工不当中转变并不是件容易的事情。

先需要把复杂的事情简单化。金海腾一言以蔽之：“总行出产品，分行抓营销，支行勤吆喝。”总行零售部门真正成为顶层设计者，负责出产品、建系统、定制度、建规章、出思路；分行零售部负责渠道管理、产品管理、理财经理管理和具体营销方法；支行负责具体服务营销推广工作和实施。总行、分行、支行职能和权限界定清晰，每个层级都专心做好自己分管的工作。这看似简单的事情，因“当局者迷”，第三方的角度更能庖丁解牛，理顺关系。

另一个核心的问题就是客户。

晋商银行当时的零售客户结构与大部分地方性中小银行的情况非常类似，其主要的零售客户大都在原有网点密集区太原，但客户平均贡献度很低，有大量睡眠客户。而在山西省内其他 9 家分行，零售客户数量都非常少，甚至一些分行仅有一两千人，大多还是对公信贷业务派生出来的。

零售业务的发展，短期内最直接产生效益的工作就是从激活存量、拉动新增两个方面展开，这也是能尽快建立转型信心、汇聚人心的工作。

要激活存量客户，做好 KYC 是进行客户管理的第一步。这需要改变银行传统的仅仅以金融资产分层管理的管理视角，而是要从多维度理解客户，从客户的生命周期、全口径 AUM、风险偏好、行为方式等维度构建较为全面的客户视图，从客户综合收益和综合贡献度提升的角度界定客户提升成果。

“大数据和小数据没有天然的边界”，虽然晋商银行的科技系统并不算完备，但是依然可以通过已有的小数据来开展客户关系的分析和研究，进而在未来把对客户的理解通过大数据工具延伸出去。

融至道提出运用 RFM 数据模型来分析存量客户关系，也就是通过统计客户的交易时间、交易频率和交易量这三个维度，理解客户与本行业务的关系以及客户潜在价值状况。在 RFM 模型中，R（Recency）表示距客户最近一次购买的时间有多久，F（Frequency）表示客户在最近一段时间内购买的次数也就是频率，M（Monetary）表示客户在最近一段时间内购买的金额。

一般的分析型 CRM（客户关系管理）着重在衡量客户的静态价值，例如很多银行都出现过客户搬来大笔资金换取了一个金卡、钻石卡的资格，拥有了较多的权益，但之后很快又把资金转走，导致在一年中的综合贡献度比较低这样常见的问题。而 RFM 则强调以客户的行为来区分客户，以客户与本行产生的交易次数、频率以及是否符合一般规律，探究客户与本行的关系是正常往来，还是为了一些特殊目的开展的。比如：某一位客户，有着比较大的存量资金，但交易频率很低，这意味着本行金融服务并未产生黏性，也就是存在较高的客户流失可能性，这就需要激活并积极开展交叉销售，使其持有多个本行金融产品，可以极大地降低流失的可能以及流失后损失；而另一位客户在本行经常产生高频小额交易，说明本行产品对其已经产生了较高黏性，不会对其营销带来明显提升，可以暂时不触达以节约营销成本。

于是，启动阶段营销重点首先放在贡献度高但流失概率大的客户群中，针对长期没有交易的、存量资金较高的客户，加强联系开展交叉销售，分散其资产以增强黏性，防止突然流失。而针对时点较高、日均较低、交易频率少的客户，在其时点产生资金流之前，就用优惠、权益等客户利益吸引，促使他的日均贡献得到提升。

通过这样的分析，晋商银行的同事们兴奋不已，他们通过支行数据的简单挖掘，聚焦在高价值、低黏性的客户群身上，制订有效的营销计划以推动存量客户激活工作。RFM 模型动态展示了一个客户的交易行为特征，持续跟踪就可以精准判断客户的长期价值。

当时，社区银行的热潮在这个时间也影响到了山西，融至道提出社区银行不仅仅是将银行搬到社区边上，内核的变化在于经营模式的社区化，通过社区化经营充分发挥本地化优势，积极寻找链接社会经济活动的连接点，不断强化晋商银行省内的存在感和影响力，才是社区银行建设的根本性目的。

简单的做法并不意味着无效，重要的在于抓住事物的关键。

融至道向晋商银行的社区银行提出了建设晋商生活圈的建议，并联合当地媒体，办了一份《金尚生活圈》的DM（直邮）刊物。在大家言必称“互联网+”的当下，为何会想到用DM这个看上去很老土的做法呢？其实，移动互联网由于信息充斥泛滥，一个社区的消息被淹没在庞杂的各类信息中，反而很难脱颖而出。互联网渠道获客成本一路高企，由于手机显示面积的限制，内容也很难充分展示。而DM制作的技术门槛低，美术设计排版不受限制，可以发挥出更好的展示效果，同时DM杂志一般A4纸大小，面积够大，而且没有学习成本，方便中老年人阅读，那些不能用手机的儿童也更容易接受。最关键的是，地方性银行才拥有DM的核心竞争优势——分发渠道优势。

社区银行承担起将DM定期分发到社区家庭的任务，打通从“商户到银行到居民”的生活圈。这份DM获得了社区的广泛关注，起到了不错的营销效果。社区客户经理以帮助社区周边小微企业做宣传为名，积极联络社区周边小微商户，收集信息、拍照、帮写文案，既有效联系了客户，提供了真正的增值服务，又可以通过这个过程理解客户的商业模式和经营情况，为下一步开展社区周边服务性行业的小微信贷业务建立了良好的客户关系基础。

至此，晋商银行大零售转型在零售条线已经起势。

向零售银行转型在整个银行界成为一种流行趋势，但很多银行的理解往往局限在零售业务的转型，实质上则是需要整个银行的转型，所以我们更希望称之为大零售转型。

转型肯定意味着战略上的有所偏重，也意味着战略性的取舍。

一家银行各个条线、各个部门最希望获得的一项资源是考核资源，就是自己条线或部门在全行考核体系中占的指标数量和权重。有了考核这个指挥棒，就具有了很强的调动人、财、物的能力。

晋商银行大零售转型在零售业务的转型上已经开始取得效果，但要真正实现大零售转型的成功，需要一个抓手，才能实现局部推动全局。

考核就是这个抓手。在本书前面章节提到的双百分考核，是融至道在银行绩效考核方面的一个创举，这在晋商银行大零售转型当中也发挥了巨大的作用。融至道不仅将与零售转型相关的业务考核指标项纳入了目标经营发展类指标，还将设计的战略转型专项指标项并归入管理控制类指标，这样在双百分的相乘逻辑中，大零售转型业务相关的指标得到放大，起到了很好地推动战略转型的作用。

晋商银行的考核当时处于比较传统的状态，考核科目不少，经营类的指标是规模、存款、产品销售等，不良资产、合规操作、内部管理等管理类指标也都有，大多是扣分项，两类指标共同组成了一个百分制的指标体系。

大零售转型对大多数区域性中小银行而言，这涉及全行业务的定位战略性问题，所以，这个转型应当是全行性的转型，而不只是零售业务条线的转型。

第七章 旧同质化走向新的同质化

> 中国的银行至今基本上是套利型的，极少市场化的创新。套利型银行习惯于赚快钱，赚容易赚的钱，所以才会出现过去几年中一拥而上的模仿型套利行为。
>
> ——张维迎

同业成瘾

2016年的王石没有想到，那个曾经被他所不屑、“卖菜”起家的姚振华给他的万科结结实实上了一课。“宝万之争”伊始，市场就对这起“蛇吞象”式的交易充满好奇，而绕不过去的焦点则是资金从哪里来。随着越来越多的信息被披露，姚振华这场战役的“弹药”来源逐步浮出水面：前期收购资金来源于前海人寿“万能险”等险种募集的资金；之后由券商资金接棒，宝能自有资金39亿元，以1：2的杠杆撬动券商资金78亿元，合计金额117亿元；最后银行理财资金入场，组成了约232亿元的资管计划购买万科股票。

所有资金都来源于正规金融机构，当时证监会在2016年末对这些看似合规的“野蛮人”发出了警告:“有的人拿着金融牌照，进入金融市场，用大众的资金从事所谓的杠杆收购……我希望资产管理人，不当奢淫无度的土豪，不做兴风作浪的妖精，不做坑民害民的害人精。”

“土豪”“妖精”“害人精”的措辞令公众震动，事实上道出了自2012年以来，监管放松对保险资管、券商资管、基金及基金子公司专户的限制后，进入无序“大资管时代”的“恶果”。对高息资产的追逐是资管行业的立足之本，为了追求规模增长，资管机构进行着各种交叉腾挪，而商业银行以同业业务的形式广泛地参与其中，逐步演变成为游离于正规金融缝隙中的影子银行业务。

2010年之前的银行同业业务，又被称为银行资金业务，是商业银行流动性管理的工具，主要用于平衡每日头寸。2010年以后，同业业务开始出现质变，银行开始用买入返售等手段把信贷业务包装成资金业务，以完成信贷资产从资产负债表表内向表外的腾挪。同时，通过把企业信用转化为同业信用，大大节约了资本，减少了加权风险资产占用。比如，市场上有两家银行A和B，一家信托机构C。当银行A想向其大客户放贷，但由于额度、行业限制等其他原因受限不能投放时，银行A就找到信托C，成立一个单一信托向大客户放贷。而单一信托的钱则由A的合作银行B来支付，A再向B出具一份兜底函，承诺信托到期后溢价购回信托收益权，或者直接用同业理财的方式购买B所发行的理财产品。由此，一笔同业业务就完成了。

无数的银行A和银行B，从2011年到2014年都始终游走在这样一个灰色地带，并且由此衍生出了无数“创新”模式，其中就包括为宝能系提供资金的资管计划。银行对此乐此不疲，蜂拥而上开展同业业务，业务规模“超常规增长”。但是，这样的增长，既非为保障流动性而新增的业务需求，又不是券商、基金等非银行金融机构在银行体系内存放资金数量的正常增长，而是在信贷规模控制之下，银行业借道“另类同业业务”，开展大量表外融资，或以存款自我派生套取利差收入的结果。

“同业鸦片”的说法就此产生，局外人看得云里雾里，银行却“沉醉”其中，欲罢不能。

局外人“看不懂”的同业业务，细细究来，其操作的出发点无外乎“加杠杆”、“加错配”和“降信用”。

“加杠杆”很好理解，就是银行向同业借入资金以增加全行杠杆水平。原本，资本充足率等监管指标可以控制银行过度加杠杆，但非标准债权资产（未在银行间市场及证券交易所交易的债权性资产）问世之后，信贷资产“摇身一变”成为同业资产，绕过了资本充足率的监管，同业业务异化为了节省资本，实现额外加杠杆的手段。

期限错配是第二大“门道”。随着同业业务的开展，银行发现，利用多层嵌套“短债长投”，是赚“快钱”的又一方法，于是市场上各家银行在全链条上层层嵌套、层层错配。当流动性收紧或某一家银行发生违约,“钱荒”就会不时发生。

第三个则是“降信用”，把资产质量较差、投向不符合要求的信贷资产进行包装，以美化包括不良率、拨备覆盖率、信贷投向等监管指标。银行向房地产与政府融资平台的放款，就在这样的背景下大行其道。

号称“同业之王”的兴业银行为代表的股份制银行，在2012年开始的同业业务扩张中，扮演了“创新者”的角色。它们将所谓的“抽屉协议”与信托受益权进行捆绑，变相将银行信贷资产注入同业资产之中，由于“抽屉协议”的存在，买入返售金融资产的市场迅速膨胀。顾名思义，“抽屉协议”是股份制银行与购买信托受益权的中小银行和其他金融机构所签订的“不见光”协议。这些并不公开的协议中，股份制银行对出售给中小银行的资产进行了远期回购或其他兜底的非公开担保，这在当时，是中小银行们的“定心丸”。

至此，商业银行资金业务已经完全“变质”，大量资金掮客存在于这个市场，成为银行家们的“座上宾”。2014年，监管层终于忍无可忍，祭出了“127号文”（人民银行、银监会、证监会、保监会、外汇局联合发布《关于规范金融机构同业业务的通知》)，直接剑指买入返售，肃清银信合作!

但是，同业业务的“成瘾”并没有这么容易戒断。2014年就像是同业业务的一个分水岭，在此之前，同业业务的变化速度可以以年为单位，2014年以后，同业的合作频率随着整个金融市场变化的频率，按季度在变化。2014 年下半年，买入返售与资金拆借还是同业热词，到了 2015 年上半年，随着资本市场的火爆，配资、伞形信托成为主流，股灾之后，大股东质押回购等业务又开始开展。与业务高频的变化相同步的，是监管步步趋严的跟进。

当时的人们不会想到，同业业务的泛滥，最终形成了银行理财近 30 万亿元、信托产品 20 余万亿元、券商资管近 20 万亿元的“堰塞湖”。而“宝万之争”之后对同业业务的反思和 2017 年金融强监管最终使套利彻底无所遁形。

一位券商固收业务首席分析师在 2018 年年初评价同业业务这个“大时代”时曾这样写道：

> 巨量规模之下，有多少是靠通道业务撑起来的，有多少属于资金池产品，又有多少真正符合净值型产品要求，想必从业者们心里都有自己的答案。而过往通道业务、资金池业务、成本法估值账户养活的人数，保守估计十万有余，格局将变之季，他们将何去何从？……严管之下，曾经很多基于监管套利、杠杆赢利的业务模式都将衰减或消失。此时人们更关注“吃不吃得饱的问题”，但却忽略了“未来还有多少饭碗的问题”。

一阵疯狂的空转与掠夺之后，便是一地鸡毛，后患无穷，让后来收拾摊子的人痛苦无比。

没有电商基因的银行系电商

2014年，王兴的美团4岁。4年前，在北京搜狐网络大厦对面的居民楼华清嘉园13号楼805室，15个年轻人上线了一个团购网站，第一单是梵雅葡萄酒品尝餐，最终只成交了79份，但整个团队都很兴奋。美团在2010年这样的“千团大战”中诞生，那时候互联网电商还是一个刚刚兴起的概念，而发展中的团购网站，则如同许多群正在觅食的蚂蚁，谁也不知道自己是不是会胜出的那一群。

时光如梭，4年过去了。2014年，经历了团购行业从兴盛到洗牌的美团存活了下来。与团购大战的竞争所不同的是，这一年，美团在经过了“活下来”阶段后，正在进行着新业务与新产品的尝试。这个尝试，就是外卖。

2013年11月，美团外卖正式上线。当时，市面上只有3家比较像样的外卖公司，但也都缺乏真正的竞争力。2014年，美团业绩增长达到180%，进一步扩大了团购市场的领先地位，在电影票、酒店等业务预订上也取得了稳固的地位。但同时，美团也在外卖领域进行着一场“烧钱大战”。美团在外卖领域的对手大众点评2014年初接受了腾讯的投资，另一家外卖App（应用程序）糯米也被百度收购成为全资子公司。美团的对手，间接变成了BAT（百度、阿里巴巴、腾讯）。

很多年轻人或许还有印象，那个时期，美团、糯米等多家外卖平台，通过大量补贴来让年轻的用户们形成在App上点餐的新消费习惯，竞争最为激烈的时候，一份价值20元的快餐，用App点餐只需要几元钱。竞争的白热化使人们开始关注O2O这一新概念。

O2O是指将线下的商业运作与互联网相融合，使互联网平台成为线下交易的流量入口。这是一个来自美国的概念，被广泛地用来代指既有线上又有线下的商业模式。O2O并非是2014年的新生事物，广义而言，美团从一开始就是一家O2O的公司。

早期的O2O，利用线上入口的便捷与低成本，通过推广线下商户获得流量，再把流量在线下完成变现，最主要的代表就是像美团这样的团购网站，通过向用户推广商户优惠信息，吸引用户提前预付，再线下消费的模式。在这样的模式中，用户黏性低，游离于各个团购网站比较价格与优惠，对于团购网站而言，只要推出爆款优惠，就能吸引大量用户。这也正是“千团大战”的内在原因。

O2O实现了批量销售，但如王兴所言，更重要的是，“我们要考虑给什么样的人提供什么样的服务”。而外卖和平台上的吃喝玩乐服务，则是O2O模式新的演进。对于消费者而言，外卖拓宽了选择余地，还可以通过线上对比选择更令人满意的服务，商家也能够根据消费者所在区域提供相应服务。

如同2010年的团购，处在创业风口的O2O概念，在2014—2015年受到了资本和市场的热捧，而外卖又是风口中的风口，成为最受关注的领域。饿了么融资3.5亿美元，估值过10亿美元；

美团融资7亿美元，估值70亿美元；其他外卖项目也获得了数千万到上亿人民币的投资……

这本是一场远离银行业的战争，在2014年，不少银行家对O2O的模式还非常陌生，但也有人似乎嗅到了商机。从表面看，O2O和银行没有任何关联，但是在互联网金融如火如荼的2014年，银行们在O2O的热潮中，觅得了“触网”的机会。O2O通过线上进行营销推广，在短时间内聚集强大流量，结合线上支付和线下消费体验完成交易的模式，似乎正中银行下怀。银行既有支付结算的传统优势，又有大量线下网点，还有为数众多的存量客户。银行做电商，看起来理所应当。

正是怀着这样的想法，这一年，大型国有银行和股份制银行的电商纷纷登场。

2014年1月，工商银行电商平台“融e购”正式上线。当年9月，融e购公开的累计交易额为155亿元，时任工商银行董事长的姜建清表示，融e购全年交易额突破300亿没有问题，“按照去年（2013年）中国的电商平台水平来看，300亿的交易规模就进入了十大电商行列”。交易规模比预想的更为乐观，到2015年2月末，上线仅14个月的融e购累计交易量已达千亿。相形之下，京东从上线之初到交易额破千亿用了足足7年！

看来银行电商风生水起，与互联网巨头高下立判，然而，真的是如此吗？

细分领域的数据更有说服力。根据工行公开信息，理财产品、汽车、3C（计算机、通信、消费电子产品）数码等是融 e 购平台中消费量最大的领域。2014 年 11 月推出手机消费是融 e 购众多项目中较为突出的一个，“手机 + 分期付款”的消费方式也受到热捧，但其初期两个月的分期交易量只有 1 亿左右，其对交易总额贡献率不超过 1%。房地产亦是该平台撮合的商品交易之一，但截至千亿规模之时，平台交易额也仅有 1.2 亿。其他如积分兑换和 B2B（企业商城）平台，交易量亦无法真正托起千亿规模。

真正的交易从何而来？答案是理财产品，市场人士甚至推测，在千亿规模中，理财产品销售占比达到 80%～90%。原来，银行电商又陷入做银行业务中去了，走上了规模导向的老路！这样的电商平台，仅仅是电子银行渠道销售理财产品的翻版，当然，也谈不上真正的 O2O 了。线上吸引流量乏力，几乎成为后来银行系电商的通病，而银行的 O2O 模式，反而是 Offline to Online，线下在为线上提供客群和流量！

而时至今日，当年风光一时的融 e 购，甚至以规模计，也已不再是主流电商了。

另一个“大而全”的银行主流电商是建行“善融商务”。2012 年 6 月，建行善融商务平台正式上线，成为国内首个银行系电商平台。建行模仿阿里巴巴和淘宝，搭建了针对中小企业的企业商城和针对普通消费者的个人商城两大平台。2013 年，善融商务平台交易量达到了 150 亿，手机通信产品、机动车、笔记本 / 整机 / 平板、家具等成为最受欢迎的商品。这一年，商户通过企业商城融资总额为 39.07 亿元，业绩可谓差强人意。

2013 年以后，交行“交博汇”、农行“e 商管家”、中行“中银易商”等陆续上线，浙商银行、渤海银行、南京银行、宁波银行、大连银行、郑州银行、兰州银行等城商行也都在电商领域有所布局，但后来，几乎所有的电商，都差不多消失在了人们的视野中。

银行向着互联网电商转型的探索，在盲目的一哄而上中开始，在低调的销声匿迹中结束。金海腾把银行电商的失败形象地总结为“金融互联网化”与“互联网金融”的区别。前后语序的转换，却赋予了完全不同的含义。银行系电商几乎都是金融互联网化的产物，本质上只是改变了金融产品的销售渠道，而非以互联网思维在运营，其失败也就成为必然。这个命题一直困扰着希望在互联网领域有所突破的银行，在大银行电商的试水宣告失败后，中小银行又不断重蹈覆辙，不断重复着前人的路径。不只银行，如腾讯、百度、万达这样的互联网和实体巨头的“豪华组合”想进军电商，也宣告失败。

金海腾一语道破个中缘由：银行与“腾百万”，都没有电商基因，基因不改造，越努力，越错！

直销银行的迷局

如果以民生直销银行上线的 2014 年 2 月 28 日计算，中国银行业在直销银行方面的探索已经走过了 5 年多的历程，作为商业银行互联网化的重要试水，目前国内直销银行已达百余家，而股份制银行、城商行、农商行都是其中主要的参与者。在银行系电商外，商业银行也不断通过直销银行“触网”。

直销银行，也叫直营银行，是国外互联网银行的代名词。最早的直销银行，是指不通过传统营业网点和柜台，而是通过电话、信件和自动取款机提供服务的银行，进入互联网和智能手机时代以后，直销银行更多被人们用来指通过互联网和移动终端提供服务的银行。

直销银行最早出现在20世纪80年代末的欧美，在而后的互联网浪潮中，直销银行脱颖而出，成为由传统银行衍生出的互联网银行的代名词。第一直销银行（First Direct）是世界上最早的直营银行之一，由当时英国四大银行之一的米德兰银行（Midland Bank）创办。第一直销银行没有物理网点，在1989年首次使用电话提供银行业务，1991年这家银行的存款账户达到了2万个，到1996年已超过63万个，成为当时世界上最大的“虚拟银行”。

更为成功的直销银行，是Ally Bank（盟友银行）和互联网联邦银行（Bank of Internet Federal Bank，简称BOFI）。Ally Bank的前身是通用汽车金融公司，也是通用汽车的全资子公司。2008年金融危机以后，接受政府救助的通用汽车金融公司进行了全面转型，Ally Bank于2009年成立，这家使用了全新名称的银行，希望真正转型互联网，并逐步摆脱通用汽车的传统烙印。Ally Bank的主要业务，是利用互联网银行的成本优势吸收存款，而其吸收的存款，则由其他汽车金融和商业金融部门发放。目前客户在 Ally Bank 中开展在线储蓄业务、大额存单业务和货币市场业务，都提供了比传统银行，甚至比不少互联网银行更高的收益率。这家总资产已达千亿美元的银行，将价格作为核心竞争优势。

另一家银行的模式更为独特。这家叫作互联网联邦银行的小型银行，由一个曾在加州经营过一家小型银行的银行家创办，是一家典型的“小而美”的互联网银行。这家银行的愿景简单明了，希望通过提供比传统银行更出色的产品和服务而成为美国最有创新性的无营业网点银行。与不少由大型金融集团发起的直销银行不同，互联网联邦银行与传统银行的距离更远，没有可以导入的现成流量，是一家纯粹的互联网银行。

BOFI 的服务具有以下非常鲜明的互联网特色。

• 购买奖励：客户使用 VISA 借记卡在特定商户消费可以获得返现。

• 移动银行：客户可以在手机上查询账户余额、划转款项和支付账单。

• 移动储蓄：客户可以在智能手机上使用移动 App 存入支票。

• 财务指导：客户可以使用安全的财务管理软件建立预算和管理财务。

• 在线账单支付：对于有规律的账单，客户可以设定在线自动支付功能。

• 瞬移现金：客户可以通过邮件和短信安全地进行汇款。

• 我的存款：客户可以通过家里的电脑扫描支票，通过发送扫描支票的图像进行远程存款。

• 短信银行：客户可以通过发送短信来查看账户余额和交易历史以及在自己的不同账户间划转资金。

• 无限制的 ATM 报销：报销任何因为使用 ATM 所产生的费用（国际 ATM 交易除外），这样就可以确保客户能够在国内免费使用任何一台 ATM。

而互联网联邦银行的贷款发放也通过线上进行，与我们所熟悉的纯线上贷款有所不同，互联网联邦银行在网站推广、呼叫中心交叉营销之外，还同诸如 Costco（开市客）这样有庞大客户群体的企业合作进行房屋抵押贷款销售。Costco 是美国最大的会员制仓储连锁超市，其会员可享受贷款折扣，互联网联邦银行的贷款人员通过电话客服中心和其他方便的自助服务系统为客户提供贷款服务。互联网联邦银行的成绩单非常耀眼，为股东提供了 5 年 520% 的业绩回报，作为一家资产规模仅 30 多亿美元的小银行，其一反常态地受到了华尔街投资机构的广泛追捧。

相比于美国的“先行者”，国内直销银行的发展略显尴尬。不少银行虽然上线了直销银行，但仅仅是网上银行、手机银行渠道的延伸，成为目前存量用户的增值服务平台。不少直销银行仅仅是电子银行部下设的二级部门或者总行的一个事业部，真正像美国直销银行一样独立运作的，相对较少。目前，国内以独立法人运作的直销银行仅有中信银行与百度合作成立的“百信银行”一家。

2017 年 1 月，中信银行与百度联合发起的直销银行——百信银行获得了银监会批复，距离 2015 年中信银行发布拟成立直销银行的公告，已过去了一年半。

这一步走得有些蹒跚，“一家有独立法人身份的直销银行”，意味着它获得了比之前所有直销银行更大的权限和空间，那些直销银行曾经所面临的监管与体制的束缚、行内资源与利益的协调问题得到了很大程度的缓解。

然而，它同样面临着传统银行与互联网公司合作所不得不面临的抉择，这家新生的银行，是穿“西装”还是穿“牛仔”？这个问题的答案最终不仅将决定百信银行的商业模式选择，更决定着一家银行对自己性格、气质和文化的定义。

《财经》杂志有这样一段关于百信银行的描写：

> “上班好像穿越一样。”百信银行员工刚才在 A 办公室，还和上司直呼其英文名 Lucy（露西）、Jacky（雅基），称兄道弟无所不聊；来到 B 办公室，则要面对另一位西装革履的国企范儿领导，以某总相称，调整成上下级模式。

这样的场景，对于致力于打造以 AI（人工智能）和大数据为引擎的智能银行百信银行来说，显然是难以让人满意的。与此同时，百度作为技术基础设施的提供者，如何将自身优势同中信银行原有业务相融合，充分挖掘数据、用户，同中信银行一道将传统银行业务中既有的经验和优势转化为新的动力，是直销银行运作中新的挑战。

在百信银行之前，很多银行在打造直销银行时，都强调自己既有互联网基因，又有银行的严谨，但从结果来看这种跨界融合的效果并不尽如人意。而百信银行到底能走到哪一步，分层经营的效果如何，恐怕也只有时间能告诉我们答案了。

同一时期的其他直销银行的发展同样不尽如人意，“第一个吃螃蟹”的民生银行、打造有别于平安银行存量业务的橙子银行等，最终都未能找到好的商业模式，也没有能成为替代传统银行品牌的新银行。

“他山之石，可以攻玉”，或许互联网联邦银行首席执行官加拉布兰茨和董事会主席奥里奇在2013财年给股东的信，能够给我们的直销银行提供一些思考：

> 银行业正在经历深刻而稳定的变革，传统的以营业部为基础的银行模式正在被不断变化的柔性价值传递模式所取代，而这一切又是以满足客户随时随地能够享受到银行服务为核心的。大数据及其分析技术的快速发展使得银行能够更加精准地掌握客户需求，获取客户的成本也在不断降低，那些不能够驾驭大

数据的银行会遭遇毁灭性打击，顷刻间灰飞烟灭。

我们的直销银行，在困扰于穿“西装”还是穿“牛仔”的时候，是否思考过客户体验的问题。

地方政府融资平台的“糊涂账”

2011 年 7 月，北京大学国家发展研究院举办了一次季度经济观察报告会，在那次会议上，不少专家就审计署于当年 6 月 27 日发布的《全国地方政府性债务审计结果》的报告进行了讨论，一些发言至今令人印象深刻。

时任工商银行金融研究总监的詹向阳在谈到工行涉及地方政府融资平台的贷款数额时说，具体数字以审计署结果为准。这一说法引起了在场周其仁教授的反问，作为银行，难道不知道自己在地方政府融资平台上投放了多少贷款吗？

恐怕当时周其仁教授没有想到的是，这确实是一笔“糊涂账”，而这笔“糊涂账”在随后的几年，伴随着银行同业业务的大发展，不光大型国有银行，股份制银行、城商行、农商行几乎全部涉足，甚至地方政府的融资，成为银行的“主营业务”。

2011 年审计署对地方债问题的审计，源于 2008 年金融危机之后，四万亿投资浪潮中地方债的“狂奔”。2008 年是中国经济增长方式转换的分水岭，在之前，中国依靠出口拉动实现了经济的高速增长。金融危机之后，外需急速萎缩，经济增长方式从需求拉动转变为投资拉动，随着中央四万亿经济刺激计划的出台，基建与房地产投资成为经济增长的新引擎。

日后引起了颇多争议的四万亿刺激计划，在当时而言，却是中国“大国担当”的体现，也为中国日后国际地位的提升起到了显著作用。然而硬币总是有另一面，四万亿的负面效果就是政府负债的快速扩张。1994 年的分税制改革之后，地方财政收入来源减少，而更多开始依赖土地财政和各类融资平台。2009 年初，由于大量基建项目上马，地方政府不得不增加负债，这一时期，社会融资总量的增速长期高于名义 GDP 增速，从一个侧面可以看出，债务扩张对经济的拉动作用。作为政府基建投资最为重要的抓手，政府融资平台在债务扩张中“功不可没”。

地方政府融资平台并非新生事物。早在 20 世纪 90 年代，我国多个地方就已经进行了初步探索。为服务市政建设融资，一些地方政府建立了城市基础设施投资建设管理公司或国有资产管理公司等融资平台作为借款人，将若干基础设施建设项目打包，统一向银行贷款，并以财政出具的还款承诺作为偿债保证。这种“打捆（打包）贷款”最早由国家开发银行开办，随后各家商业银行纷纷涉足，后因风险隐患在 2006 年被监管部门叫停。其后，以重庆为代表的一些地方政府对政府融资平台的机制进行了规范和完善，通过制度创新将政府融资平台推入新的发展时期。

2009 年 3 月，为落实四万亿投资计划的配套资金，人民银行和银监会联合下发了《关于进一步加强信贷结构调整促进国民经济平稳较快发展的指导意见》，提出“鼓励地方政府通过增加地方财政贴息、完善信贷奖补机制、设立合规的政府投融资平台等多种方式，吸引和激励银行业金融机构加大对中央投资项目的信贷支持力度。支持有条件的地方政府组建投融资平台，发行企业债、中期票据等融资工具，拓宽中央政府投资项目的配套资金融资渠道”。至此，地方政府平台重新得到了监管部门的支持与肯定，政府融资平台发展步入高潮。

地方债“狂奔”的结果，是天量债务余额。2011 年，审计署公布的结果显示，截至 2010 年末，全国地方政府债务余额达到 10.7 万亿元，其中银行贷款占比高达 79.1%。2008 年以后，平台层级由省级政府向地市级和区县级政府扩展，甚至乡镇政府也设立了融资平台，到 2010 年各级政府融资平台共 6 576 家，其中 72% 的融资平台集中在区县级政府。

大量扩张的债务中间，总会碰上一些“烂土豆”。2011 年，中国债券历史上第一次出现了对城投债的信任危机。云南某城投公司公告不能按时兑付到期债券本息，消息一出，市场哗然，一时间，城投债从众人追捧的香饽饽，变成了避之唯恐不及的烫手山芋。也正是在这样的背景下，才有了本章开头的那一幕。

但是，在这之后，地方政府已经不可能停下融资的脚步。即使监管部门开始收紧政府融资平台贷款的口子，货币之水仍不断通过各种渠道源源不断注入平台之中，这其中既有借新债还旧债，又有新上基建项目的投入，甚至不少项目的财务费用已经到了令人咋舌的地步，而商业银行则毫不例外地被裹挟其中。

有媒体还原了地方政府的融资之术。

地方政府拿到项目以后，一般先召集各家银行负责人开会，问能贷多少款。有的银行因为地方融资平台的贷款审批权被收回到了总行，分行夹在总行和地方政府之间就处于两难境地。某大行省级分行的人士表示："在当地开展业务，毕竟很多地方要依赖地方政府的支持，我们也愿意贷给一些资质比较好的融资平台，但是项目报到总行不批以后我们就里外不是人。地方埋怨我们不贷款，总行也会怪我们存款流失。"

各家银行跟地方政府博弈的过程中都有很多故事。有的银行因为不给地方政府融资平台贷款，当地的财政存款一夜之间就被转走了。"在存款资源比较紧张的情况下，这是最要命的。现在政府存在各家银行的钱几乎都根据贷款的量按比例进行搭配。此外，对于一些贷款金额比较大的银行，政府也还会给予一定的奖励。"

除了经济手段，有些地方政府还使出了心理战术，每次开会的时候各家银行领导的座次都按贷款数量的多少来排，有些好面子的行长，觉得自己一个大行领导排在小行的后面就很丢脸。

一些地方的法人银行，特别是地方政府控股的城商行，股东是财政局，董事长、行长也是地方任命的官员，这些银行在面对地方政府融资诉求的时候，几乎是无法拒绝的！

2011 年以后，随着人们对问题的关注，除了形式创新，地方政府融资平台贷款增速有所放缓，其所裹挟的银行从国有银行逐渐转向了股份制银行和地方中小商业银行，它们成为政府融资平台资产的主要承接者。由于这些银行的业务同当地政府、国有企业和一些大型民企密不可分，而政府可以通过很多种方式影响企业，因而银行逐渐成为地方政府的“同路人”，再次成为市场化改革前地方政府的“钱袋子”角色。

2013 年 6 月末，地方政府融资平台贷款余额达到了 9.7 万亿元，地方政府融资平台总客户数量达到 10 932 家，其中城商行为平台贷款 3 431 家，占银行业金融机构平台贷款客户总数的 31%。

与此同时，地方政府通过信托、理财、债券、基金等渠道获取的融资增长较快，而其中相当比重的资金实际仍来源于银行，这与银行同业业务狂飙突进相互呼应，成为这一时期银行同质化经营的主流。

银行在政府融资平台上同质化地前赴后继，既是银行行政化特色的一种体现，也是银行自身市场化能力不足所造成的。

同质化的零售转型和零售银行的本质

零售转型，银行业对这个词已经熟悉得不能再熟悉，在经济开始遭遇增长速度换挡期、结构调整阵痛期、前期刺激政策消化期“三期叠加”拐点，利率市场化已是“山雨欲来风满楼”的2014年，零售转型几乎成为传统银行战略的“唯一选择”。当人们回溯这一时期中小商业银行的战略规划时，几乎所有的银行，都喊出了零售转型的口号。2018年，当人们看到4年前一家知名咨询公司为资产规模全国排名靠前的银行制定的零售转型战略时，不禁哑然失笑，洋洋洒洒500多页PPT（演示文稿），最终产生实际效果的，是对零售转型必要性的论述。

在这一时期，BCG（波士顿咨询公司）发布了《完美零售银行2020：人性、科技、转型、盈利》的报告，预计从2014年至2020年，中国零售银行业收入将保持11%的高速增长，至2020年将达到近3.5万亿人民币，占银行业总收入的40%以上，而当时中国大部分银行零售业务占比仅为20%，只有个别银行能够突破40%。

零售业务市场的蛋糕十分诱人，这也成为零售转型的重要依据之一。但是，“每家银行不一样，每家银行的每个发展阶段不一样”，零售怎么转，摆在了这些具有雷同战略选择的银行面前。在同质化的战略选择面前，这一时期银行在战略执行中热衷于找标杆的弊病暴露无遗，人们甚至可以看到零售转型的几类不同样本。

除了前面章节所讲的各种不了了之的跨界结合体咖啡银行、鲜花银行、蛋糕银行等之外，在零售转型中，更多的中小银行，特别是城商行将零售业务的突破口放在了智慧银行建设和小微业务上，试图通过引入智能设备和利用对公业务建立起的传统优势向零售发力。但是，一方面智能设备的新鲜感同样没有带来持续的流量，另一方面，从对公业务转型的小微，则遇到了“多大贷款额度算小微”“小微是否应该整合到零售条线”“小微客户经理队伍如何建”“传统‘扫街’的方式是否可行”“小微业务如何考核”“小微与公司业务文化如何融合”等一系列具体问题，而在这些具体问题的处理上，稍有偏颇，则谬之千里。

不少农商行则把零售转型的切入点放在了规范化服务提升上。作为“天然零售银行”，农商行在县域市场份额高，并不缺乏零售客户，如何提升客户黏性，成为立足当地“不可或缺”的银行，服务规范化固然重要，但绝非零售银行的全部。甚至不少农商行发现，服务提升没有改变年轻客群消失的现实。

原来，零售转型里面门道不少！那么银行零售业务的本质到底是什么？

“做零售银行，本质上做的是零售业。”金海腾点出了其中的根本。

前面章节中讲到的安快银行、晋商银行都是很生动而成功的案例。本节就不再赘述。

一日三文挺“三农”——乡村振兴

“任鄞令严律己施政有方，行青苗解民困有口皆碑”，这是宁波鄞县王安石庙中正殿的对联，讲的正是王安石在鄞县实施青苗法的政绩。这位被誉为中国古代最后一位“整体配套体制改革操盘者”的北宋名相，也同时被芝加哥期货交易所尊为“期货鼻祖”，而这个期货正是青苗法。在鄞县实施的青苗法规定农户在每年春夏播种前，可到当地官府借贷粮谷，以补助耕种，夏天的青苗款必须在五月底前还清，秋天的青苗款必须在十月底前还清，每期利息二分，还款可以用收获的粮食代替。如果遇到自然灾害，可以迟交甚至减免利息，只收本金。

“农为邦本”，在中国历史长河中，农业在绝大多数时期都是中国的经济基础，而中国的社会形态也由农业社会发育而来，青苗法只是农业领域金融创新的开始，其后，在农业领域诞生了大量金融创新。早在20世纪80年代，山东诸城就出现了“贸工农一体化”模式，同现在我们常说的“银行+龙头企业+合作社+农户”模式下的“银贸农一体化”一脉相承。而进入新世纪，在2008年，广东郁南县通过政府主导的方式，重新打造全域信用生态，以“天天在地里干活的人坏不到哪里去”的理念重新定义了农商行所熟知的信用村、信用户评定，形成了独具特色的郁南模式。在当时的郁南，农户甚至在嫁女儿时，都将男方家庭是不是信用户纳入了考虑范围。当信用体系真正建立之后，银行资金支持就成为水到渠成的事情，农村金融面广、点散、低频的难题自然破解。

王安石的背影渐渐远去，农村金融的改革也经历了跌宕起伏的过程。进入新世纪，国家对三农问题的重视不断提升，将三农上升到关系国计民生根本性问题的战略高度。作为农村发展过程中的资金提供者，农村金融领域的“主力军”农商行、农信社，正日益受到人们的关注，而这个领域发展慢、创新少的问题，也日益显现。农村信用社有着悠久的历史，建立于新中国成立之初，其前身是为了解决农村融资问题而建立的农民资金互助组。经历多轮改革，历经沧桑的农信社，又一次站在了改革的前线。

早在 2003 年 6 月，国务院就下发了《深化农村信用社改革试点实施方案》，要求“明晰产权关系、强化约束机制、增强服务功能、国家适当支持、地方政府负责”。在此之后，地处苏南的张家港、吴江等农商行先后完成改制。2006 年，杭州联合银行（原杭州联合农村合作银行）与荷兰合作银行和世界银行旗下的国际金融公司（IFC）签订战略合作协议，成为国内第一家成功引入外资的农村合作金融机构。2008 年，交通银行以 3.8 亿元入股常熟农商行，成为第一大股东，开创了内资公众银行参股投资农商行的先河。

在农村金融机构的改革中，产权问题毫无疑问是这些长期带有互助合作基因的银行的命门所在，也是制约它们走向市场化的主要桎梏。当时间走到 2014 年，在这一年的岁末年尾，12 月 15 日银监会连发三文，分别针对农信社、村镇银行和农商行的改革。这三个旨在助推农村金融机构服务“三农”的文件分别是《关于鼓励和引导民间资本参与农村信用社产权改革工作的通知》、《关于进一步促进村镇银行健康发展的指导意见》和《加强农村商业银行三农金融服务机制建设监管指引》。

监管部门对农村金融机构股权和服务三农水平的关注，与农商行在这一时期定位的迷失存在着直接关系。这一时期的农商行，由于县域经济的大发展，在货币发行的“洪流”中获得了更多存款之后，将注意力投向了金融市场业务和跨区域发展，而自身体制机制的改革进程，反而在市场的繁荣中减慢了下来。与此同时，随着县域农信社相继改制成具备独立法人治理结构的农商行，省联社的行政管理角色与农商行独立经营之间的矛盾也越发凸显。而这三份文件，无疑是解决这一系列问题的一种尝试。

在此之前，陕西秦农银行的组建曾引发业界热议。2014 年 11 月，陕西省政府将西安市城区 6 家农信社重组为秦农农商银行。此次改革开启了农信社交叉控股的先例，作为该省农信系统金融资源整合平台，秦农银行通过交叉控股方式与陕西省各个县级农商行互动，形成一个省级的银行控股集团，以股权纽带替代了过去省联社单一行政管理的模式。

更早的成功案例来自宁夏这个被戏称为“省级架构、市级人口、县级财政”的自治区，在 2008 年推动组建了黄河农商银行。黄河农商银行成立后，向自治区其他 19 家县市联社（农商行）投资入股，成为县市联社（农商行）第一大股东，是以股权纽带对县市农信机构行使管理权限的开端。黄河农商行对县市联社（农商行）实行垂直领导和统一管理，为县市联社（农商行）提供人员培训、IT 服务、产品支持、资金结算和调剂等支持，而县市联社（农商行）则按照市场化原则，在经营、管理、财务、信贷、用工、员工工资福利等方面完全独立。这样的模式，既避免了省联社离市场远、不接地气的问题，又避免了县市联社（农商行）各自为战、低效重复的弊病。

但这样的探索并没有继续，黄河模式的成功，更多归因于宁夏较为特殊的省情。而农信社改革的问题，也几经反复和讨论，走到了 2014 年的节点。

在三份文件之后，河南、安徽、湖北、河北、山西等多个省份的农信社改革相继展开，并根据各个省份的具体情况设计了不同模式。这只是农村金融全面市场化改革的第一步，在这个时候，已经有不少敏锐的城商行嗅到了三农领域的金融机会，开始在农村金融领域进行布局。而对于全国 1 000 多家农信社来说，以产权为基础的改革才刚刚开始。农村金融模式的真正创新，还要等到 3 年以后，2017 年 10 月乡村振兴战略的提出。

第八章 新对手入局

> 如果银行不改变，那我们就来改变银行。
>
> ——马云

收放之间：第三方支付的“第三劫”

“有时候，打败你的不是技术，可能只是一份文件。”2014年3月19日，马云在阿里巴巴技术论坛上罕见地公开吐槽了5天前央行关于第三方支付的征求意见稿。

这份以限制第三方个人支付限额为主要内容之一的征求意见稿，在被吐槽之前，早已引起了轩然大波。“余额宝现在收益率不断下滑，存余额宝就图个随时存取，这个（支付限额）如果卡死，还叫余额宝吗？”某投资者在征求意见稿出台后，赎回了自己的全部投资。更为郁闷的是支付宝，“我们的客服这几天都被逼疯了，电话经常被打爆，我们也向投资者不断强调，这则草案对我们没有影响”。

真的没有影响？截至2014年1月中旬，规模超过2 500亿元、客户数超过4 900万的余额宝，已经登上了全球第14大货币基金的宝座。这个仅用了7个月时间就实现逆袭的年轻产品，还正在探索自己流动性管理的模式，对任何形式的风吹草动，都非常敏感。而人们的预期，显然非常容易被一份份“文件”所改变。

这些文件实际上是对虚拟信用卡、线下二维码支付、第三方支付转账和消费限额等三项内容的一系列征求意见草案：其中虚拟信用卡受到的冲击最小，只是报备的问题；二维码支付是此次叫停的重头戏；而第三方支付限额则成为最让余额宝用户紧张的内容。

> 第三方个人支付账户转账单笔不超过1 000元，年累计不能超过1万元；个人支付账户单笔消费金额不得超过5 000元，月累计金额不得超过1万元；转入资金只能用于消费和转账转出，不得向银行账户回提。
>
> 不少人开始担心余额宝未来是不是一年只能买1万元，或者每次只能赎回1 000元了，这才有了赎回全部资金的投资者和忙不迭解释的客服。

更具有戏剧性的是这一系列文件的发放过程中出现的乌龙事

件，让这场风波险些在短短3年内第三次演化成支付宝的“信任危机”。

早在3月11日，央行即下发了关于第三方支付企业限额的文件，并在3月13日结束征求意见。而叫停虚拟信用卡和二维码支付的文件在3月13日才下发。但两份完全不同的文件，却同时出现在了公众视野之中，在3月14日下午成为新闻热点。正是由于时间点一致，很多人将媒体上的“限额”与“叫停”混为一谈，误以为第三方支付将被叫停，引发了恐慌。

而这种恐慌，恰恰给支付结算体系相对完善的支付宝造成了巨大冲击。第三方支付业内，支付宝是唯一一家有能力建立独立支付结算网络的机构，余额宝的买入、赎回和向银行卡转账都是通过支付宝自己的结算网络完成。这个支付结算网络依托第三方支付牌照而成，如果真的叫停第三方支付，对余额宝产品所产生的冲击是不言而喻的。相比之下，其他没有建立起支付结算体系的第三方支付公司，产品反而不会受到该草案影响。

这并非头一遭，在2011年第三方支付牌照发放之时，在2013年监管叫停支付宝体系线下COD（货到付款）业务之时，支付宝为了适应监管规则已经引起了两次不大不小的风波。

第一次风波是从对支付宝脱离阿里巴巴协议控制的质疑声中开始的。2011年6月，财新胡舒立一篇《马云为什么错了》将支付宝控制权变更旧事推上了风口浪尖，而控制权变更的初衷，正是保证阿里能够获得央行即将在2011年发放的第三方支付牌照。

支付宝为满足监管要求而在控制权方面所采取的权宜之计，受到了尖锐诘问：“按央行政策，（牌照）还是会放的，支付宝是否可能在获批后重回阿里？（控制权）等于是临时转出？”

面对这场夹杂着监管要求、民族情绪、资本市场规则甚至“国家安全”的口水仗，马云更多地道出了创新者的无奈。

> 央行我没有办法，那是他们的考虑，我努力过并尝试过。但企业家要做的是大法发布前努力，但发布后遵法是我们的职责。批评是你们评论者的工作，我们当事人很难作为。但另一方面，我理解的支付数据的安全是任何国家不会轻易放弃的，是安全问题而不是民族问题。我的开放主义并不亚于任何人，但我理解未来时代是数据的竞争。我们拥有了国家的经济数据。在美国，我们会碰上同样的问题。

第二次风波来得更为直接。2013 年 8 月 27 日，支付宝微博发布了一条短消息：“由于某些众所周知的原因，将停止所有线下 POS（销售终端）业务。支付宝对原有合作商户会妥善处理，不会影响商户正常业务。”原因“众所周知”，但停掉的并不属于真正的线下 POS 业务。由于 POS 业务并不属于第三方支付牌照所允许的经营范围，支付宝为开展线下收单业务，利用了第三方支付可以直连银行的便利，打造了独立的体系开展收单业务，监管部门所直指的，正是支付宝完全独立于银联的支付结算体系。而在此次叫停支付宝线下收单业务两个月之前，央行刚刚废止了一批与银联相关的文件，被视为打破银联垄断的开始。

同第一次和第二次风波一样，第三次风波很快得以平息。支付宝用户直接用银行卡快捷支付申购和赎回余额宝，将不会受到影响，支付宝对此信誓旦旦，"基于我们对政策的理解和跟监管部门的沟通，现在和未来都不会受到任何影响"。

彼时，"十部委互联网金融指导意见"尚未出台，在观望中前行的人们，对互联网在金融领域的创新及互联网与传统金融的关系尚不清晰，可能就连马云自己也在思考第四次什么时候会到来。

金海腾在阿里巴巴演讲中提到"让互联网发卡，工农中建都输"的判断言犹在耳，而"让与不让"则正是会不会打败"马云们"的一份份"文件"。金融大时代的中国，面对迅速出现、急速膨胀的新生事物，监管部门保持着一贯的审慎与平衡。但一次次风波的出现，无不是制度变革滞后于创新实践的表象。金融改革的主旋律，已不只是平衡与保护，大时代，需要大破与大立。

打败马云的，不应该更不可能是文件。

时至今日，支付宝和微信支付两大互联网巨头已经把持着小额高频支付领域，银行在这一领域已经被后台化。

重要的变局：民营银行开闸

这是一家银行的一小步，却是中国银行业的一大步。

2015年1月4日，一家既没有营业网点，也没有营业柜台的银行，发放了一笔无须抵押担保的贷款。通过电脑屏幕获得这笔3.5万元贷款的，是一名普通卡车司机，而在电脑键盘上按下回车键的贷款发放者，是正在深圳前海微众银行视察的国务院总理李克强。

这笔通过人脸识别技术和大数据信用评级来发放的贷款，彻底颠覆了银行长久以来形成的经营思维。贷款可以通过人脸识别发放？可以不提供抵押担保？到账时间可以按秒计算？当1月4日的新闻联播播出了李克强在微众银行发放首笔贷款的消息后，银行家们经历了一个不眠夜。“这个夜晚，我没有睡着”，中原银行董事长窦荣兴在谈及中原银行数字银行转型之路的时候，谈到了这笔3.5万元贷款给他带来的巨大震撼。显然，这些放了一辈子贷款的“老银行”突然发现，过去奉为圭臬的贷款法则，甚至是银行的运营模式，被一笔小小的贷款完全颠覆了！

原来，不见面也能放贷款。

前海微众银行随后的发展轨迹更是让传统银行家们始料未及。在这款被称为“微粒贷”的个人贷款产品正式上线仅两年零三个月后，2017年8月7日，余额突破千亿，客户数量超过600万，轻松超过了不少传统银行数十年开展个人贷款的成果。更让银行家们吃惊的是，微粒贷客户中，竟然超过半数没有人行征信记录，而微粒贷户均贷款余额仅1.2万，笔均金额0.82万的惊人“战绩”，更是让众多以“零售银行”自居的传统银行汗颜。

更多的普通人并未意识到，未来几年，随着一批“新银行”

的加入，贷款将变得越来越亲民，金融服务通过移动互联的方式渗透到生活的各个场景将成为常态。

银行业竞争格局，再一次悄然生变。

民资办银行曾是众多民营企业梦寐以求的理想。民营企业融资难、融资贵，一直是民营企业家们的一块心病。1993 年 11 月，在第七届全国工商联代表大会上，萦绕在民营企业家们心中已久的“办银行”的想法，终于被以集体建议的形式提出。“能不能由我们这些民营企业发起设立一家银行，这家银行给我们贷款，解决我们的融资难问题？”“自我救赎”式的破局之路由此开始。

在那个“摸着石头过河”的改革年代，民资办银行的“总操盘手”经叔平这样定义这家即将诞生的“小银行”。

> 由全国工商联牵头，办一家以民营企业投资为主的股份制商业银行。因为要把一个大的银行进行改革以支持民营企业发展动作大，从一个小的银行开始，根据中国的具体情况，如果行，说明这条路可以走；如果不行，一家小银行影响也不大。

“是否可以试一家”，在时任国务院副总理、中国人民银行行长朱镕基的批示之后，新中国成立以来创办的第一家民营银行——中国民生银行，于 1996 年 1 月 12 日宣告成立。不同于先期组建的股份制商业银行，控股股东或为财政部门、或为地方政府、或为国有大型企业，民生银行的 59 家发起人中，绝大多数是民营企业，13.8亿股本金中，85%来自民营企业。甫一出生，民生银行就有着与众不同的“基因”。

“新银行，新体制”，彼时的民生银行，是混沌初开的中国银行业改革的一块试验田。在这块崭新的试验田上，民营资本将大量市场化要素与企业经营模式注入了曾经让他们可望而不可即的商业银行，开始了民资办银行的全新探索。

所有的尝试均围绕着市场展开。产权，是市场化的基础。民生银行从一开始就建立了分散的股权结构，参股民营企业股权比例平均，股东持股均不超过10%，既避免了“一股独大”的问题，又使得持股比例相对大的希望、泛海、东方等企业在保证监督与制衡的前提下，尽量少地对银行经营进行干预。这样以股权结构和“三会一层”为基础的制衡机制，在20世纪90年代的中国银行界，开风气之先。民生银行日后的运作实践表明，巧妙的股权安排在很长一段时间内，保证了民生银行的稳定。

在其后的发展中，民生银行历经起伏，也确实如它的创立者们所期待的那样，成为银行业中的一条“鲇鱼”。凭借着民营企业特有的市场嗅觉与灵活机制，民生银行迅速做大，截至2018年一季度，资产规模已达6万亿元，在全国性股份制商业银行中排名第二，已同早期建立的其他股份制银行经营模式无二。体态庞大的民生银行，已然完成了“搅局者”的历史使命。

作为探索与尝试，民生银行一直试图通过股权与公司治理，以全国工商联作为纽带，搭建“民有、国营、党管”的有效运作机制。

然而，人们发现，在改革开放后第一代企业家逐渐“谢幕”之时，这种带有鲜明时代印记的制度安排，开始遇到新的挑战。越来越多关于民生银行的股权纷争开始见诸报端，而以安邦为代表的“野蛮人”，更是以极为强势的姿态，彻底打破了董事会原有的平衡。这块孤独存在了近 20 年的“试验田”，早已不是当年弱势民营企业的“资金互助组织”，改革的接力棒在 2015 年开始了新的传递。

没有了 1996 年在人民大会堂成立时的辉煌，取而代之的是总理发放贷款的举动；没有了“试一试”的批示，取而代之的是 2015 年政府工作报告中“成熟一家，批准一家，不设限额”的表述。这一次，在民生银行开业 19 年以后，民营银行来得更加纯粹，以一种更具亲和力的方式，悄然再登历史舞台。

2014 年 7 月 25 日，银监会正式对外披露，由腾讯、百业源等作为主要发起人的前海微众银行，由 13 家温州民企作为发起人的温州民商银行，由 16 家天津民企作为发起人的天津金城银行等三家民营银行获批筹建。

2014 年 9 月，由蚂蚁金服作为主发起人的浙江网商银行和由均瑶及美特斯邦威作为主发起人的上海华瑞银行正式获批筹建。

2016 年 6 月起，民营银行的审批在经历了一年的沉寂之后，再次驶入快车道。截至 2017 年 6 月末，12 家银行已获批筹建，其中 9 家已开业运作，还有数十家民营银行正在审批核名中……

这一天，民营企业已经等得太久了。

新生事物改变银行

民营银行是不是一定行？面对银行界的新生事物，不少人在用传统眼光拭目以待。“不能开网点”“没有基础客户”“业务范围受限”“股东利益难以调和”……每一点都是传统银行的致命硬伤，很多人更是直言不讳地唱衰民营银行。但是用金海腾的话说，这是新生事物所带有的天然缺陷。你难道能想象一个呱呱坠地的婴儿在成长过程中完美无缺吗？

“我过去认为，民营银行没什么意思，就是股东们的‘提款机’，”某中部省份标杆农商银行董事长的一句话，道破了传统银行家们对民营银行刻板的认知，“但是，这次在华瑞银行的交流彻底改变了我对民营银行的看法。”她口中的华瑞银行，正是首批组建开业的5家民营银行之一。

这家总部设在金融机构云集的陆家嘴的民营银行，从开业伊始就摆出了不一样的架势。这家只有总行营业部和自贸区分行的银行，没有公司部、零售部、金融市场部，而是直接将主营业务分成了完全不同于传统的三大总部。

一是自贸业务总部，服务于民营企业、中小企业的自贸跨境金融需求；专注于打造跨境、投行、供应链等综合金融解决方案的提供能力，持续构建与新经济领域的企业在成熟壮大期的金融需求相匹配的服务能力。推出了“在线产业供应链”金融产品，满足金融科技企业的跨境业务需求，推出了内保外贷、外保内贷产品，金融科技企业对接融资市场的综合金融解决方案服务等。

二是科创金融部，通过投贷联动的模式服务于初创科技创新型企业；致力于为初创期的“四新三创”类企业提供以“投贷联动”为主要特色的华瑞科创金融服务，发现价值创造型的独角兽企业。目前已与数十家投资机构开展合作，拓展的科创金融客户中，金融科技行业的占比超过了20%。

三是互联网总部专注于打造“移动在线综合金融服务”能力和“互联网生态融合”能力。一是金融科技的引进应用。如：区块链账本、大数据风控、云端SaaS（软件即服务）等。二是服务输出。2017年，华瑞银行正式对外发布国内银行业第一款在线综合金融服务SDK（软件开发工具包）产品——华瑞“极限”，把银行开到客户的App里，通过“开放平台”的金融服务新模式，在互联网创新企业的成长期内，助力其降低成本、共享资源、输出能力、顺畅发展。三是客户共享。通过在线融资等一系列产品共同服务于在线长尾客户群。

谁说民营银行缺客户，谁说没有网点就无法展业？定位于开展“特定区域存贷款”业务的这家“小”银行，在细分客户领域开始了“大”布局。它把目光投向了独角兽、投向了金融科技企业、投向了创新型企业，把目光投向了银行较少涉足的初创期、成长期企业，这些传统银行看不懂、不敢跟进、觉得满身是缺陷的客户，成了华瑞银行的目标！这些缺陷，都成为银行为客户定制产品的出发点和落脚点，差异化经营，由此而生。

面对同样满身缺陷的民营银行，我们是不是也应该换个眼光了呢？

改革开放以后中国银行业的发展，是新成员不断加入，旧体制不断打破的过程，每每在改革的关键节点，人们都会惊讶地发现身边出现了新的银行。20 世纪 80 年代末股份制银行出现，1995 年城市信用社开始组建成为城商行，2001 年农信社向农商行的改制拉开序幕，2006 年村镇银行开始设立，每一次变革的到来，都同时代面临的主要矛盾休戚与共，而这一次，也没有例外。

今天的融资难，已不再是 20 年前的融资难。除了供给不足，“新常态”下经济结构调整与互联网、大数据的加入使实体经济的业态发生了根本变化，融资难的结构性问题更为突出。对于今天的民营银行而言，它们的创立并不是为了成为解决股东融资问题的工具，更不仅仅是商业银行公司治理的试验田。民营银行，有着更为重要的诗和远方。

如果说微众银行与网商银行“背靠腾讯与阿里好乘凉”，通过平台模式为用户嫁接金融产品获得成功，那么华瑞银行走出的这条服务小微企业的“无中生有”的路径，是不是展现了银行业另一些新的可能模式？从解决融资难，到抓住新产业、服务新业态，这才是“新生事物不可战胜”的本质原理！

在2015年8月的第十届中小商业银行CEO论坛上，金海腾将民营银行的开闸作为当年最重要的金融事件之一。正是在这次论坛的主题发言中，他富有前瞻性地提出民营银行会由于发起人的不同基因，将在不同的领域形成新的差异化竞争优势，对“特许经营”的传统银行构成挑战。同时，更是大胆预言网商、微众与华瑞将成为首批五家民营银行的领跑者。大浪淘沙，民营银行后来的发展验证了这样的判断，是不是“穿新鞋走新路”，也成为融至道判断谁将成为行业佼佼者的重要标准。

2018年10月24日，在腾讯举办的智慧交通大会上，腾讯公司副总裁郑浩剑在发言时透露，微粒贷产品累计放款已经超过万亿规模，这个数字可以让所有传统银行为之惊叹。

而根据微众银行2017年年报的数据，微众银行的净息差高达7.02%，远超行业平均水平。这亮眼数据的背后是他们的明星产品微粒贷和业务模式。

微众银行与传统银行通过“联贷平台”，双方以2：8的出资比例，以大约3：7的利息分成比例，向个人用户发放微粒贷。明眼人一看就知道，微众银行用少量的资金撬动了传统银行的大头资金，变成为自己做嫁衣，充分放大了杠杆作用。

微众银行以微信海量活跃客户为依托，用基于大数据、AI技术为核心的风控技术，创造了一种传统银行与个人用户的连接模式，在这种模式下，提供资金的银行虽然赚到了钱，但客户仍然是微众银行的，合作银行只是成了从别人那里借来生蛋的鸡。

略显尴尬的是，有些合作银行将自己与微众银行的合作当作了本行业务创新的亮点。

传统银行真的正在被改变着。

银行主动定位的开端

“小存小贷”“大存小贷”“公存公贷”“‘特定区域’存贷”，这是银监会对民营银行定位的解读，首批 5 家民营银行，就这样分为了 4 种业务模式。“外行看热闹，内行看门道”，我们常说，传统银行是“被定位”者，怎么又来了一批“有定位”的银行？

要回答这个问题，就得先搞清楚新的民营银行，新在哪里，是再进入传统领域，成为“搅局者”，还是走“体制机制”探索的“老套路”？看起来，这些银行还是在聚焦存贷、聚焦区域，它们会不会又杀进传统的红海，和区域内城商行、农商行杀得头破血流？国务院在促进民营银行发展的指导意见中提到，民营银行“为实体经济特别是中小微企业、‘三农’和社区，以及大众创业、万众创新提供更有针对性、更加便利的金融服务”。这与城商行“服务地方经济、服务小微企业、服务城乡居民”，农商行“服务县域、支农支小”一脉相承。

同质化的定位，新的民营银行，怎样才能做新？

新网银行，就是一家新银行。这家由新希望、小米、红旗超市等共同发起的银行是全国第七家，四川省首家民营银行，也是中西部地区首家互联网银行，于2016年12月28日正式开业。这家银行的发起人中，新希望作为中国首家民营银行——民生银行的主要发起人，颇为引人注目。带着“老牌”民营银行的基因，新网银行却是一家标准的“三无银行”，无分支机构、无现金业务、无客户经理！“与其说我们是一家银行，不如说我们是一家拿了银行牌照、专注于大数据驱动的金融科技公司。”时任新网银行副董事长江海如是解释“移动互联、普惠补位”的差异化定位和“数字普惠、万能连接”的特色化经营。

颠覆不止于“三无”，既不是“小存”也不是“大存”，“存款立行”的传统经营理念在新网银行面前再次被挑战——网贷平台存管业务成为该行的战略性业务。成立仅4个月，新网银行就与全国70多家网贷机构达成了存管协议。以存管业务切入，为互联网金融机构提供服务，做互联网金融机构与中小银行之间的万能连接器、适配器，进而服务更广泛、复杂的客群成为银行全新的方向。不同于以资金业务为纽带的合作，新网银行与互联网金融机构之间正在产生“化学反应”：共建风控模型、共创黑名单、解决贷后催收、不良资产处置以及资产证券化……基于开放平台深度合作，催生出了新网银行的新的商业模式。

有所为，必然需要有所不为。选择了平台化银行之路，也就舍弃了传统银行吸存、放贷以息差为主要营收的模式。新网银行非常清楚地知道，自己不是全能银行，传统银行所“必备”的现金业务、票据业务甚至未被纳入系统建设的范畴。这家银行，从一开始就铁了心与众不同！

与众不同的背后，是围绕 CDAB（Cloud——基于云的核心架构，Data——大数据技术及运用，AI——人工智能，Block chain——区块链）与客户特征反过来构筑的运营体系。在组织架构上，打破前、中、后台固有模式，以业务单元进行事业群设置；在团队构成方面，信息科技人员取代客户经理成为团队最主要的构成，不少新开业的互联网银行，实际从事科技开发的人员数量已超过全行总人数的 2/3。更重要的是，民营银行将开放、平等、协作、共享的互联网文化引入了银行经营中，西装革履的银行职员不见了，取而代之的是身着 T 恤与牛仔裤，活力四射的年轻人。

创造这一切的，竟然是来自一批只被允许开设一家网点，甚至没有开设网点的民营银行。曾几何时，跨区域经营、新开分支机构是“被定位”的城商行、农商行所倚赖的重要展业方式，而今天，这些没有分支机构的民营银行，已经从“被定位”中重新寻找到了主动定位，“小存小贷”“大存小贷”“公存公贷”……这些看似不起眼的定位，刻画了民营银行商业模式的轮廓，成为新银行差异化经营的真正来源。

原来，从“被定位”中，也可以找回发展的主动权。

有人说，找到定位不难，坚持定位难，让银行的所有利益共同体坚持定位，更难。在民营银行开设的短短几年内，真的就碰上了“定力”问题。某一家拥有 12 个创始股东的民营银行，开业仅仅一年之后，其中一个股东看到该行专注做小、做特，坐不住了。

其对这样的发展模式表示了明确反对，提出希望改变“定位”，迅速增加规模、实现分红。这看似正常的诉求，恰恰与该行成立之初即提出的打造百年银行愿景出现了不可调和的冲突。在这个时候，是息事宁人和稀泥，还是按照这种看似正常的思路调整发展战略？这家银行股东们对此事的态度与处理方式，超出了绝大多数传统银行的想象：股东们经过协商，由大股东牵头，其余 11 家股东收购该股东股份，要求该股东退出，银行的股东由 12 家减为 11 家！

正确的定位还需要战略定力来保证执行。民营银行们已经开始在实践中探索长期利益与短期收益的平衡，开始真正重视经营理念的一贯性和银行发展的可持续性。

分化：民营银行的生存现状

2014 年，对于 46 岁的曹彤而言，是极富转折意义的。

这位不到 40 岁即被评为“中国最有前途的年轻银行家”的行业新星，在这一年 11 月，下海了。他离开了中国进出口银行副行长岗位，出任微众银行首任行长。这一选择无异于平地惊雷，没有人想到这位在传统金融领域耕耘超过 20 年的银行家会选择离开，加盟民营银行。下海之初，他“剃头明志”，一改过去儒雅的形象，开玩笑地说这寓意着事业与微众银行都要“从头开始”。不过，这位下海的传统金融人恐怕没有料到，微众银行与他的蜜月期并未持续太久，这段职业经历比之前的任何一段都更短、更匆忙。仅仅不到一年之后的2015年9月，曹彤因个人原因离开了微众银行。

随着民营银行数量迅速增加，传统金融领域的“孙悟空”们再也坐不住了，“宁做美猴王，不当诸葛亮”，传统银行高管们纷纷开始转向民营银行，而在短暂的甜蜜过后，高管的频繁变动成为民营银行领域的常态。

任职尚未满一年，东北首家民营银行吉林亿联银行行长离职；
重庆首家民营银行富民银行行长离职；
福建首家民营银行华通银行行长离职；
北京中关村银行筹建期间，拟任行长离职；
北京中关村银行开业刚过3个月，行长因个人原因辞职；
……

这是一份在不断加长的名单，随着民营银行核名、筹建、开业进程的加速，名单加长的速度也正在加快。高管的闪电离职，只是民营银行发展过程中众多管理问题中的一个。而人们可能会逐渐适应的银行业新常态是，民营银行不会“独善其身”，它们比传统银行更需要回答“如何办好商业银行”这一核心命题，也将会面对民营企业发展过程中经历过的几乎所有问题。生存、发展，甚至死亡，都将在未来等待着民营银行。

正如金海腾在《办好一家商业银行的一般性原理》中所说的

那样，银行与其他企业是不一样的，它主要靠人：银行经营的不是一般商品，而是货币及货币所派生出来的信用，产品技术很容易模仿，但银行是由人去经营的，经营的载体是人。未来，民营银行经营出现分化的关键要素，也在人。

“民营银行连参加揽储大战的资格都不具备”，“存款方面确实比较困难。对个人客户，民营银行的存款产品没有卖点，短期无解”，“要么纯线上，要么纯线下，只能二选一”……这是民营银行行长们的“抱怨”。他们中的许多人曾经长期在比较成熟的银行工作，来到一无网点，二缺产品，没有太多股东资源支持的创业企业时，不只是银行本身，银行家们也面临着市场化转型。银行家们能否适应落差，跨越传统与创新的鸿沟，融入全新的互联网文化，将决定着民营银行未来在竞争中的位置。

时至今日，首批开业的5家民营银行运作已满4年，经营业绩的差距已开始显现，两家互联网银行浙江网商银行和微众银行成为当仁不让的领跑者。这种差距，关乎效率的革命性变化，源自互联网与大数据。

单个借款5年借款3 794笔！这种在世界金融史上都罕见的借贷行为，类似的借款客户在网商银行的平台上比比皆是。

这位保持着最高频借款纪录的小微商户是来自四川的张女士。她早年在四川当地经营着一家土特产店。随着互联网的兴起，2011年她把经营重点从线下转移到了线上，开起了淘宝店，销售康定牛肉干等土特产品。此后，她淘宝店的生意越来越好，交易额从一年10多万元一下子提升到了50多万元，张女士备货的资金压力也随之加大。作为网商银行前身的阿里小贷，恰逢其时地向张女士推出了“订单贷”，每形成一笔订单，就可以在线上申领贷款，在买家确认收货后，货款自动偿还贷款。虽然需要每笔操作，但还款来源非常确定，而且由于贷款时间只有货物在途的几天，收益完全能够覆盖利息。这3 794笔借款，就是张女士从2012年至2017年的5年间店铺的全部交易量，而贷款金额从最小3元到最大56 000元，无一逾期！

这难道不是供应链金融的小微企业版？“中国有着数以亿计类似的小微商家，网商银行要服务的正是这群人，即使他们只是借几块钱，或者只借几天。”类似张女士这样一年贷款超过50次的小微企业在网商银行的客户中已超过60%，而网商银行及阿里小贷服务的小微经营者到2017年初总计已超过500万，累计放款超过8 000亿元，户均贷款周期仅有7天，户均贷款余额仅为1.7万元！

当不少银行还在思考线上与线下，还在融合传统与未来，还在整合来自不同金融机构的高管，还在植入互联网基因抑或改造银行基因的时候，新银行已经将抱怨与徘徊的人远远甩在了身后。一边是各家民营银行相继开业，另一边却是不少传统银行高管先后离职，人员流动之外，当民营银行越来越多地从金融的空白领域进入传统银行的市场后，肩负着相似使命的民营银行和传统中小银行或许将产生更多合作与交集，也预示了民营银行最终走向分化的格局。

有人用“道阻且长”来形容民营银行的创业与创新之路，但他们大都忘记了这个句子的后半句——“行则将至”。正如某位民营银行高管所言，目前的民营银行都还没有度过创业期，“这个过程可能会是三五年，也可能10年之内都是创业期”。

对于一家百年银行，十年的创业期又算得了什么呢?

汇丰银行零售业务独立

2014年底，当中国的民营银行正破冰重启，相继开业之时，远在英国的，以汇丰银行为代表的商业银行，也在面临前所未有的重大变革。英国这次并未在中国引起太多关注的改革，是一次发端于金融危机的，涉及英国整个银行业的重大调整。

2008年金融危机之前，英国的金融体系源于铁娘子撒切尔夫人在1986年的第一次金融大爆炸和布莱尔首相在任期间的1997年的第二次金融大爆炸。

1986年10月27日，时任英国首相的撒切尔夫人发动了一场规模宏大的金融改革。这场改革不仅对英国传统金融制度产生了剧烈冲击，而且对世界金融业的发展产生了重大影响。这项旨在让伦敦重回世界金融中心的金融自由化改革，以私有化和混业经营为核心特征，这场被人们称为“金融大爆炸”的改革，很快便引发了全球范围内的金融自由化浪潮。

改革的具体举措对英国金融发展产生了深远影响。很多金融领域的管制被废除，银行开始涉足包括证券业务在内的综合性金融服务。“大爆炸”全面摧垮了英国的金融分业经营的体制，是商业银行与证券经纪业务及投行业务的大融合。由此，大量类金控集团、全牌照金融机构开始涌现，业务领域涵盖了银行、证券、保险、信托等各个方面，成为与德国类似的全能金融集团。

第二次金融大爆炸源于 1995 年举世震惊的巴林银行事件。一个名叫尼克·里森的交易员，由于在期货交易中过度放大杠杆，最终导致了这家拥有 233 年历史的银行倒闭。银行混业带来了市场活力与交易繁荣，但同时也带来了风险和监管套利。其时，英国的金融监管体系复杂，有包括英格兰银行在内的 9 家监管机构对银行、证券、保险和住房协会等金融机构进行分类监管。随着金融混业经营不断深化，商业银行业务越来越广泛，原有的监管框架已无法监管商业银行涉足的证券、保险等一系列业务，也阻碍了创新。

1997 年，工党政府主导进行了英国金融监管机构的改革，这是在撒切尔夫人“金融大爆炸”基础上，一次对监管风险的修正。政府将英格兰银行的金融监管职能分离出来，英格兰银行也不再作为金融机构的监管当局，其专注于货币政策，成为履行中央银行职能的机构。同时，成立了金融服务监管局（FSA），将分散的金融监管职能向金融服务监管局集中，金融服务监管局逐步成为金融机构日常行为的监管部门。英国形成了英格兰银行、财政部和金融服务监管局的“三驾马车”监管架构。

改革源于危机，历史总是惊人地相似。曾经在混业风暴中叱咤风云的金融城银行家们，在2008年的金融危机中也没能笑到最后。自金融危机以来，英国银行共核销和信贷损失总额高达1 126亿英镑，英国政府则已承诺通过直接投资、资产保险和贷款承保等方式共投入1.4万亿英镑挽救和巩固银行系统。

过度混业造成的风险，已经由纳税人承担了！

至此，过去引以为豪的英国金融监管体系，又到了改革临界点上。英国银行业独立委员会（ICB）推出的这项将银行零售业务与高风险业务进行“结构性分离”的方案，被形象地称为“栅栏原则”。通过将股票买卖、衍生产品交易等与零售业务隔离，可以有效保护商业银行对储户和中小企业的传统服务，避免商业银行在混业之后，为了高利润而片面追求高风险业务，盲目加杠杆的“逆向选择”行为。栅栏原则明确规定了栅栏内外所允许经营的业务范围。在栅栏内，禁止银行从事结构性产品、对冲零售风险外的衍生品交易以及股票及债券的包销和配售等业务。同时，为了防止银行动用储蓄存款为投行业务提供资金支持和利用政府对零售业务的隐性担保从事投行业务，方案还要求栅栏外的业务只能将纳入存款保险的存款和公司业务的资金作为融资来源。

而这项改革方案一旦实施，活期存款、抵押贷款和中小企业借贷等在内的业务都将被纳入栅栏范围内，规模约为1万亿至2万亿英镑，约占银行业资产总规模的17%～33%。据英国银行业独立委员会估计，改革计划每年将会给英国银行业增加40亿~70亿英镑的成本，其中至少一半的成本来自银行批发业务失去原有政府隐性担保而带来的融资成本上升，严厉的监管甚至可能提升企业的融资成本，进而影响英国经济增速。

在成本增加之外，经营模式的变化更为重要。银行过去靠着政府背书所获得的存款，不能用于从事投行业务，信用“免费午餐”消失了！甚至如汇丰这样的国际性金融机构，已经在考虑将投行业务部门迁出伦敦，移往北美或亚太等地。

但“结构性分离”从本质上而言只是业务隔离，并非重回分业经营。零售银行与投资银行业务在集团层面仍拥有相同的管理层，这样的安排类似于我国台湾地区2000年“金改”时对银行系金控集团的要求。银行仍可以从集团层面享受混业带来的收入多元化的好处，也仍可实现知识信息、基础设施和品牌技术等方面的共享。

汇丰银行是最早采取行动的银行。汇丰的零售银行业务目前规模为英国第四，仅次于莱斯银行、苏格兰皇家银行和巴克莱银行。汇丰控股快速在英国的零售银行业务更名，2014年12月底之前，先为伯明翰零售银行总部附近的分行改名，全部950家分行在2017年底前完成改名，其剥离出的零售银行业务将更名为“汇丰英国”，以便未来独立上市。

此时的中国，正在经历着混业的高潮。2012年至2015年，伴随着监管对金融牌照的适度放松，中国经历了民营金控集团获取券商牌照的高潮，包括九鼎投资等多家民营金控集团都在这一时段内拿下了券商牌照。事实上，不仅仅券商牌照，包括公募基金、银行、保险、信托等，都是金控资本追逐的对象，甚至有一些机构，已经形成了全牌照的金融帝国。

其时，中国的金融监管也正被诟病。大量混业金控主体的出现，使“一行三会”分业监管的格局开始受到挑战。而真正的改变，还要等到 2015 年股灾痛定思痛之后的变革。

世界银行业秩序重构之下，中国的金融领域，也即将进入顶层设计与重大改革的新阶段。

第三篇

第九章 **银行业新顶层设计的确立**

> “必须把创新摆在国家发展全局的核心位置”;“让创新贯穿党和国家的一切工作”;“让创新在全社会蔚然成风”。
>
> ——十八届五中全会

巨变的前奏曲:“股灾”

“见过千股跌停，见过千股停牌，又见过千股涨停，从此股市人生完整了。”很多股民在回望2015年的投资经历时如是总结，对于中国资本市场的投资者们来说，2015年注定是一个值得铭记的年份。在这一年里，几乎每一个投资者，都随着股市的红绿K线起伏，经历了路径不同结局相似的“悲喜人生”。

2015年6月12日盘中，上证指数创出了2008年全球金融危机以来的新高5 178.19点，较2015年初上涨近2 000点，创业板更是牛气冲天，最高平均市盈率（股价与每股收益之比）竟已达到160倍。当4月初“4 000点才是A股牛市起点”的言论言犹在耳，不少普通投资者正在盘算着如何向股市增加投资、如何花掉投资收益的时候，市场以一种前所未有，也是突如其来的方式急转直下。从6月15日开始，大盘开始了长达3个月的下跌，上证指数从5 178.19点跌至最低的2 850点，创业板指数从4 000点跌至1 779点，指数腰斩的背后，不少前期经历了大幅上涨的个股跌幅更为惨烈，上市公司为了避免连续跌停纷纷申请停牌，“千股跌停”与“千股停牌”的“奇观”让市场氛围颇为吊诡。

对这段时间的市场，媒体有这样的统计。

> 3个月之内，A股出现了16次大面积跌停。如以交易日计算，则是平均4个交易日就会见到一次千股跌停。而千股跌停之后，又是千股涨停的迅速切换。每遇股市大跌，上市公司纷纷停牌自救。据统计，自6月29日至7月7日，沪深两市多达近千家上市公司发布停牌或申请停牌等公告。这意味着，7个交易日之内，至少有30%的公司处于停牌状态。

这样的状况，甚至在国务院介入，证监会、央行等多部门联合出台稳定市场的措施后，仍没有得到根本性改变。IPO暂停、主要券商启动稳定市场基金、上市公司回购股票、允许养老基金投资股市、“国家队”资金大手笔买入蓝筹ETF基金（交易型开放式指数基金）、调查做空者、逮捕“谣言”散布者、央行“双降”放松银根等一系列被人们称为“救市”的组合拳，最终以证监会原主席助理、“救市行动”总指挥张育军的落马而告一段落。

如同过山车般的此轮牛市，始于人们对新一届政府的改革成果预期。在所有人都期待“改革牛”慢慢开花结果的时候，市场却突然变成了一头发狂的疯牛，在没有充分的实体经济基本面支撑的情况下，一路狂奔，急上急下。当梦魇般的股灾过去后，人们开始发现，这种中国过去从未见过，甚至在世界上都不多见的状况，背后若隐若现的，是杠杆的魅影。

杠杆要从融资融券业务说起。融资融券，简而言之就是投资者以资金或证券作为质押，向证券公司借入资金用于买进股票或者借入股票用于卖出做空的交易手段。2010 年 3 月 31 日，上海、深圳交易所正式接受 6 家试点券商的融资融券交易申报，融资融券交易进入市场操作阶段。2013 年，由于市场环境不佳，多家券商为了刺激交易，又进一步降低了两融的参与门槛。这项在熊市中并不起眼的制度，却成为股市上涨的重要推手。在“股灾”来临前，市场融资余额已达万亿，对于股市的推动作用显而易见。

更大的魅影来自一款叫作“伞形信托”的创新金融产品。所谓伞形信托，就是搭建了一个信托账户下设多个虚拟子账户的体系，甚至子账户下还有多级账户，通过层层下设账户的方式，大大降低了信托的准入门槛。很多配资公司或者中间人的参与，进一步加剧了市场的混乱，普通投资者甚至只投入三五万资金，就可以参与信托的状况在 2015 年屡见不鲜。

降低门槛的同时，伞形信托还撬动了大量资金从银行入市。银行通过发行理财产品，以认购信托计划优先级受益权的方式，借道“创新”涌入股市。而参与配资的个人投资者，则用少量资金，以两倍、三倍，甚至高达四倍、五倍的杠杆，大量参与股票投资。这场发端于2014年的大牛市，成为又一场全民参与的非理性狂欢，而由于伞形信托、银行理财和配资的参与，使得牛市之后的下跌也比以往任何一次来得惨烈，波及也更广。

“股灾”过后，金融科技也成为“千夫所指”的对象，恒生HOMS系统（恒生订单管理系统）首当其冲。这家由蚂蚁金服控股的上市公司，度过了风光的2015年上半年之后，如同股市一样，迎来了难熬的下半年。“股灾”过后，人们开始把矛头对准这家为配资提供系统支持的科技公司。“HOMS只是一个技术的手段，并不能从根本上改变市场的运行轨迹和趋势，真正的元凶还是我们的体制和运行机制。”在来势汹汹的舆论面前，辩白显得苍白无力。HOMS为配资公司提供的资金优化服务，将伞形信托二级账户的资金余额使用效率发挥到了极致。纵然系统供应商应该满足客户的需求，然而在现实中，一家已经开始对市场产生影响的公司，还只是客户说了算吗？如同打着金融创新旗号大肆泛滥的伞形信托一样，技术，真的只是技术吗？

2015年7月，监管层发布《关于清理整顿违法从事证券业务活动的意见》，要求券商彻底清除违法违规的配资账户，伞形信托正式退出证券市场。成也杠杆，败也杠杆，成为此轮“改革牛”

的重要注脚。

泡沫破灭带来的余波远未结束，"去杠杆"的过程是痛苦的，一系列连锁反应开始出现。第一张倒下的重量级多米诺骨牌是中国农业银行北京分行39亿票据大案。这起票据被废报纸替换，资金通过中介转贴部分进入股市，而最终造成损失的案件，因其金额大、涉及跨地区多家银行而震惊全国。

多米诺骨牌效应是明显的，一如金海腾在听闻39亿票据大案时所言，"这还只是刚刚开始"。"股灾"过后的一年多时间里，中国银行业大案频发，越来越多的案件，也间接地回答了推动股市上涨资金来源的问题，成为2017年"强监管"时代来临的序曲。

"十三五"规划的关键词：创新与转型

2015年，是中国确定第十三个五年规划的年份。在这一年10月的中国共产党十八届中央委员会第五次全体会议上，《中共中央关于制定国民经济和社会发展第十三个五年规划的建议》得以通过，只待2016年人大会议批准后即可实施。

五中全会通过的这一规划，在"一张蓝图绘到底"的构建式战略之下的，真正意义的"中国2016—2020五年战略行动路径"。及至规划发布之时，人们发现，这次的规划有了更多"站在未来"的前瞻性布局和更加全面的顶层设计意味。这份规划中，"创新"一词共出现了71次，"改革"出现了52次，创新成为第一高频词。"必须把创新摆在国家发展全局的核心位置”，“让创新贯穿党和国家的一切工作”，“让创新在全社会蔚然成风”的表述贯穿规划全篇。所有研究者都不约而同地认为，“十三五”规划更加强调调结构、转方式、促创新，从经济增长、产业结构、农业、改革、绿色协调发展及民生六大领域勾勒出了全新的改革路线图。

在十三五规划提交五中全会之前，2015年5月19日，引人瞩目的《中国制造2025》正式印发。是年两会的《政府工作报告》即首次提出了“中国制造2025”的宏大计划，这份在后来被美国政府多次引用作为贸易战依据的计划，在当时被普遍认为同“十三五”规划一脉相承，相互呼应。这样的认识来源于决策层对产业转型与“跨越中等收入陷阱”的思考，提升中国制造的核心竞争力，也奠定了中国2016—2020年发展的主基调。

如果说，在过去的两三年里，企业家们在感受到“三期叠加”压力的同时，还在观望“新常态”，寄希望于回到传统“周期”的话，那么在2015年，无数在传统领域风生水起的企业，开始真正进入转型进行时。以至于有人说，转型这个词在2013年被说烂，在2014年被说醒，在2015年被说透。2015年，注定是中国传统企业转型元年！

但转型并非在此时才发生，先行者的脚步已行至中局。2015年末，“2015福布斯中国新制造先锋”榜单发布，一位来自佛山的企业家收获了一份沉甸甸的荣誉。这位与格力董明珠、娃哈哈宗庆后、海尔张瑞敏等知名企业家同在榜单的，是尚品宅配董事长李连柱，而尚品宅配，也成为当年家居行业唯一入选的企业。

20多年前，当李连柱辞去华南理工大学老师职位下海的时候，他只是开办了一家软件公司。而今天，他的公司已经成为中国制造业向“工业4.0”迈进的典范。从软件行业到家具定制，对于新制造的探索始于2009年。李连柱在第十二届中小商业银行CEO论坛的演讲中向银行家们详细解读了尚品宅配的创新之路，“工业4.0真正的目的是解决大规模生产完全个性化东西的问题”。

> 新制造是怎么出现的？是新零售倒逼的。家居定制的前端要为不同顾客做完全不同的东西，然而传统的生产方式没有办法同时生产几十万件完全不同的东西，因此制造环节必须做出改变！在工业4.0的制造环节里，我们的家居是由板材构成，原始板材有属于自己的身份证也就是二维码。所有的板材经过加工流水线时会通过二维码扫描自动被识别，机器会自动调出加工这块板的加工程序，这个过程没有任何人的参与。
>
> 机器加工经历了三个阶段发展，第一阶段是人输入程序指挥机器进行工作；第二阶段是让机器指挥人，工人不需要思考只需要根据机器的指示进行简单的操作，机器自己完成其余复杂的操作；第三阶段，完全由机器取代人，机器指挥机器进行生产制造。信息化与工业化的深入结合可以大规模生产每一个完全个性化的零件。我们工厂现在每天生产大概100多种颜色、45万件完全不同的零件。传统的制造模式是完全不可能的。

所以未来企业竞争力从根本上讲一定取决于软的东西，即软件或者信息系统。

彼时的中国银行业，对制造业的转型还浑然不觉。当“李连柱们”试图敲开银行大门，期待跨界合作的时候，银行行长们却还沐浴在传统产业的余晖中。及至今日，人们仍然没有看到银行领域出现如海尔一般彻底的组织革命。“李连柱们”仍在奔走，“由于政策的限制，银行提供的各种理财产品、服务思路其实都很类似……接下来我们公司会在全国范围内围绕装饰行业从主材、辅材，到定制家具通过共享平台形成非常好的供应链，在这个过程中我们可能需要大量的展厅及大量的装修公司，最后形成良好的生态圈”。——这会不会是我们银行的机会呢？

不少银行在这个时期，正在制定自己的三年或五年发展规划，但是如金海腾所言，“如今政府已将创新作为发展的第一动力，而银行仍宁可为落后的产能买单，也不愿为创新付出代价”。

此时的十三五规划中，银行已然缺位。

“互联网+”加了什么

2015 年注定是一个创新概念迸发的时点，“互联网 +”在这一年成为热词。这个由腾讯创始人马化腾提出，已在互联网领域流行多时的概念，成为国家战略。

2015年3月,“互联网+”写入政府工作报告；7月，国务院印发了《国务院关于积极推进“互联网+”行动的指导意见》；10月，十八届五中全会审议通过的十三五规划建议，明确提出实施网络强国战略，实施“互联网+”行动计划。

“互联网+”的提出，结束了坊间与业界到底是“互联网+”还是“+互联网”的概念之争，也正是从这个时点开始，互联网大踏步地融入了我们的生活，“跨界”与“融合”成为商业领域的主流业态。

吉林省蛟河市农户们对“互联网+”的感知切实而深刻。2015年，这个经济并不发达、常住人口不足40万的农业县，作为阿里巴巴“农村淘宝”(简称“村淘”)计划吉林省第二家试点，跑步进入了“互联网+”的时代。

时至今日已覆盖全国29个省、超过700个县的村淘，对于当时的农村而言，还是非常新鲜的存在。时年26岁的鞠志洲，是该县前柳村的一名普通村民,他怎么也没想到,自己会有机会成为“阿里巴巴的人”。就在2015年初，在县乡政府的推广下，抱着试一试的心态，他报名成为村淘前柳村服务站的负责人。

经过严格的筛选与培训，鞠志洲的村淘服务站开业了。这个服务站通俗地说就是线下村淘店，一台电脑、一台展示商品信息的电视、几张桌凳，村淘店就开业了。村淘服务站负责人就是店主，他们负责向农户推销商品，协助农户支付购货款、收购农产品等。阿里规定，该村范围内在村淘平台上发生的所有交易，都归属村淘店，而村淘店的每一笔订单，阿里巴巴都会分给店主一定的提成。同时，阿里在县城建立了物流中心，利用菜鸟物流将商品免费配送到农户家中。

鞠志洲的店开业没几天，左邻右舍听说了村淘，纷纷来他家打听，当得知网上东西价格便宜并送货上门时，找他来代购的人越来越多。为了帮村民找到既便宜又好用的商品，鞠志洲常常在网上货比三家，十多天的时间，他已接单 4 000 多元。

前柳村 7 队的柳玉龙又找到了鞠志洲。不久前，他花 45 元买了一个电水壶，商品 4 天就送到了家。这回，柳玉龙想选一款智能电饭煲，“我想买个能定时的，这样即使在地里干活回来晚了，也能吃上现成饭”。在鞠志洲的推荐下，柳玉龙很快就选中了一款 269 元的 3 升智能电饭煲。柳玉龙说，以前买东西，只是家附近的几样，很多新鲜东西都没见过，这回好了，全国各地的产品在家门口都能买到。村淘的价廉物美不仅体现在家电、服装、日用等消费品上，平台还销售农药、化肥、种子、农膜等农资商品，其商户有门槛准入，以确保商品质量，平台不定期推出的特卖活动，更是让产品价格降至“冰点”。

每一枚硬币都有两面。对于“互联网 +”而言，像村淘一样的新商品流通模式折射出传统商业的窘境。当价廉物美的商品通过现代化的物流体系配送到农户家门口时，还有多少人会像过去一样，到县城买家电、去乡镇买饲料和化肥？如果说村淘的商品销售，是淘宝在农村地区的延伸，那通过服务站实现“村货上网”，把当地的土特产品销往全国，则是“互联网+”对传统商品流通模式更为重大的冲击。互联网巨头阿里，已经开始主动利用自己强大的商业信用，为特色农产品进行背书与代言。显然，未来人们更为放心这样的产品直供模式。

同传统商业一同陷入窘境的是银行。村淘甫一进入，就引起了当地农商行的警觉与恐慌，因为他们发现，过去自己所熟知的客户行为正在发生变化。当年逾六旬的农户都已经在村中年轻人的带动下，开始用村淘购买生活用品，当县城里零售业变得门可罗雀，对于以农户和商户为主要客群的小型银行来说，变革已势在必行。

“互联网+”对银行的冲击来得比预想的更快。在进入蛟河市仅仅半年之后，阿里已经向村淘店主们展开了线上授信，店主们只需要轻轻点击鼠标，就可以获得用于日常经营的贷款。随之而来的，还有消费端花呗产品及一系列财富管理产品的跟进。

当越来越多的领域被“互联网+”，形成覆盖人们衣食住行真实场景的线上线下体验时，物流与资金流的闭环真正形成，金融服务的叠加也就成为势不可当的必然。当时的人们或许还没有意识到，仅仅两三年之后，人们在打车软件滴滴上，都可轻松获得贷款。这一时期成功的“互联网+”企业，最终都通过数据积累，或多或少在未来涉足了金融产业，而银行，则只能仰赖它们融入客户的生活。

“互联网+”彻底改变了人们对跨界的认知。在很长一段时间内，跨界与多元化一直被认为是企业经营中需要慎之又慎的词语，然而在互联网时代，当电商涉足供应链金融、线上 OTA（在线旅游）平台开始推出旅游分期产品、物流企业开始上线金融板块……人们发现，行业细分已不再是跨界的壁垒，围绕着企业和人所构建的新型服务体系，才是这个时代的主旋律。

在这个互联网与数据无处不在的时代，获得贷款已完全超脱了“特权”的范畴，成为每个有信用的普通人如同吃饭、睡觉一样的基本权利。资金融通融于物流的全过程，金融服务成了物流的附属。

银行，做的是金融服务业，是服务，而服务早已不是端茶送水、迎来送往和只要微笑就可以了。

难道，不是本该如此？

存贷比的“远去”

新陈代谢是普遍的、不可抗拒的趋势和规律，旧事物的消亡和新事物的产生是必然的，不以人们的意志为转移。新生事物大量涌现的时候，也是我们所习以为常的旧事物开始退出历史舞台的时点。对于银行业而言，2014 年即开始征求意见的《商业银行法》修改终于在 2015 年落地，或许悄然拉开了银行业制度设计层面“新陈代谢”的序幕。

我国现行的《商业银行法》自 1995 年出台以来，实施已近

30年，上一次修改与调整，还是在2003年我国银行业监管改革的背景之下。在这部商业银行领域的“基本法”中，已经有一些条款不适应快速发展的市场了。在立法的彼时，互联网金融、各类同业业务、混业业态等都尚未成型，而时至今日，这些商业银行早已深度参与的领域，更多依靠监管部门的规定与通知来规范。诚如质量互变规律告诉我们的一样，当质的规定性已不适应实践发展的时候，制度就应该进行相应调整。2015年8月29日，全国人大常委会表决通过了关于修改《中华人民共和国商业银行法》的决定。在这份短短百余字、只有两条修改意见的决定中，正式取消了实施20年的商业银行存贷比指标。

存贷比指标产生于20世纪90年代，是我国国民经济体系与商业银行体系向市场化转轨过程中的产物。

在20世纪90年代初，存款不足长期困扰我国银行业。商业银行主要通过央行再贷款来进行贷款投放，长期处于贷差状态，即存贷比大于100%。

1994年，我国出现了高达24%的通货膨胀率，为防止出现兑付危机，人民银行适时发布了《关于做好1994年信贷资金管理工作的通知》，决定对金融机构实行有条件的资产负债比例管理，以严格控制信贷总量。

1995年，我国颁布《商业银行法》，将存贷比作为银行主要的流动性监管指标之一，并规定“贷款余额与存款余额的比例不得超过 75%”。

从 1998 年开始，首先面向国有商业银行实施了这一制度。

在存贷比推出后的很长一段时间里，银行业的实际水平都高于 75% 上限。从 2004 年之后，随着存贷比下降到 75% 以下，监管层面对该指标的执行也开始趋于严格。

时过境迁，当年银行业“一边倒”的贷差情形已发生了根本性变化，由于地区发展因素、自身体量因素及所处发展阶段的不同，在一些银行存贷比仍高的同时，不少银行面临着贷款投放难的问题。存差与贷差同时出现，单一存贷比指标已经无法满足管理的需要。这一时期，不少农商行受益于整体相对宽松的流动性和县域经济大发展，存款出现大增长，贷款投放速度则远远跟不上存款增速，不少银行的存贷比甚至降至 40% 以下，在一些银行的经营目标中，新增存贷比不低于 60% 已成为一项重要指标。而另一方面，随着近年来金融市场业务的快速扩张，银行的负债来源、资产运用日趋多元，同业负债的增加，传统存贷款业务在资产负债中的占比下降。存贷比监管强调总量规模配比关系，忽略了期限、性质等更为重要的信息，已难以准确评估头寸波动所带来的流动性风险，作为衡量流动性状况的监管指标已显得“过时”。

在“为了指标而指标”的情况下，不少银行为了应对存贷比的硬性约束，往往出现月末、季末“冲时点”，存款“大搬家”，贷款“大腾挪”等各种怪现状，亦开辟了一些“旁门左道”。取消之前的存贷比博弈，成为监管部门与银行之间众多“猫捉老鼠游戏”中的又一个典型事例，也是表外业务与影子银行快速发展的众多间接推手之一。在负债方面，银行通过各种理财产品变相提高利率，在资产方面，银行通过与信托、资管等机构合作，创新同业业务模式，将贷款“出表”，使得表内存贷比指标成为可以“调节”的摆设。

监管部门对存贷比指标的“修补”也从未停止。

> 2010 年末，银监会正式发布《关于印发 2011 年非现场监管报表的通知》，调整新增月均存贷比监管指标的计算方式。
>
> 2014 年 6 月，银监会发布《关于调整商业银行存贷比计算口径的通知》，在计算存贷比分子（贷款）时，从中扣除了 6 项内容；在计算存贷比分母（存款）时，增加了两项内容。
>
> 2014 年 9 月，银监会、财政部、人民银行联合发布了《关于完善商业银行存款偏离度管理有关事项的通知》，设置月末存款偏离度指标。
>
> 2015 年 1 月，人民银行发布《关于调整金融机构存款和贷款口径的通知》，将非存款类金融机构存放纳入“各项存款”统计，将存款类金融机构向非存款类金融机构的存放款项纳入“各项贷款”统计。

如此密集的调整，既有减轻银行存贷比压力的考虑，也有真实反映商业银行流动性状况的目的。多重目标的约束下，监管者也越发进退维谷，甚至是被商业银行的实际经营状况倒逼调整指标计算口径。在这样的背景下，从21世纪初沿用至今的存贷比指标，已经必然要走进尘封的历史中了，取而代之的，则是基于流动性风险管理的全新体系。

存贷比取消只是金融改革大潮中的一朵浪花，是银行业监管制度框架中新陈代谢的一个案例。那时，相信大多数银行家并未意识到，取消存贷比不只是取消监管层面一个僵硬的约束，而是在向银行业过去所熟悉的业态告别。当长期以来困扰银行家们的一个个“紧箍咒”消失，银行经营者拥有更多自主权的时候，是否意味着银行经营逻辑与经营理念的根本性转变？到底是“存款立行”还是“资产立行”，对这个问题的讨论与实践至今仍在持续。更为重要的是，我们的监管指标和商业银行自我评价的指标中，到底还有多少个“存贷比”？

金融改革的顶层设计，正在接近突破的关键节点。

利率市场化的“临门一脚”

早在2012年，第七届中小商业银行CEO论坛就围绕利率市场化对商业银行的冲击进行了深入探讨。彼时，大多数银行对于利率市场化的认知，还停留在“只听楼梯响，不见人下来”的阶段。曾荣膺中国最佳卖方分析师的张化桥在谈到利率市场化时回忆说，他们还在人民银行研究生部完成硕士论文时，利率市场化即是热门话题，没想到20多年过去，利率市场化仍在进行中。

这个“进行中”的状态，终于在2015年迎来了“临门一脚”的重要突破。千呼万唤中，曾几度加速推进，后又几度被搁置的存款保险制度，终于在这一年的5月1日起正式施行。自1993年开始酝酿，到2015年最终实施，存款保险制度的落地经历了22年的“长跑”。自此，我国成为全球第114个建立存款保险制度的国家或地区。

> 存款保险是一种金融保障制度，由符合条件的各类存款性金融机构集中起来建立一个保险机构，存款机构作为投保人按存款的一定比例缴纳保费，建立存款保险准备金，当成员机构发生经营危机或面临破产倒闭时，存款保险机构向其提供财务救助或直接向存款人支付部分或全部存款，从而保护存款人利益、维护银行信用、稳定金融秩序的一种制度。

作为利率市场化改革最重要的制度保障，存款保险制度的建立，将利率市场化改革完成后可能出现的利率波动、部分银行负债受冲击等对存款人可能的影响降到了最低。同世界其他国家类似，我国的存款保险制度也具有强制性、风险差别费率和限额保险的特征。其中最受存款客户关注的是限额，目前，存款保险制度规定一旦银行发生兑付问题，其将向存款人“限额偿付”最高为50万元人民币。在存款保险实施的2015年，存款余额在50万以下的账户数量占全部账户的99.70%，而这些账户的存款总金额则占到了全部存款的46.08%。

这是一项牵动着市场各方“神经”的制度安排，除了对存款人利益的保护，其对市场参与者心理的影响和预期的改变，远胜于制度本身。中国人民银行原副行长吴晓灵曾说：“存款保险制度的推出实际上给大家最大的启示就是：你到哪家银行存款都是存在风险的，因为其是有限赔付。所以，应该挑金融机构，通过对比，选择好的、稳健的金融机构，而不是看哪家机构利率高就把存款放到哪家去。”正是因为有了存款保险，人们所习惯的“刚性兑付”预期，正在慢慢被打破。

对于银行而言，大型商业银行与中小银行的反应截然不同。相较于国有银行、股份制银行等“大块头”的淡定，不少聪明的中小银行，特别是小型农商银行和村镇银行，把加入存款保险作为了一次营销良机。“鸡蛋不能放在一个篮子里”“每家银行每个账户最高赔付50万”“本行已加入存款保险制度”等宣传口号成为这一时期小银行吸收存款时的一个重要卖点。存款保险的出现，并没有让小银行马上感受到可能破产的危机，反而使在中高端客户竞争中处于弱势的它们，找到了能够与大银行“同场竞技”的平台，这个平台，正是借由存款保险制度所形成的信用背书。当所有银行都被置于存款保险之下，在股东背景、国家信用隐性担保之外，其对中小银行的增信作用是显而易见的。

对制度设计者而言，存款保险则是开启了新的“两难”命题，这个并非万能的制度，绝不是风险的豁免。制度设计者们在执行中既要避免“大而不倒”式的裹挟，也需要考虑破产事件真正发生时存款保险基金本身的流动性。如果存款保险本身都出现偿付危机，或难以覆盖风险，这项制度的信用根基被动摇，那么制度的作用就大大减弱了。

2007年1月4日，台湾力霸集团宣布其旗舰企业力霸股份有限公司及嘉新食品化纤股份有限公司巨额亏损，并向法院申请了破产重组。消息发布后，力霸旗下的“中华商业银行”爆发挤兑。1月6日，台湾“中央存款保险公司”接管了“中华商银”。但存款保险公司并未直接兑付储户存款，而是安排投标寻找“中华商银”的“接盘者”。在当年7月投标失败后，12月14日，存款保险宣布，将向汇丰控股提供新台币474.9亿元用于补偿该公司收购“中华商银”。这是台湾金融史上著名的破产事件，存款保险为收购所做的补偿，对存款保险本身造成了巨大压力，使存款保险元气大伤。直到今天，台湾金融界资深人士仍然对“中华商银”的破产事件心有余悸。

存款保险，不同于一般保险公司，它对预期的改变远远超出了实际兜底赔付的能力。

相比市场参与者们的关注，很多分析人士担心的是银行成本的增加。从今天回看，存款保险对银行盈利的负面影响，反而是很小的。但存款保险制度的推出，却实实在在地使利率市场化进程加速。

2015年5月11日，央行将存款上限浮动区间由1.3倍扩大到1.5倍；6月2日，央行发布了《大额存单管理暂行办法》，商业银行在传统存款、同业拆借、同业存单等方式基础上增加了更加主动的产品；6月15日，工商银行、农业银行、中国银行、建设银行等9家市场利率定价自律机制核心成员成为首批大额存单发行单位；7月30日，中国外汇交易中心发布了《关于扩大大额存单发行主体范围的通知》，大额存单发行单位扩大至102家。按照央行"先大额，后小额"的改革思路，利率市场化的最后一公里将集中在小额存款利率的完全放开。

当年的对存款保险制度本身的思考曾热闹非凡，而今看来，存款保险制度本身对银行的自我约束与市场化改革的意义，远大于其他。存款保险制度将过去政府对存款的隐性担保显性化了。推出存款保险的意义恰恰在于，打破了刚性兑付，弱化了政府担保。

在金融改革之路上，存款保险真正成为利率市场化的桥头堡。

第十章 为什么资产荒

> "资产荒"从根本上讲，是银行业传统经营模式没有跟上经济发展新模式所造成的。
>
> ——金海腾

不良资产卷土重来

因为严重的厄尔尼诺现象，2015年的12月异常寒冷，但"不良资产不相信眼泪"的创业故事却正在如火如荼地进行。

陕西、湖北、湖南、温州……2015年12月下旬的短短11天，全国范围内已筹划成立4家地方资产管理公司（AMC）。算上2014年7月和11月的两批和2015年当年12月之前的那一批，国内地方资产管理公司数量已超过20家。其中，温州版地方资产管理公司——光大金瓯资产管理有限公司，是首家地市级"坏账银行"。

资产管理公司常被戏称为“坏账银行”，干的是折价收购银行不良资产并进行处置变现的工作，与全国性资产管理公司相比，新成立的省级资产管理公司在处置不良资产时具有本地化优势，能更多降低不良资产的处置成本并提高不良资产的处置效率。

资产管理公司就像是银行的背面，它们的热潮折射了银行业的经营正面临着不良资产的巨大压力。

以温州为例，温州银监分局统计数据显示，温州银行业从 2013 年一季度末至 2015 年二季度末，连续 10 个季度不良率超过 4%。截至 2015 年三季度末，该市银行业不良贷款率仍高达 3.86%。

温州的情况只是长三角不良贷款“灾区”的一个缩影，而这个缩影又只是 1999 年来第二轮不良资产大爆发的开端。

2015 年 11 月 12 日，银监会公布的统计数据显示，截至 9 月末，商业银行不良贷款 11 863 亿元，不良贷款率 1.59%。业界指出，中国银行业的不良贷款余额和不良贷款率已经持续十多个季度保持“双升”状态。11 月 24 日，四大资产管理公司之一的东方资产管理公司发布《2015：中国金融不良资产市场调查报告》，报告中称，商业银行不良率上升还会持续 4 ~ 6 个季度。有一半的受访者认为其所在地区银行类金融机构不良贷款率最高超过 3%，甚至有两成受访者认为这一数据超过 5%。

这轮不良资产的爆发起始于东部，在 2011 年触达不良率的历史低点之后，东部地区的不良率就一直在稳步攀升，重灾区依旧是制造业、批发和零售业两大行业领域，尤其钢贸业更是重中之重。

2013 年上海法院共受理一审涉及钢贸金融商事纠纷案件约 3 700 件，同比增长约 5.5 倍，收案标的金额达到了 230 亿元，占前一年金融商事纠纷案件标的总金额的 51.4%，同比增长约 3.4 倍。

到了 2015 年，中部和西部的不良贷款也一同爆发出来，平均不良率都超过了 1%。这年全国共有 7 个省市的不良贷款规模相比前一年翻番，分别为甘肃、云南、重庆、青海、陕西、广西、贵州，其中甘肃增幅最高，达到 239%。从不良贷款总规模看，西部、中部和东部分别为 2 486 亿元、2 170 亿元和 7 463 亿元，其中东部地区的不良贷款规模占全国不良贷款的比例超过了 58%，远超中西部之和。

浮出水面的不良贷款还只是冰山一角，翻开各家银行的财务报表，未计入不良贷款但是已经发生欠息的关注类贷款，甚至是已经发生不良贷款但是通过种种手段转移到表外的贷款，往往是披露出来的不良贷款的数倍之多。全国的银行都面临着严峻的化解不良风险的考验。

与 1999 年的那一轮不良资产不同，这一轮不良资产的大爆发有着诸多新的特点。

一是经济进入新常态，宏观经济的低迷，GDP 增速进入 L 型走势，再加上国际市场仍未从金融危机中完全恢复，外需内需同时陷入低迷，需求的不景气导致市场上资产的价格一直处于低位。

二是货币政策收紧，从四万亿的狂欢到信贷的收紧，使得很多企业的资金链瞬间断裂，而基准利率一直在缓慢上升，影响企业后续的生产成本和融资成本，大大增加了企业的还债压力。

三是各类经营主体都面临困难，供给侧改革导致行业的产能普遍过剩，再加上同行业之间的竞争加剧，以及人工、能源成本提升，或者因为经营管理不当而导致的长期低效率发展，不论是国有企业还是民营企业日子都不好过，企业要恢复正常经营难度较大。

四是不良资产爆发的普遍性和延续性，自从2013年以来不良资产的冒头就从未停止，从东部到中部和西部，没有一个省份可以幸免，从五大行到全国性股份制银行和地方性中小银行，不论这家银行过往表现的风控水平多么高都无济于事，几乎没有一家银行可以在这轮不良资产爆发中独善其身。

银行家们断言，这一次的不良资产爆发背后的根本是宏观的因素。价格周期、金融周期、经济周期的互相交织，企业本身的困难和金融机构自身的问题互为因果。从2012年1%左右的不良率和近300%的拨备覆盖率，到2016年1.7%的不良率和下降到180%以下的拨备覆盖率，商业银行也只是时代大潮中被裹挟的一分子。

根据中国银监会的数据，从不良贷款总额来看，2016年五大行的不良贷款余额是其他所有银行的总和；而不良率方面，和其他类别的银行相比，中小银行的不良率也并没有显著地增加，五大行、股份制银行的不良率都在1.7%，城市商业银行仅1.5%，只有农村商业银行略高，达到了2.5%。

虽然从数据上来看，中小银行面临的不良贷款压力似乎和大型银行类似。但由于中小银行资产总额较小，资本金实力较弱，抵抗风险的能力明显较低，这一轮危机中受伤最重的无疑还是地方性中小银行。

大部分中小银行的风险管理能力远不如大型银行。除了那些身在一二线城市或者发达地区发展较快的，其他中小银行在客户经理的调查能力、审批人员的辨别风险能力、风险管理流程的完整性、制度的有效性、风险管理架构的全面性、科技和数据对风险管理的支撑能力等方面有全方位的差距。而在处置不良资产方面，地方性中小银行大多又没有1999年那一轮不良资产的处理经验，类似不良资产支持证券之类的新手段运用也相对较少。

另一方面，中小银行的资本补充渠道有限，无非内源性融资、原股东继续注资、含有减记或转股条款的资本工具、公开上市、寻找战略或财务投资者等。其中内源性融资和原股东继续注资是在实践中运用相对较多的，而不良资产会在损害内源性融资能力的同时，使得银行被迫持有大量非生息资产，严重削弱银行的资本充足率，对未来寻求新的投资者或者公开上市也有不利影响。

当中小银行面临不良资产时，中小银行的经营压力要远大于大型银行。有些中小银行甚至喊出了“全行清收”的口号，不惜暂停全行正常业务的发展，集全行之力压降不良，这种非常态的方式折射的恰恰是中小银行面对不良资产时的压力和恐慌。

可以说，不良资产对于任何一家中小银行都是一件事关生死的大事。不良资产所反映出的风险管理能力的不足对中小银行更是头等命题。这道题背后的解法是理念、是人才、是制度、是流程，是一长串复杂的根植于中小银行基因深处的选择，要想做出一个漂亮的解答并不容易。

战略定力也能趋利避害

当不良资产集中爆发，银行将原因纷纷归咎于宏观环境和经济周期性因素，我们暂且不去辩驳这个观点。

覆巢之下，有完卵乎？

答案是：有。

位于江苏省泰州市靖江县的一家小城商行——江苏长江商业银行或许能给我们一些借鉴。

江苏长江商业银行，一般简称为长江银行，身处江苏中部的一个县级市，区域市场不大；资金规模不大，不过300亿元左右，能投入的资源也是非常有限。但是从2011年至今，这家规模虽小名头却很大的县级城商行始终把不良率控制在一个非常低的水平——除2016年，都在1%以下。

它是怎样做到的？

作为一家小银行，长江银行的风险管理体系也存在着大多数中小银行共同的问题。比如：风险管理部和合规管理部两部合一变为风险合规部，这从节约成本的角度考虑倒也可以理解，但是人手不足所带来的对市场风险、操作风险的控制手段不够到位，对问题贷款的责任认定和后续处理结果的追踪也稍显薄弱等是需要引起重视的。

再从制度管理的角度去看，比如：定期编制全行风险管控报告，落实总行风险管理委员会决议案，建立、研究各类风险识别监督范围、计量方法、管理政策及工作流程并监督实施，制定资信等级评价体系并检测评定体系运行情况等工作也都需要有改进的地方。

诸如此类，监管部门检查或者银行自查时发现的常规问题，长江银行也不是没有。

但是长江银行做到了一件事，这让它们做到了让众多银行为之注目的极低不良率——对小微业务十年如一日不懈维护。

长江银行将小微业务视为安身立命之本，心无旁骛。他们无视房地产行业、过度扩张产业、存款高回报企业的诱惑，既不“垒大户”也不“锦上添花”，避免了介入产能过剩行业、高能耗产业的风险。外部的经济波动和产业的兴衰甚至无法动摇长江银行的业务。

根据小微业务的特点，长江银行的风险管理架构已形成了一个较为完整、务实的组织体系，在文化上营造“不想为”的氛围环境，在系统建设上打造“不能为”的工作环境，在管理上形成了“不敢为”的高压态势。

> 采用派驻蹲点制度、行纪行风报告制度、巡查调研制度、个别谈话制度、分支行走访情况通报制度、新行员“行史”教育等方式打造“不想为”的氛围环境，通过建设核心业务系统、信贷系统、票据系统、统计系统、事后监督系统等打造“不能为”的工作环境，通过上线操作风险系统、事后监督、监视系统等形成“不敢为”的高压态势。

长江银行设计并坚持了适合自己的风险管理制度，在调查过程中遵循实质大于形式原则，坚持贷款用途的真实性，杜绝迎合客户过度授信贷款。双人调查注重眼见为实，通过风险经理前置来了解风险，通过方案制定来限制风险，通过贷后检查来控制风险。

在管理体系上，总行采取垂直管理模式，长江银行各分支机构的出账岗、风险经理由授信评审部统一派驻，内控副行长由总行直接管理，设立了三位一体的垂直控制框架。通过内控制度、业务管理制度、监督评价制度等，长江银行做到了对业务全范围、全流程的覆盖。

每家银行都有制度，但不同之处在于执行的程度。长江银行强化了制度执行，视信用风险为生命线，视市场风险为底线，视操作风险为高压线的效果。

在异地分行开设的选择上，长江银行也不走寻常路。

放着繁华的苏南地区不去，长江银行主动将自己的分行开到了宿迁、盐城等苏北城市。理由很简单，苏南地区虽然经济好，但是竞争太激烈，股份制银行和其他城商行农商行扎堆，反而是苏北城市的小微经济很发达，又不太被大行重视，做小微业务同样大有可为，比如，盐城是全江苏省个体工商户数量最多的城市，就蕴藏着可观的市场。

后来，当它们开出在苏南的第一家无锡分行时，长江银行董事长朱惠健反复叮嘱即将到任的分行行长："不要和其他银行去比，重要的是做好我们长江银行自己的小微业务。"

所有的细节凝结成了长江银行适合并坚持做小微业务的风险文化，而风险文化只是长江银行独特企业文化的一个缩影：

> 早上 7：40 就开门营业。
>
> 员工的笔记本是类似小学生作业本的软纸封面，价格大概不到 1 元。
>
> 总行电梯的地板是廉价的复合地板，已经磨损得很厉害。
>
> 办公楼也远远不够富丽堂皇，甚至有些昏暗寒酸。
>
> ……

凡此种种，与众不同，又行之有效。

另一家老牌全国股份制银行广发银行的风险管理则是另一番景象。

早在 2006 年美国花旗集团就入驻广发银行，从行长到首席风险官都是由花旗总部直接派驻，从风险管理的理念、架构到流程、制度、模型都严格借鉴了花旗银行的风险管理经验。花旗银行是全球领先的金融集团，按理说向花旗学习的广发银行风险管理水平在国内首屈一指。但是广发银行在同类全国性股份制银行中排名靠后，净利润则在 2015 年就出现了大幅度的倒退，ROA（资产收益率）和 ROE（净资产收益率）曾一度下滑。

来自花旗的高管对中国的情况并不熟悉，导致其在战略上的摇摆，在小企业业务、大公司业务、零售业务之间缺乏聚焦。自花旗进驻直到 2016 年退出，广发银行的业务没有明显的起色。

对比长江银行和广发银行，它们经营结果的不同不一定是战略之错，但长江银行的成功，很大程度上归功于战略定力。

金海腾在《金融道》中描述过关于风险的六个警示，其中一条就是“不熟的不做，控制不住的不做”。如何做熟？必须扎根进去，深耕不辍，这就是战略定力。

全面风险管理的辩证思考

说了这么多次全面风险管理，到底全面风险管理是什么？

如果我们将风险管理能力拆细了来看，大概能做如下解释：一个以文化贯穿始终，融合了组织、政策、流程、技术、队伍等因素的有机体系。

其中，组织定义了全行上下所有部门和个人在风险管理过程中的角色，绘出了风险管理的架构。

政策决定了全行看待风险的态度，包括长期的资本管理和短期的资产配置。

流程则是指在组织和政策决定之后，具体的风险管理全链条，比如信用风险管理中从预警到清收的前后各环节的关系和责任。

技术涉及与风险管理相关的数据、模型、系统，影响对各类风险的分析能力，近年来在大数据的影响下是进化最快的。

队伍是镶嵌在风险管理体系内最具决定性的因素，因为所有的行为最终都会落实到人，风险管理相关人才的专业性及对他们的绩效考核导向决定了银行的风控水平。

而风险文化则是一个长期因素，是组织、政策、流程、技术、队伍融合之后，在战略和企业文化的影响下逐步形成的，可以使风险政策与流程成为全员主动的行为与习惯。

所谓的全面风险管理始于20世纪90年代中后期，是在风险因素多样化、风险管理模型和风险度量技术日趋成熟的背景下，监管机构要求银行把所有的业务层面和环节中的风险全盘管理，将信用风险、操作风险、市场风险等进行通盘考虑，并将风险管理相关的所有业务单位均纳入这个体系中来，以统一的量化指标来衡量、跟踪、评价风险管理的过程及效果。

简而言之，全面风险管理是风险管理理念的代际提升，需要的工作量相当大，对于中小银行更是如此。

某家城商行请来一家国际知名的咨询公司做了一个风险管理体系建设的项目，项目花费200多万，最后的成果是一摞厚厚的PPT，共228页，项目交付后，该行的风险总监一边对这份报告的内容给出了高度评价，一边又无奈地表示这份报告毫无可操作性，最终只能束之高阁。

事实上，风险管理的发展有其内在的逻辑和顺序，并不能一蹴而就。对于中小银行而言，要了解风险管理体系的发展过程，认识到自身风险管理能力的发展现状，而不是一味去对标大型银行的风险管理标准。

中小银行中的城市商业银行和农村商业银行，无一例外都是从城市或者农村信用社改制而来。

早期信用社是信用合作小组的行政管理机构，采用行政命令方法管理，“官办”色彩浓厚，内部招聘现象比较严重，风险管理甚至可能是信用社领导的“一言堂”。等到合并之后，由于各个信用社都有全套的经营职能，管理上经常存在自行其是的状况，在合并之后的一段时间内会处于分支强而总部弱的情况。反映在风险管理上，就是各一级支行都有各自的贷款审批权限，这个权限的额度已经能够覆盖日常几乎所有的贷款需求，不需要向总行寻求批准。随着中小银行向现代化商业银行转型，这种“支强总弱”的情况逐步得到扭转，总行风险管理部从各业务部门和分支机构上收贷款审批权限，树立全行的风险管理权威，业务受理与业务审批分离，前台与中台分家，建立起全套的审批、放款流程和内控制度。直到这时，现代的商业银行风险管理才初步成型。

和其他大型银行一样，随着业务的不断发展以及经营地域的不断扩大，中小银行的总行风险管理部门为了提高审批效率，将手中的部分权限下放。比如，风险决策的权限仍集中在总行的少数部门，但总部的业务部门及分支机构在流程内承担起相应的风险管理职责。此时，风险管理职责就不再仅是个别风险管理部门的责任，而要将风险管理延伸至各大业务的末端，各业务环节和经营机构均承担相应的管理职责。

回溯这个过程，我们发现风险管理是伴随着业务的成长而成长的。中小银行想要提高自己的全面风险管理能力，就应该回到风险管理的初衷——风险管理是助力业务发展的工具，应该与业务发展的阶段相吻合。如果在风险管理能力提升的过程中过度注重技术合规，脱离了中小银行现阶段的业务战略和业务实践，那其实是舍本逐末的行为。

对于大部分中小银行而言，全面风险管理体系是一个过于宏伟的目标。要想提高自身的全面风险管理能力并不容易，因为作为一个系统工程，全面风险管理体系内一个小小的薄弱环节均可能会触发大问题，甚至任何一个处置的失当都会牵一发而动全身，导致出人意料的后果。

在本轮不良资产爆发前后，很多中小银行从“不追责”到“穷追责”的态度一百八十度大转变就是如此。

对银行来说，追责不良资产是严肃纪律、树立反面典型的大事。但过去由于不良资产总额不大、程度不严重，不良资产的危害被业务的高速发展所掩盖，有的中小银行并没有严格地去执行风险纪律。

在这一轮不良资产爆发之后，不良资产直接侵蚀了银行的生存根基，触动了银行的神经。中小银行的条件反射大多是收紧审批的权限，暂缓新业务的开展，然后对所有不良资产开始严厉追责，新账老账一起算。

但是它们恰恰忽略了本轮不良的爆发的常规诱因是三期叠加、宏观经济下行，许多贷款手续合规、原本正常经营的企业都由于外部环境的不可抗力而陷入了资金链断裂的困境，无法按期偿付贷款。这种一刀切式的处罚，意味着不论不良贷款因何产生，是客户经理之前在发放贷款的过程中没有真正做好调查工作，还是发生了道德风险，都一律处罚。不论是优秀的还是混日子的客户经理都要遭受严厉的处罚。面对处罚的结果，又往往是混日子的客户经理更能坦然接受，导致劣币驱逐良币，混日子的客户经理继续我行我素，优秀的客户经理畏首畏尾，全行业务大受影响。

遭遇不良贷款，对当事人进行问责并不是治本之举，因为处罚一个人并不能换来银行整体风险管理能力的提高。更重要的是以此为契机进行分析和反思，并针对所发现的问题采取组合行动，系统性地让整个银行的能力和经验得到有效提升。而当不良贷款呈现系统性的爆发之时，针对个人的处罚更无法改善银行的处境，应该做的是客观分析外部环境的变化，调整全行的工作重点，稳定全行的信心。

就不良资产论不良资产只会让事态进一步恶化。

问题出在哪里？

就不良资产论不良资产是在相当多中小银行风险管理问题中的一个典型问题，其背后实际是风险观念的滞后。突破观念制约，建立市场导向的风险管理是中小银行首先要解决的问题。这就要求中小银行从人员管理和组织架构入手，包括提升一线客户经理的调查水平和贷后管理的责任意识，用培养为主、引进为辅的手段建立审查审批官队伍；明确部门职责和责任边界，前台与中后台各司其职、共担风险，构建可靠有效的风险架构和风险问责机制，真正建立起风险管理的三道防线。可以看到，即使已经高度聚焦，这一系列工作仍要花费中小银行不少的时间和精力。

中小银行在建设全面风险管理体系时，首先要从体系上建立风险文化，然后采取添加战术，即突出重点，成熟一个，解决一个，循序渐进，逐步到位。

风险管理的苦功夫

台州银行的成功是银行风险管理方面一个很好的示范。

自 1988 年成立以来，台州银行 30 年来专注做小微企业的金融服务。截至 2017 年，该行小微企业贷款户数占比为 99.66%，户均贷款额仅 34 万元，其中信用、保证贷款占比近 90%。

从最早的黄岩路桥银座金融服务社起，台州银行就明确定位为小微企业提供金融服务。为了贴近小微客户，他们早在 1989 年就推出了“夜市银行”，早上 7 点前就开门，晚上八九点才关门，每天营业 13 个小时。首批入行的童慧玲回忆，外面看上去门关着，其实员工都在里面等着客户。只要在门外喊一声，员工照例办业务。

当年的风险管理也是土办法。信用社经理要求员工能记住每一位客户的名字。有一次，一位客户带着私章、存折要求领钱，员工一眼认出不是本人取款（当时还未实施身份证登记存取款）。最后查清，确实是客户不小心遗失了包，被人冒领。

到了 2006 年，已经改制为城商银行的台州银行推出了中国首个小微企业信贷服务的专用注册商标“小本贷款”。“小本贷款”的设计理念是“为过去大多数无法从银行获取贷款的小微企业、农户创造平等获得银行贷款的机会”，当时处于工业化和城市化发展进程中的台州，离土农民开始自主创业，在城市里开展小本经营，在乡村开展作坊生产，他们处于社会经济的边缘地带，根本提供不了符合银行要求的抵押品，也不可能找到经济实力较好的担保人为之提供担保，融资难成为他们急需解决的问题之一。

“小本贷款”的额度为 2 000 元至 100 万元，几乎不设贷款门槛，并且不强制客户提供经营资料证明、房产证明以及银行流水证明。只要客户有创业意愿，又有一定的劳动技能，持续经营 3 个月时间，就可以携带身份证到台州银行贷款。

为了解决小微贷款风险控制的难题，台州银行采用了以“下户调查、眼见为实、自编报表、交叉检验”为核心的十六字信贷调查技术，结合“三看三不看”的风险识别技术。前者注重了解企业真实的经营状况，信贷人员必须亲自走访到户，打破信息不对称；后者则强调在审查企业资格时，“不看报表看原始、不看抵押看技能、不看公司治理看家庭治理”，捕捉最原始的信息，比如经营能力和家庭技能，以此判断和识别企业的还款能力与风险。

这还不是最有特色的，台州银行的“小本贷款”还有两个别具一格的特点。一是其对“小本贷款”设置了2%的逾期容忍度，这样让信贷员减少业务顾虑，使更多的人能够获得贷款机会。二是当客户出现短期风险时，台州银行并不过激反应，而是为客户提供额外的行业信息、经营建议等，帮扶客户渡过难关。

有个例子，陈老伯从事葡萄种植，种葡萄的第一年是不结果子的，他满怀期待地等到第二年，结果一场突如其来的台风，将他精心搭建的竹棚刮倒了。一年的投入打了水漂，陈老伯生气又懊恼，对着前来走访的客户经理也没好气。

在葡萄园里，客户经理听完了陈老伯的创业故事，给他提了两点建议，第一，竹棚是不挡风的，应该搭建钢棚；第二，搭钢棚需要的资金，我们银行可以提供。

现在陈老伯种植规模已达到80亩，葡萄大棚全部换成了钢棚，不用担心台风的问题了。

陈老伯终于高兴了，问客户经理要来名片和宣传单，主动要为台州银行做宣传。

近两年来，台州银行的风险管理又进行了一次大的升级，采用线上线下结合的方式，将线上的移动工作站与线下申请受理并举，数据风控和现场调查结合，前台现场作业和后台支持审批并行。

在移动设备上完成申请借贷信息的基本采集，甚至直接通过微信银行实现“转贷”，这些都是足不出户便可办理的业务。完成线上申请后，按照新客户就近分配客户经理、老客户沿用固定客户经理的原则做现场尽职调查，300万元以上大额贷款需要对场景经营情况、财务信息、抵押物等进行拍摄。据估算，平均而言，使用这一套流程与此前相比节省了约48%的时间。新客户信贷业务的办理时间由原来的1至2天缩短到最快1至2个小时。

48岁的椒江人何广勤，已经做了十多年的水泥承包商了。从江北的前所街道水泥公司，拉上水泥，开往江南热火朝天的大工地。一天拉出的货，400元/吨的水泥，少则七八车，多则十几车。

“进8车货，最少就要装320吨。”这是何广勤经常估算的等式。现在他还需要的是钱，水泥厂家只允许欠账一次，他必须赶在下次提货前将钱垫上，跑这行的个体生意，对资金流动性的要求是很苛刻的。

何广勤通过微信提交了一笔10万元的贷款申请后，第二天银行客户经理便出现在了何广勤的工地上。进进出出的货车，叮叮咚咚的敲击声……转了一圈，客户经理心里有了数，在随身携带的 iPad 上操作一下，很快，何广勤便收到了贷款入账的短信通知。

这就是“台州速度”。客户经理带着一台平板电脑，就能完成一笔贷款业务的全部办理流程，客户是这样评价的：“办贷款速度快得像叫外卖。”

正如前面章节提到的，队伍是风险管理最具决定性的因素。在这些业务和风控背后，台州银行的员工队伍成为其最重要的支撑。

台州银行将员工招聘和培训始终如一地视为他们重要的核心竞争力。

在员工的选择上，台州银行坚持本土化招聘，尤其爱招募没有银行从业经验的人员，但这些员工必须能够全面了解周边居民、市场情况，周边居民、市场也更易认识并认可这些员工，员工可以更好地和客户打成一片。

招聘来之后，台州银行专门设立的“台州银行银座金融培训学院”能够将一个毫无工作经验的应届毕业生快速培训上岗，3 个月内成为独立上岗的前台柜员，6 个月成为独立发放微贷款的信贷员。台州银行银座金融培训学院除了引进先进的培训理念，建设标准化的培训体系，还已经形成了常态化的运作，每天持续不断地有学员在其中学习。

针对不同的客户群体，台州银行还对内部员工队伍进行了专业化分工，建立了客户经理、小额信贷员、理财经理和前台人员 4 支专业队伍。在业务规划基础上，按照支行所处区域主要目标客户，分为普通贷款、小本贷款、储蓄理财的客户群，明确业务团队发展方向，并根据主要潜在客户群体决定机构团队与人力资源配置，做到了“师出有名”。

台州银行的成功对中小银行而言有很好的借鉴意义，风险管理与业务定位的高度相关，无法一蹴而就，踏准每一步的业务需求，做好与之相关的每一件事就变得尤为重要。尤其是像招聘和培训的这些事前工作，可能不一定有立竿见影的效果，但是从长期来看却大有裨益。

韩国棋手号称“石佛”的李昌镐，16岁就夺得世界冠军，巅峰时期横扫中日韩三国棋手。

李昌镐下棋的最大特点，就是很少有妙手。

妙手是指围棋中精妙的下法，有时候，一着妙手或解开困境，或扭转败局，甚至可一子制胜。《天龙八部》里虚竹随手破解珍珑棋局，就是一个妙手，帮他扭转人生，成为武林中内力最深厚之人。

厉害如李昌镐，为什么没有妙手？

一名记者曾问他这个问题，他憋了很久说：“我从不追求妙手。”

“为什么？妙手可是最高效率的棋啊！”

“每手棋，我只求51%的效率。”

记者愣住了，只求51%的效率？众所周知，棋子效率越高越占优势，高效行棋，自古以来就是棋手追求的目标。

李昌镐又说:“我从来不想一举击溃对手。”

记者再追问,他沉默了。

李昌镐的老对手,中国围棋代表人物之一马晓春九段曾说,如果一手棋的效率满分是10分的话,那么李昌镐的棋,每一手最多只能打6分到7分。这印证了李昌镐所言非虚。

为什么世界第一的棋手,每子只追求51%的效率?

职业围棋选手之间,即使有段位之差,胜负也只是在二三目之间。一般的围棋有200到300手,每手51%的效率,即有一半以上的成功率,150手51%的效率累积到最后也会稳操胜券。

李昌镐最使对手们头疼的恰恰就是“半目胜”,一局棋几百手,最后清盘,赢半目。

只是做好每一件小事,最后却能立于常胜之地。风险管理其实也是一样的道理。

被疯抢的马桶盖

“去日本买只马桶盖”,在2015年成了人们议论时间最久的新闻之一。甚至李克强总理两会期间都两次被媒体问及:“为什么中国的消费者喜欢到日本去买马桶盖?”

它一度被视为一个“标题党”类的社会新闻,但是媒体很快找到了其背后的新热点:日本的马桶盖到底有什么好?为什么会有这么多人去买？到底是谁在买？中国的马桶盖企业在干什么？

一个最重要的背景，毫无疑问，是中国节节攀升的出境游热度。2015年全年的出国旅行达1.2亿人次，比10年前增长了4倍，而其中，离中国最近的发达国家日本是排名第一的目的地。在旅行的同时，这些游客成了疯狂的"扫货团"。更有趣的是，在奢侈品之外，他们购买了各种日用商品，比如电饭煲、吹风机、电动牙刷、陶瓷菜刀等，其中，最受欢迎的是马桶盖。

日产马桶盖售价很高，但是贵有贵的道理。它有抗菌、可冲洗和座圈瞬间加热等功能，免税店的日本营业员用难掩喜悦的神情和蹩脚的汉语说："只要有中国游客团来，每天都会卖断货。"

那些中国游客团无疑就是中国的中产阶层。他们的消费偏好已经从单纯地追求价廉物美变成了追求产品本身的功能和体验，他们有意愿也有能力为更好的使用体验和服务买单。无论是马桶盖，还是电饭煲、吹风机或电动牙刷，中国都是全球最大制造国，但是名不副实的是，中国生产的这些产品竟然都无法满足本国人民的消费需求。

是中国的中产阶层人数太庞大？

中国的中产阶层是在快速增长，瑞士信贷当年的数据表明，中国的中产阶层人数已经超过了美国位居全球第一。据《经济学人》的计算，"20世纪90年代末之前，中国几乎没有中产阶层。2000年时，中国有500万户家庭的年收入在11 500 ~ 43 000美元；

而今天这一数字达到了2.25亿户。到2020年，中国的中产阶层数量可能比欧洲还要多”。他们的消费目标从满足日常需求变成了提升生活品质。

但是真正的问题还是中国的传统制造业正陷入“大而不强”的低质量发展怪圈，拼命扩大产能而没有提高产品的附加值，在薄利多销的产业链低端中打转。这种“供需错配”为制造业的迭代更新提供了巨大的升级空间。

经济学家张维迎说，新时期中国的企业家要从“套利型企业家”向“创新型企业家”转变。各家企业要寻求技术上的创新和突破，从量变到质变。

2015年11月，在中央财经领导小组的会议上，习近平提出“在适度扩大总需求的同时，着力加强供给侧结构性改革”的新改革目标。中国的第二轮改革要改变中国经济的增长源泉，使其从依靠劳动力的增长和固定资产投资的增长变为依靠全要素生产率的提高，将我国的经济从投资驱动转向创新驱动，鼓励企业沿价值链上移。

从国家的角度而言，投资对GDP的拉动已经难以为继。世界银行的数据显示，过去十多年来，我国GDP的构成中投资占比始终保持在40%以上，而美国、日本、德国、英国等主要经济体投资占GDP的比重始终保持在20%左右，远低于中国。如果我们以“GDP/全社会固定资产投资额”这一指标来描述资本投入对经济增长的贡献程度，从历史数据的对比可以发现，该比例在1980年一度超过 5，到现在只有接近 1 的水平，资本投入对经济增长的贡献程度出现逐年下降的趋势，而且将变得得不偿失。

在第一轮改革中，是乡镇企业的异军突起充分刺激了市场要素自由组合的积极性，乡镇企业的产值在工业总产值的占比一度达到 1/3。而第二轮改革中同样的动力落在了大众创业和万众创新头上，双创的意义在于在现有的经济体系之外培育新的经济增长模式和经济增长点，最终促进原经济体系的转化。

对于中国的政府和企业来说，这都是一次痛苦和艰难的转型，而作为政府金融指挥棒的银行，在这次转型中也面临着巨大的痛苦，因为经济动力的转型意味着银行所熟悉的资产正在逐渐式微。

在供给侧改革中，企业的经营目标和资金的用途也在发生改变，从以前简单扩大再生产变为增加研发经费、提高质量和品质、追求产品的差异化、打造品牌，这一过程中企业对扩大再生产的需求减少，同时用于研发以及营销的费用增加，而银行传统的贷款产品对此类的资金需求往往无能为力。

银行固有的风险管理模式也受到了全新的挑战。传统的银行风险管理模式中，对抵质押品极其看重，然而，双创企业往往没有符合条件的抵质押品，银行传统手段没有了用武之地。

从改革开放到今天，中国的企业已经经历了多轮的进化和迭代，从走街串巷的小商人到今天的世界第一生产大国，到未来的“中国制造 2025”，而银行进化的步伐似乎稍显蹒跚。从产品设计到风险管理模式，银行与新兴企业的距离正在渐行渐远。

实体经济的供给侧改革已经如火如荼，银行的供给侧改革好似极不情愿地才刚刚开始。

所谓的“资产荒”

在第一轮改革之前，政府担任着经济资源的供给和分配者的角色。

中国真正意义上的现代商业银行的历史不到 40 年的时间，如果从第一家股份制银行的成立算起，那更是只有 30 年而已。

2004 年之后，中国的银行业才迎来了发展的黄金十年，但经历了这一轮爆发式的增长，此时的中国银行业已经变成了一列高速行驶中的列车，带着巨大的发展惯性，被自身的资产负债表束缚着，无法在旧有的轨道上轻易停下来了。

到了 2014 年下半年，我国经济出现了一些不好的苗头。为了支持经济平稳增长，确保金融体系的稳定，政府启动了新一轮的货币宽松，其目的是降低融资成本，提振企业的活力。

但贷款没有放出去，货币的宽松却被银行利用去做了其他事情，实体经济不振，为了维系资产和利润的增长，银行将目光投向了债券市场。由于债券收益率普遍较低以及银行主动管理能力较弱，逼迫银行开始采用“委托投资”等方式，申购一个外部的资管产品，由该产品再加杠杆、加错配去投资。

此时，银行早已偏离了初心。银行从 2008 年四万亿以降的业务沿革，是商业银行风险偏好从客体信用转向主体信用的十年，是业务核心从传统存贷模式转向同业业务的十年。

在以传统经营模式衡量下，实体经济融资需求不足，以及不良率高企的趋势下，银行并没有选择业务转型和提升核心风控能力的道路，反而对经济转型中的企业融资需求充耳不闻，走向了经济体制改革的对立面，开始“脱实向虚”。

这一系列因素导致2015年爆发了中国银行业所谓的“资产荒”，这是一个不同寻常的现象。

造成这种现象的原因有两方面。一方面是正如之前所说的，中产阶层的崛起、消费升级和“中国制造2025”共同塑造了经济的新面貌，这是中国改革开放后，生产力进步浓缩在40年内所形成的中国独有的图景。而另一方面则是互联网所带来的生产力的革命，互联网改变了传统企业的生产、流通和分配环节的资金需求，这是全球正共同经历的巨大变化。

对此，金海腾一针见血地点评：“‘资产荒’从根本上讲，是银行业传统经营模式没有跟上经济发展新模式所造成的。”

在传统的工业时代，所有的信息是从生产端向消费端单向流动的。为了方便生产者随时满足消费者的需求，弥合生产方和消费方之间的信息鸿沟，保持大量的库存成为必要的选择，这样的生产经营方式对生产者的资金压力十分巨大，由此催生了分销商体系。生产者只负责生产，而分销商则约定一个固定的购买数量，提前支付固定的货款来帮助生产者缓解回流资金的压力。通过分销商，生产者大大节约了资金的回款时间，分销商则承担了持有库存、运输库存、销售库存的责任，可以说，分销商是通过帮助生产商分担库存风险的方式与生产商分享相应的利润。在这一过程中，分销商必须阶段性地持有大量的资金来购买库存，这就催生了大量的商贸流通企业类贷款。而对于生产者本身而言，生产周期越长、生产原料越复杂，对资金的需求就越大，也离不开流动资金贷款的帮助。因此，在传统的工业生产体系中，流动资金贷款始终是贷款体系中最重要的类别之一。

但随着信息时代的到来，信息成了最重要的生产工具，互联网的出现减少了信息孤岛，打通了信息之间的流动渠道，使得C2B（消费者到企业）逐渐成为新的生产方式。

C2B是B2C（企业到消费者）的反面，要点在于“客户驱动”，即客户决定生产什么、生产多少以及何时生产。过去的生产模式，设备、工艺、流程、制度、理念，都是为“少品种、大批量”的大规模生产而准备的，存在很大的刚性。C2B是以客户为中心的商业范式，包含了强烈的个性化、需求多样化、供应链网络化等全新的特征，通过大规模社会化协同实现多品种、小批量、快速生产。此时，企业可以最大限度地做到按需生产，或者至少通过数据更精准地预判市场需求，大大降低了生产者的库存压力和资金压力。

在C2B的最前沿，类似青岛酷特智能（原青岛红领，国内第一家使用大数据驱动的个性化大规模服饰定制企业）这样来自传统的服装行业的创新企业，甚至可以让消费者先付款再进入生产环节，也就是说除了固定资产投入外，它们的生产环节几乎不占用任何资金，完全不需要任何流动资金贷款。

“资产荒”其实是一个伪命题。所谓“资产荒”，表面上是金融市场上的货币供给大于货币需求，实质上则是面对新经济，传统银行们选择了变成一只“把头埋进沙子里的鸵鸟”。

第十一章 大平台

> “平等、开放、协作、共享”的互联网精神，是平台型企业最重要的特征，也是新经济时代的银行所要具备的。
>
> ——金海腾

企业组织形式的演变

现代人们所熟悉的企业，其实只有大概200年的历史。公司内的金字塔、科层制管理架构的形成更是不到100年。

站在人类社会发展的坐标轴上观察，合作与分工是人类社会的基本功能。而企业就是现代社会最重要的合作与分工的表现形式。

史前人类以狩猎和采集为生，狩猎和采集就构成了最原始的分工，一般女性负责采集，男性负责狩猎兼顾采集。由于就个体而言，人类的捕猎技能无法与大型猫科动物相提并论，因此为了猎取大型动物，我们发展了工具的制作能力和团队合作能力。在狩猎后，因为大猎物的肉一下子吃不完，我们学会了分享肉食，且分享范围大于狩猎团队——即便是三五个人猎得的东西，也往往在部落内集体分享。尽管史前时代人类的生产资料和生产方式比较单一，但通过这些活动，以血缘关系组建的大家庭或部落，发展出了内部的合作分工机制以及猎物的分享机制。

农业的出现改变了人类的生计模式与社会结构。由于谷物比肉食更易于存储，而其种植和收获的周期性则要求它必须被存储，于是仓库诞生了，它与耕地的边界一起，共同推动了财产权的发展，也使得以家庭为中心的合作机制进一步发展稳固。与狩猎不同，农业生产的灌溉等活动需要大规模合作，而财产的概念又衍生了保护财产的需求，这对比家庭更庞大、更具有组织能力的组织提出了要求，于是以核心家庭为基础，社会组织向多层次结构发展，大大提升了人类改造和控制环境的能力。农业生产的步骤要远远多于狩猎采集，从播种到收储的各项工作并不易于掌握，由于工作复杂性的上升，推动了组织的复杂性和组织内合作能力的长足进步。

可以看到，到农业时代，家庭这种组织形式在安排生产、调配资源上还是游刃有余的。而凌驾于家庭之上的组织架构，其核心的职能已经不再是生产，而是为社会提供公共服务。但是，我们可以轻易地看到家庭这种组织形式存在的天然缺陷，由于生育能力的限制，家庭的规模存在一个上限，更遑论其内部的信息传递沟通机制和分工机制的合理性，因此其所能应付的生产规模是有限的。

以蒸汽机动力为代表的第一次工业革命使得人类的生产力历史上首次以指数级增长，更大的劳动力调度需求和更具专业性机器的使用，终于使得家庭的组织形式已经无法满足新的生产力的发展要求，如何更有效地调度各类资源组织生产？

企业这种组织形式应运而生了。

早期企业规模小、结构简单，甚至企业和家庭还存在某种相似，盖因企业所能调动的资源以及所面对的市场并不复杂，其产权安排是以家族或亲友为基础的个人业主制或合伙制。企业的业主对企业负无限责任，出资、创业与管理“三位一体”，他们不仅是企业财产的所有者，也是创业和经营管理的主要承担者。

到了19世纪后半叶，由于铁路和邮政系统的建立，物流和信息的传播大大加快，现代企业诞生了。与早期企业相比，现代企业不再局限于单一产品的生产制造，而通常是整合了多种产品和服务的研发、生产和营销的全部业务，横跨多个区域，规模巨大。因此，为了在广泛的范围内进行统一的协调经营，而不是进行简单的分散化处理，现代企业内部诞生了复杂的组织架构，也即今日广为我们所熟知的金字塔式的科层制结构。

现代企业的诞生以工业革命为开端，并与工业时代的发展高度同步。工业时代的生产特征深刻地影响了企业的组织形式。

其中最重要的特征，就是资本跟异化了的人，这也是工业时代最重要的生产要素。福特有一句话，“我根本不需要你们的脑袋，我只需要你们的手跟脚”，人只是流水线当中的螺丝钉。

同样是在工业时代，科学管理的第一位大师弗雷德里克·温斯洛·泰勒诞生了，他对工作中的每一个动作都深入研究，每一个动作需要多少时间都规定好，用什么工具都规定好，这就是泰勒的科学。泰勒认为："在科学管理的情况下，要想用科学知识代替个人经验，一个很重要的措施就是实行工具标准化、操作标准化、劳动动作标准化、劳动环境标准化等标准化管理。"这是因为，只有实行标准化，才能使工人使用更有效的工具，采用更有效的工作方法，从而达到提高劳动生产率的目的；也只有实现标准化，才能使工人在标准设备、标准条件下工作，才能对其工作成绩进行公正合理的衡量。

泰勒的观点受到广泛的认同，然而任何观点总是受到时代的局限。工业时代的企业只是企业的一个侧面。随着信息时代的到来，我们可能会发现企业新的侧面。因此，正像我们已经隐约感受到的那样，企业——这种现代经济体系中最强大的机构——的组织形态正在发生一轮巨大的改变。当我们把这种改变置于时代的浪潮之中观察时，我们才能更深刻地认识到其中的原因。

1694 年，世界上诞生了第一家现代意义上的商业银行——英格兰银行，银行作为金融企业，它的组织形态也将遭受时代的洗礼。

信息时代的企业

工业时代已经落幕，信息时代是一个崭新的时代。

从工业文明走向信息文明，从工业经济走向知识经济时，社会中最重要的资产正发生变化。如果说农业文明时代最重要的资产是土地跟农民，工业时代最重要的资产是资本、机器和流水线上的工人。那么，到了知识经济时代最核心的资源，是两个新的东西，一个是数据，一个是知识工作者。在这个新的时代，科学管理不再是管理学的主流，变化在发生，不确定性正变得越发显著。

阿里巴巴首席战略官曾鸣曾说："以科层制为特征、以管理为核心职能的公司，面临着前所未有的挑战。"

著名经济学家弗兰克·H. 奈特对企业的看法颇有启发性。他认为："现实的经济过程是由预见未来的行动构成的，而未来总是存在不确定因素的，企业家就是通过识别不确定性中蕴含的机会，并通过对资源整合来把握和利用这些机会获得利润，因此企业的存在是世界上存在不确定性的直接结果。"

在不确定性的假设下，决定生产什么与如何生产，要比实际生产本身更重要。风险偏好者接过了风险规避和风险中性者对自己的不确定性的控制权，通过承担风险获得剩余，成为管理者和企业家，而风险规避和风险中性者交出了自己的不确定性，换取了稳定的工资收入，成为工人。一个企业，就是风险偏好者与风险规避和风险中性者的合作关系。

你可以把办企业的过程想象成下一盘国际象棋。

棋手操控着各种各样的棋子，无论王、后、马、象还是兵，在棋盘上走动的方式各异：兵数量最多，行动方式最有限；后行动方式最灵活、行动范围最大，也是最厉害的；王虽然相对较弱，但这颗棋子是绝对不能放弃的。

在这种极度“中心化”的情况下，没有一颗棋子在行动时会自己思考，也没有一颗棋子会从自己独特的角度来看待整个棋盘，并且提出行动建议。

这就像是在工业时代，固化的制度和流程就是为了把最庞大但最不重要的那部分信息交由企业的基层员工去处理，越往上的管理层，接触信息的数量越少但是质量越高，需要管理者做出决策的难度更高，到了最高层，几乎不需要接触企业的日常经营情况，但是要在不确定性很高的情况下做出事关企业命运的战略决策。

在这样一个信息的金字塔中，接触信息人员的职位高低与信息的质量成正比，与信息的数量成反比。

但是在信息时代，社会中的信息流动高度扁平化，信息的维度大大增加，多个维度的信息交会产生的信息节点就具备了重要的价值，高质量的信息成倍增长，使得信息成为一个网状的结构，也就不存在信息金字塔了。

如果说社会的进化存在着某种方向，那么这种方向很可能会与自然界的进化方向一致，即随着时间推移，有机体复杂性的上限确实是不断提高的。与之类似，信息的复杂性更是指数级的上升。

当重要的信息越来越多，增加基层的员工已经无益于增强企业的信息处理能力。甚至当人数多于“临界点”标准，团队的一致性就会遭到破坏，沟通和互信崩溃，曾经的正向化学反应会变得具有毁灭性。

美国陆军四星上将，美军驻阿富汗以及国际安全援助部队的指挥官斯坦利·麦克里斯特尔在指挥阿富汗战争时深刻地感受到战争与静态的国际象棋对弈不同——这里的“棋盘”上变化莫测，而“棋手”在采取每一步行动时都要面临时间上的限制，敌人甚至可能同时动用几个棋子，或者在很短的时间内接二连三地痛揍我方，他们不可能像棋手那样等待我们走一步，然后再采取下一步行动。

在这种情况下，麦克里斯特尔将军决定要打破这种国际象棋式的指挥过程，他要转变自己的身份，从一个“棋手”变成一位“园丁”，通过维护菜园的环境让园子里的每一种蔬菜都能茁壮生长，为此，他做了4件事：

一、按照极端透明的信息分享原则重新组建部队。

二、进行决策权力的“去中心化”或者赋能，培养小团队的自我决策能力。

三、消除各单位间等级制度的天花板，消除这些障碍使美军效率提高，如获新生。

四、观察现有小团队的敏捷行为，并且想办法将这种行为模式拓展到拥有几千名成员的组织身上。

从此，美军将刚性的架构重建置换成灵活的机体，让各团队的成员能够高效透明地共享信息，并且基于这些信息自主决策，因为面对复杂的威胁，战场前线的反应才是最及时有效的。

虽然美国发起的这场阿富汗战争饱受诟病，但是麦克里斯特尔将军军队组织体系的变革可以引发我们很多有益的思考。

在《金融道》中金海腾非常认可美国前国务卿鲍威尔的一个观点："一线永远是对的，二线永远是错的，除非证明不是如此。"这其实是一样的内涵。

这也是金海腾所推崇的现场管理的精髓：赋予掌握最新、最有效信息的一线更多的快速反应、决策的能力和权力。

信息的涌入导致企业经营的不确定性大大增加，需要做出的重要决策的数量增加了好几倍，再依靠高管们独自决策已经无法跟上市场的变化。

决策权必须下放，而决策权的下放意味着企业内的信息流动机制要进行改变。因此，企业的组织架构也要改变。为了更高效地处理信息、做出决策，企业要打破"中心化"的结构，重塑过去金字塔式的信息流动路径和管理路径，打造扁平化的、网状连接的组织，为一线的员工赋能，让其有能力依据他手头的信息在一定的范围内做出决策。

美国的企业史研究大师钱德勒在他生命的晚年详细考证了完成现代化转型后的 4 个高技术行业在 20 世纪中期到 21 世纪初的发展，以他一贯严谨的作风，钱德勒提出以下观点。

> 在分部制管理结构和经理人地位确立后，管理已经不再是企业进行竞争的一个主要变量，现代企业的成功越来越多地依靠以技术和功能为基础的“综合学习能力”。

钱德勒或许是对的，工业时代的企业组织架构已经达到了其自身所能达到的巅峰。不同时代最有效的社会组织模式，就是最能够配合技术、社会特定历史条件的模式，如果企业是为了应对不确定性而诞生的组织架构，那么当不确定性上升，企业的组织架构也要相应改变。随着工业时代的落幕，企业组织架构的新一轮变革已经重新开始。

讲了这么多企业发展史的内容，看似与银行业并不很相关，事实上，在时代大潮的推动下，一些率先开始变革的新兴企业开始涌入银行业抢奶酪了。

抢银行生意的大平台

2015 年 8 月 24 日，作为全球最大的社交网站，Facebook 又创下了一项新历史纪录——当日使用该社交网站的用户数量高达 10 亿人，这也是 Facebook 单日用户数量首次突破 10 亿人。为此，Facebook 首席执行官马克·扎克伯格还在自己的 Facebook 页面上发帖，以此纪念这一重要的时刻。

10 亿人口同时活跃，如果将其看作一个国家，那就是世界第三大国家，仅次于中国和印度。在这个虚拟的“国度”内，每天发生海量的互动，人们投注无数的时间和精力，推动着 Facebook 的股价一路上涨。这就是所谓的平台。

什么是平台？

“全球最大的出租车公司 Uber 没有一辆出租车；全球最热门的媒体所有者 Facebook 没有一个内容制作人；全球市值最高的零售商阿里巴巴没有一件商品库存；全球最大的住宿服务提供商 Airbnb 没有任何房产；全国前三大酒店业 OTA 没有一间客房。”它们都是平台。

互联网的崛起不但导致了企业组织形态的剧变，也直接催生了一种新的商业模式——平台型商业模式。

从价值链的视角来看，企业有两种形态：一种参与最终用户核心价值的创造，另一种不参与核心价值的创造，但连接核心价值的创造者和用户两端。我们将前者称为传统企业，而将后者定义为平台型企业。

根据互联网的创造者以及硅谷极客们的总结，互联网精神最终被浓缩为 4 个词语——“平等、开放、协作、共享”，这也是平台型企业最重要的特征。

平等是互联网精神的核心，一个网状结构的互联网，是没有中心节点的，虽然不同的点有不同的权重，但没有一个点是绝对的权威。所以互联网的技术结构决定了它不是一个层级结构，决定了它内在的精神是去中心化。平台型企业也是如此，平台上的参与者都是平等的，平台在规则和秩序上不会有偏袒或者倾向。

开放是平等的另一个侧面。平台提供的是网络的底层技术和基础，而并非与平台参与者的产品直接相关的方案。因此，平台越开放，跟别人的连接就越多。平台型企业的价值是由连接点的广度跟厚度决定的，连接越广、连接越厚，平台的价值越大。因为信息含量决定价值，这也是纯信息社会的基本特征。

协作是平台型企业产生价值的根本。各方参与者可以利用平台的力量更方便地交流并产生价值。真正的平台型公司，不只是资源的自由组合，而且是一个独立的商业想法可以在平台上实现，不受平台的约束，平台也不参与竞争获利。优秀的平台型公司，会努力去改善与生态系统中其他节点的关系。由于一个稳定的网络的任何一个节点都是可替换的，平台型公司只需要不断提升平台体验和易用性，就无须惧怕商户参与者带走用户。

共享是平台型企业的原则。在信息时代，知识和数据是一切的驱动力。而数据的价值随着其维度的增加而增加，数据孤岛并无吸引力，活的、动态的数据才能产生源源不断的价值，平台每一个新数据的汇入都可能实时引发其他数据维度的连锁反应。在平台上，数据被规范和定义，然后更加高效地流转共享，与沉淀下来的洞察力和模型算法一起，成为平台型企业的核心竞争力。

人类的产业链本就是一个松耦合的架构，作为其组成部分的个体之间相互依赖性较低。通常他们并非因为丧失了其他可能性而组合在一起，而是基于其自身的成本收益计算而发现这种组合对他们有利——个体在组织中的角色和职能分工，是基于个体的比较优势。但是，在传统的产业链上，企业之间的关系仍然是单向价值链，是从原材料到客户的一条线段——企业制造后给代理商，代理商给商店，商店给用户。

而平台却是一个双边市场，诺贝尔经济学奖得主让·梯若尔认为双边市场有四个特征：

1. 把交易双方或多方的参与者聚集到平台上。

2. 市场一边会吸引另一边用户，形成正向循环。

3. 几乎所有市场都是两面的，有买卖两方。但只有那些用平台结构（而不仅是合理收费）影响交易量的，才是双边市场。

4. 具有正外部性，用户越多，平台价值越大。

曾经只存在于理想中的大型平台型企业在科技的帮助下成了现实。科技让杠杆变大，让规模变大，平台正逐步变成一个类似水和电的基础设施。甚至优秀的平台型企业最后会演化出一个商业生态圈，一个具有异质性的企业群体、个人群体在相互依赖和互惠的基础上形成共生、互生和再生的价值循环系统。

商业生态圈中的竞争不再是零和博弈，而是把饼做大实现共赢，成为利益共同体。生态圈中的企业不追求“为我所有”，而是“为我所用”，有效地与外部资源发生连接。

因此，商业生态上的核心企业不仅仅关注自身的价值链，还要重新定义和优化网上的活动价值，管理好不拥有的资源。企业的优势不仅仅来源于内部价值链活动的优化和资源能力的积累，还来源于对外部资源的有效利用，也就是企业组合商业生态圈元素，协调、优化生态圈内伙伴关系的能力。

建立起生态圈的平台型企业，其护城河之宽，可以说前所未有。

在中国，平台型企业已经成为经济领域最强大的一股力量。

和 Facebook 业务类似的腾讯微信在 2016 年高歌猛进，日登录用户数达到 7.68 亿，其中微信深度用户，即日均使用时长在 4 小时以上的用户，较 2015 年增加一倍。微信已经成为互联网时代人们社交的唯一选择，像一个黑洞吞噬了人们一天内大部分的闲暇时间。作为结果，在 2016 年，仅仅微信直接驱动的信息消费金额就高达 1 742.5 亿元，而到了 2017 年，这个数字达到了 2 097 亿元，同时更带动了 3 339 亿元人民币包括旅游、餐饮、购物、出行等的传统消费。

另一大巨头阿里巴巴则为无数的小微商户和消费者建立了一座桥梁。淘宝网向平台上的商家所提供的“信用体系、用户体系、商品体系、交易流程、计算能力、服务标准”等服务很好地诠释了平台的角色，小微商户的聚集吸引了消费者的聚集。在2016年中国网络零售市场交易规模53 288亿元的总盘子中，淘宝天猫占比达到了57.7%，总额超过3万亿元。

传统的线上市场被腾讯、阿里瓜分完毕，线上线下结合的领域则被新兴的平台型企业快速占领。

“外卖”这个词语在21世纪的头十年还只能让人联想起民工和盒饭，如今却变成了中产阶层的生活方式。2016年中国外卖市场的整体交易额达1 761.5亿元，同比增幅高达361%，其中美团外卖占比33.6%，看似不高，但背后是全国50 000多家餐厅，5 000多品牌连锁餐厅，100多个城市，以及430万日订单量。外卖还只是美团业务的冰山一角，2016年美团拥有到店餐饮、到店综合、外卖配送、酒店旅游、猫眼电影全资子公司等七大事业群，基本囊括了一个消费者一天所有的娱乐休闲活动。

还有一个发生天翻地覆的变化的是出行市场，在传统的公交、地铁和出租车之外，突然冒出来的网约车让人们多了一个出行选择，截至2018年底网约车的用户规模已经达到3.3亿。在一番厮杀之后，市场已经呈现出一家独大的图景，快的和Uber相继被合并后，滴滴的月活跃用户量达到了3 723万，市场占有率超过九成。

微信、淘宝、美团、滴滴，这些平台型巨头企业看似与银行井水不犯河水，但是每天在这些平台上发生的交易，和围绕交易产生的支付行为高达百亿元，这些真实的消费场景背后是一个个活生生的消费者，而这些消费场景代表的又是一笔笔支付行为。

俗话说，银行的业务无非“存贷汇”，其中“汇”即支付又是一切金融行为的基础，因为支付是消费者最日常也最频繁的金融行为，是银行接触客户的最佳时机，而客户是银行命脉。当平台型企业通过自己麾下的第三方支付公司将支付行为统统与银行隔离之后，银行就彻底沦为了提供资金的管道，而将自己的命脉交到了平台型企业的手中。

面对虎视眈眈的平台型企业，面对风起云涌的组织架构调整，银行该何去何从？

平台经济时代的银行

来自北欧的ING（荷兰银行集团）给出了自己的答案。

2015夏天，ING踏上了一条敏捷转型之旅，将传统的银行组织架构改造为谷歌、网飞（Netflix）和声田（Spotify）等公司采用的“敏捷”模式。ING组建了包括350个9人小组，分属13个部落。

ING的高管认识到，他们其实是一家从事金融服务业的科技公司。于是他们问自己，可以去哪里学习成为一流的科技公司。

答案不是其他银行，而是真正的科技公司。

比如说，著名的音乐流媒体企业声田在如何让员工跨孤岛合作方面就给了ING巨大的启示。孤岛在大多数传统企业仍是巨大的障碍。为了更好地了解声田的模式，ING还特地去瑞典走访了几次。

敏捷转型的推进让ING焕然一新，不但将产品投放市场的周期从每年2～3次缩短到了2～3周一次，还增强了员工效率，大大提高了生产力。

从管理和组织架构入手向科技公司学习当然是一个很好的切入点，除了ING之外，中国的平安银行也早在2011年开始推进精益敏捷转型，从一家传统的金融公司，逐步变成一家金融科技公司。河南的省级城商行中原银行也在敏捷组织转型的道路上不断探索，力求经营效率的进一步提升。新成立的一些民营互联网银行更是从诞生第一天就把短迭代、自动化、持续交付等敏捷要素植入在基因深处。

但正如《银行3.0》的作者布莱特·金声称的那样："未来的银行将不再是一个地方，而是一种行为。"银行光从后端入手进行流程和管理的重构是不够的，如何站在客户的角度，从业务的层面进行银行前台业务的再造是另一个不可回避的话题。

2016年8月，在郑州第十一届中小商业银行CEO论坛上，金海腾以"转型期中小商业银行的战略选择"为主题，与参会的186家银行高管，共同探讨了这个关系到整个银行业未来的话题。

他将中小银行划分为5个种类，分别是基于牌照资源的综合型银行、有所为有所不为的专业型银行、略具雏形的产融型银行、相对平庸的区域型银行，以及颇具想象力的区域平台型银行。

值得注意的是，这5个种类并不是单纯从理论层面出发的，而是基于对中小银行现实的观察所提出的，除了区域平台型银行都能在中小银行群体中找到许多典型案例。

综合型银行是省级城商行、省级农商行的天然选择，它们拥有更多的政府资源，资本相对雄厚，所服务的客户对综合型金融服务的需求也更大。作为省级银行，为了支持国家产业整合、重构、提升的经济改革大战略，涵盖保险、证券、银行、资产管理类的金融混业经营将起到更大的作用，为消费者提供一站式的综合金融服务日益重要。

同时，中小银行在走综合型的道路时，也意味着本行对资源和信贷的投放进行了主动性的战略选择。类似基金、券商等金融机构其资产常直接暴露于市场风险中，它们的行业研究能力、对产业趋势及企业的判断与识别能力远强于商业银行，能够帮助商业银行增强自身相关能力建设。

专业型银行是走出了自己特色化经营之路的银行，尽管在实践中，在非市场条件下，银行主动进行客户选择更多是由自身基因或能力限制而决定的。但另一方面也该看到，专业型银行更容易受到投资者的青睐。在国际上，通常专注单一行业的金融机构更容易建立专业化优势。

目前，中国的大部分专业型银行都是小微专业银行，以台州银行、常熟农商银行、长江银行、鄞州银行、浙江泰隆银行等为代表都取得了不错的成果。当然，除了小微客群以外，专业型银行其实有更多的路径，重点是选择一个或多个客户群，并根据这些客户群体进行“以客户为中心”的全面变革，包括产品、渠道、服务、流程等，通过客群的聚焦实现产品的专业化、渠道的专业化、服务的专业化和流程的专业化。

产融型银行是提法多于实践的概念，成功者寥寥无几，因为当金融和产业深度融合时容易出现风险的相互转化和双向传导，个别风险容易通过资本流动链条扩散到集团整体，聚集和扩散形成系统性风险。

但其实产融结合是金融与产业最自然的关系与形态，银行主导的产融结合型战略应该与过去银行向产业“大水漫灌”式资金输出有着根本不同。其核心是金融与产业的深度互动，以发挥出“1+1 远大于 2”的综合效果。金融扮演的不仅仅是输血者的角色，更是产业引领者、业态塑造者、资源整合者的角色。

银行应该基于其对产业趋势的前瞻性判断与行业特点，整合资源与引领产业发展，用投资与构建的思维选择资源的投放对象，而产业的成长将为银行发展带来新的空间。目前看来略有雏形的产融型银行的有以中石油为背景的昆仑银行、以华润集团为背景的珠海华润银行，以及以中国旅游集团为背景的焦作中旅银行。

区域型银行是中小银行看上去最无奈的选择，甚至不能称其为一种主动的、长期的战略路径。在互联网技术兴起以前，银行的信用建立与新增获客只能通过新增机构来完成。更重要的是，区域扩张有利于银行在空间上进行资产负债摆布，分散与降低风险区域。限制银行的区域扩张具有一定的中国国情，在银行公司治理不够市场化、经营不够理性化的中国，出于金融资源配置管制思路和地方政府的金融需求，阻止中小银行的跨区域发展，对中小银行固然是一种保护，但同时也是一种制约。但作为最了解当地情况的城商行、农商行深耕本地，也是最切实可行的道路。

与前 4 个种类不同，区域平台型银行是对银行未来的一种大胆预言。

Fintech 的兴起已经打破了银行服务的边界。高盛和花旗先后指出，银行的存贷汇服务不再由银行独占，而完全可以被金融科技公司所替代。当银行不再被牌照所定义，它的价值到底如何体现?

市场经济中，你的价值来源于你为客户创造的价值。银行拥有强大的客户资源、完整的账户体系和一体化的业务能力，却往往沦落为一个产品销售通道，没有为客户提供足够的高价值服务。随着金融服务的深化以及金融产品的多样化，面对日益复杂的金融产品，不论是企业客户还是个人客户，实际上都需要银行提供更专业、更高附加值的金融咨询服务。

“以客户体验为核心”这句口号已经喊了多年，但要将客户体验上升到全行战略，不只是对产品和服务的改动，而且是整个银行产品体系和服务范围的重塑。从金融产品的提供者，到一站式金融咨询服务商，再到金融、类金融和非金融服务整合者，银行应该探索的是基于客户生命周期、交易特征、生活习惯等一切与货币相关的活动的服务平台。如果考虑到中小银行强大的本地资源，深耕本土客户，塑造本体的货币流通生态是可以有所作为的，这就是所谓的区域平台型战略。

简而言之，平台型战略是将银行现有各类资源进行充分整合，以非银行、非金融业务作为纽带，以重塑商业联系与建立生态圈为目的，在新的联系与生态中寻找收益的模式。建立商业生态圈则是区域平台型银行的终极目标，因为作为生态圈的一个重要环节，外部生态为银行提供了更大的试错空间。

2017 年以市值计算的全球十大企业中，平台型企业已经雄踞七席。在这个平台经济风起云涌的时代，银行不应落于人后。而在通向平台型银行这一目标的道路上，银行其实具有足够的资源，也拥有足够的人手，所欠缺的无非就是方法、洞察力和长久的耐性。

2018 年 7 月 12 日，浦发银行宣布推出 API bank 无界开放银行，这是以 API（应用程序编辑接口）架构驱动的全新银行业务和服务模式，浦发银行突破传统物理网点、手机 App 的局限，开放产品和服务，嵌入到各个合作伙伴的平台上。而实质上，浦发银行是将自己变成了一个大平台，将涉及生产、生活的全域社会活动链接进自己的金融服务体系。

顾客，而不是客户

每一轮经济危机，每一次技术进步，银行都要重新问自己一遍这个问题：我的客户是谁？

2018 年 4 月，美国费城一家星巴克的经理打电话报警，称有两名黑人未在店内消费而要求使用洗手间，并拒绝应店员要求离开。这件事在网络上引起轩然大波，无数双眼睛盯着星巴克：你如何界定你的客户？

一个月后，星巴克在一封信中告诉所有员工："任何进入我们专属空间（包括露台、咖啡馆和洗手间）的人，无论他们是否消费，都应被视为顾客。"

零售行业的标杆企业星巴克直到 2018 年才第一次明确了顾客的概念。而在安快银行的经营哲学中，早就有意无意地厘清了客户与顾客的区别：客户一定是产品的购买者，而顾客往往只是产品的使用者，甚至只是对产品存在潜在兴趣的路人甲、路人乙。

在传统银行的思维中，只关注客户，不关注顾客，因为它们认为只有客户会带来价值。安快银行反其道而行之，它们根据知名零售商诺德斯特龙百货公司的经验提出，像鞋店这样的百货公司总能吸引路人进店随便逛逛，在这过程中路人说不定就会发生购买行为，这样就多了一次把顾客转化为客户的机会。因此，安快要把银行变成零售商店，让网点变成一个诱人的空间，抓住路人以激活网点。

怀着这种创造性的见解，安快敢于在网点被看衰的年代继续大举扩张，甚至在次贷危机期间逆势而上，让其网点遍布美国的西海岸，成为美国银行业的异类。

客户与顾客的区别是经营思维一百八十度的大转变。一般而言，只有互联网企业才将“用户思维”(即我们所说的顾客)和“客户思维”进行区分。用户思维是先提供好用的产品，收割流量，其次才会考虑变现问题。而客户思维则是付钱才是上帝，没给钱的不归我管。

但这种思维的运用在银行业其实并不多见，和其他行业不同，大多数银行原本就不是一个以普惠为目标的企业。

举例而言，服装行业分为三六九等，每年的各大时装周上高定品牌在T台上展示那些只为特定场合、精英人群服务的衣服，普通的职场人士则能在百货公司中找到合适自己的职业套装或者日常休闲的衣服，学生有自己价廉物美的优衣库，即使是贫困潦倒者也能在路边摊上买到几块或十几块钱一件的衣服以蔽体御寒。

显然，服装业中不同的企业瞄准的是不同消费能力的客户群体，各有专长，合在一起覆盖了全部人群。而银行总是被吐槽“嫌贫爱富”，对那些存款更多的客户有着明显的偏爱，剩下的总是用“低价值客户”一词一带而过，并不愿意将宝贵的业务资源投入到他们身上。这其中金融的合规和监管成本固然是一个客观的原因，但是银行业自己的经营思维没有转过弯来也难辞其咎。

中国的银行从早期只与国家信用打交道，到现在以做零售和小微业务为荣，背后是由两个逻辑共同支撑的，一是拓展自身业务边界的需求，二是技术的进步降低了金融的成本。

银行拓展自身业务边界的需求一直存在。而互联网的兴起，尤其是移动设备的普及，革命性地降低了金融服务的成本，又使得服务长尾市场成为可能。

克里斯·安德森在《长尾理论》中向我们描绘了这样一种诱人的场景：

> 与其在巨人绞杀肉搏的主流市场再掺和一脚，不如去寻找那些微小的细分市场，这些市场叠加起来之后也能产生颇为可观的收益。

长尾理论的成立表明工业时代发现的“二八理论”已经不再具备指导性。1897年夏天，意大利经济学家帕累托在研究英国社会分配的时候发现，20%的人控制着80%的财富。随后，这条定律在各个领域都得以验证，即在任何大系统中，约80%的结果是由该系统中约20%的变量产生的。因此，出于成本和效率的考虑，企业在生产和营销中只能注重最主要的20%，因为商家80%的销售额和利润来自20%的商品，而需要更多精力和成本才能关注到的大部分事物则无法把握。

二八理论是工业时代的产物。工业时代实际上是典型的供给方规模经济，社会生产和沟通的成本比较高，信息传递有限，强调工业标准化生产和服务。换句话说，主流产品的销售量大并不等同于它的需求大，只是主流产品占据了大部分市场，限制了人们的选择权。因此，在传统经济条件下，用户的购买行为并不完全反映需求。

到了信息时代，互联网的出现首先很大程度地解决了信息不对称的问题，降低了沟通成本，企业获得了高性价比、高效率的个性化营销手段，消费者也可以由此向企业表达个性化需求。这些互联网时代所汇聚的海量需求，又倒逼整个社会生产过程的进一步柔性化，使得社会化供应链和基于大数据的、大规模实时协作的柔性化生产逐步成为现实。

从农业时代初级的手工的个性化，到工业时代工厂的规模化、标准化，再到信息时代回到人文的个性化，每一次技术革命都推动了人类社会生产的飞跃。

企业如此，银行概莫能外。从“二八”到“八二”应是银行业下一阶段的重点工程，普惠金融、农村金融等不过是“八二定律”的几种具体表现形式。

在互联网金融的蓬勃发展的过程中，银行突然发现在传统的银行目标客户之外，实际上的确存在着很多之前未被金融服务覆盖的客群，银行之前没有意愿也没有能力去服务的客群现在已经变得有利可图。随着我国人均 GDP 突破 8 000 美元，这一类客户的价值显著上升。

2017 年初，金海腾在中原银行讲课时，提到作为人口和劳务输出大省的河南，如何为外出务工人员（俗称“农民工”）提供金融服务，并提出了“农民工金融”这个概念。

根据官方的统计数据，到 2018 年，全国总计有 2.88 亿农民工，其中进城的农民工有1.35亿，从事第三产业的农民工比重已经达到了50.5%，而外出农民工月均收入从2001年的2 049元增长到2018年的4 107元，增幅100%。这是一块多么大的蓝海。收入的提高对应着消费水准的大大提高和金融需求的提升。面对这样的农民工群体，银行却只关心农民工们春节返乡时的存款，对于他们在家乡的置业、在异地的消费不闻不问，让现金贷等互联网金融乘虚而入。

从顾客与客户之别，到八二与二八之辨，其背后是线上与线下相比更陡峭的边际成本递减曲线所带来的极低的边际成本。这是理性的思考。

另一方面，突出“八”的重要性，关注“长尾”的背后是人文的关怀，是对于细微服务、细小存在、分散个体的重视和价值挖掘。过去的金融是为工业时代设计的，强调规模化、标准化，无法满足绝大多数客户智能化、个性化、定制化的需求。新时代的到来改变了传统金融的运营和管理模式，使得80%的内容及其价值有了被挖掘的机会。

未来的社会需要新的金融体系支撑，那些广泛而个性的金融需求，蕴含着很高的活跃度和很大的金融流量，这样一座巨大的富矿，正等待银行们开发。

第十二章 站在可能的未来看现在

> 我所说的中国革命高潮……是站在海岸遥望海中已经看得见桅杆尖头了的一只航船，它是立于高山之巅远看东方已见光芒四射、喷薄欲出的一轮朝日，它是躁动于母腹中的快要成熟了的一个婴儿。
>
> ——毛泽东《星星之火，可以燎原》

穿越“虚无”：让战略走下“神坛”

在平台经济时代来临、新业态层出不穷的2016年，商业银行正面临着“转型期”的考验。在这个转型期中，银行如同既有轨道上行进的列车，艰难地开始了掉头或换道的尝试。大变局中的尝试，对于刚刚结束“黄金十年”的银行家们而言，是顶层设计的重新萌芽。不少银行开始重新思考自己的战略方向。

对银行而言，战略是一个既熟悉又陌生的领域。说熟悉，是因为大部分银行都有自己的战略规划；说陌生，是因为银行人很难三言两语说清楚这项顶层设计的内涵，或许并未透彻明白战略规划中的文字、图形、数据背后对银行经营与发展的意义。这样的熟悉与陌生，使得战略蒙上了一层“虚无”的面纱。

中国银行业的战略，是同银行业市场化进程紧密联系的。银行业内早期对战略问题的思考始于20世纪90年代，这一时期，正是银行业市场化改革起步，股份制银行、城市信用社开始登上历史舞台之时。1992年末，时任中国人民银行副行长的陈元曾为一本名为《21世纪银行战略》的中译本读物作序。他引用美国的数据，说明金融业发展与电子信息技术相辅相成的关系。彼时的美国，刚刚经历了自动取款机出现所带来的变革。1985年，美国最高法院最终裁定自动取款机不是银行分行，不适用于各州限制银行分行开设的法规，打破了各州州内及跨州设置分行限制的法规，塑造了银行业的全新格局。这一时期，中国银行业的市场化经营意识尚在萌芽状态，银行的战略还鲜少被提及，人们对银行战略的认识，更多体现在新技术的运用上。

2002年，中国加入WTO，新的银行业竞争格局带来了对战略更多的思考，银行也开始进入战略的迷茫期。随着建行、工行、中行、农行等相继引入外资战略投资者，战略这一古老的名词，以“舶来品”的姿态越来越多地出现在银行人的词典之中，成型于20世纪七八十年代的西方战略理论也被咨询公司，特别是外资咨询公司带入银行，开始真正“登堂入室”，成为银行战略规划的主流方法论。

其后一段时间内，不少城商行、农商行改制开业以后，也开始了自身在战略规划上的探索。在探索中，它们陷入了对咨询公司，特别是外资咨询公司的迷恋。有人曾经这样回顾那一段历史，“战略招投标时请个外国人讲标，实际操作全是中国人负责”，人们的注意力被战略中充斥着的各种技术名词所吸引。被技术名词堆砌出来的战略“神坛”，则以越来越虚无的面目呈现在银行人面前。

不少咨询公司也试图让战略从虚无到具象，但具象化的方式却是找了大大小小的对标银行。在战略西化的浪潮中，“标杆效应”与“拿来主义”在银行业战略规划制定中几乎无处不在，而探索中的“不适应症”和同质化问题也广泛出现，甚至出现了种种“怪现状”。有的农商行以浦发银行作为自己战略的“标杆银行”，某地百亿规模银行组织架构的对标行是花旗银行……当人们翻开银行的战略规划，看到似曾相识的“愿景、使命”时，已经在怀疑，是不是我们的银行，就应该长得一模一样，而所谓战略，就是一帮“秀才”舞文弄墨，“挂在墙上、喊在嘴上、落在纸上”的东西。

银行真的不需要战略吗？

与银行业对战略的陌生不同，在金海腾的工作经历中，始终贯穿着对战略问题的思考。在杭州广发银行立行之初，“不懂银行”的金海腾就提出“跳出银行做银行”、“不找市长找市场”、银行经营的本质是信用、银行的市场定位应该是先进生产力的发展方向等众多战略性论断。在这一系列论断之下，走出了“种芝麻，抱西瓜”“举行个金”的发展道路，十多年前，杭州广发银行关于客户定位、市场定位的选择，颠覆了传统银行人一个又一个“约定俗成”的认知，开辟了银行发展的新路。

在广发银行总行工作期间，金海腾作为甲方代表，面对某外资知名咨询公司为广发银行制定的详尽战略规划，他提出疑问，你们既帮 A 银行定规划，又帮 B 银行定规划，两家同为全国性股份制银行，A 银行的目标是市场份额增加 20%，B 银行的目标也是市场份额增加 20%，那么谁的市场份额减少呢？一个疑问，彻底把传统战略理论以规模和市场份额为导向，用计划代替规划、用描述性语言代替判断性选择、用条线目标简单加总代替业务模式设计的问题揭示了出来，也让人们看清了神秘的传统战略背后的致命缺陷。

真理往往需要时间来验证，当人们进入 21 世纪的第二个十年，VUCA（易变性、不确定性、复杂性、模糊性）时代的到来，互联网商业模式横空出世，“平等、开放、协作、共享”的新市场格局形成的时候，对于真正的战略家而言，正是战略选择与布局的时机。但随处可见的国外案例与完整框架，没有帮助银行做出战略选择。2011 年，某股份制银行行长曾说“银行挣钱挣得都不好意思了”，仅仅时隔不到 4 年，另一位国有大行的行长却公开表态，“银行是弱势群体”。“过山车”式的表述，成为银行业应对 VUCA 时代行为的缩影，作为转型先导的战略，恰恰成为反映银行“无知无觉”和“后知后觉”的表现。

当标杆开始失效、银行业进入“无人区”后，银行的战略到底应该怎么规划？从“黄金十年”繁荣中跌落的银行业，也开始正视和反思自己战略规划的制定了。

颠覆传统：构建式战略的诞生

战略规划到底应该怎么做？对银行人而言是难题，对从传统银行人转型成为咨询师的融至道 CEO 章伟良来说，同样也是一道难题。虽然他经历了杭州广发银行从建立到发展的大部分过程，但从战略制定与执行的“参与者”，变成了实际“操刀”战略规划的咨询师，体验却是全然不同的。刚刚涉足战略规划领域的他，就遇到了挑战。

这个挑战来自江苏长江商业银行。2015 年，长江银行选择了融至道来帮助制定 2016—2020 五年战略规划，这个项目正是章伟良负责的。在长江项目初期，融至道按照传统咨询的方式，从访谈与资料分析中，试图诊断长江银行的问题。在这个过程中，章伟良带领的融至道团队发现，不少中层及员工不认同长江银行坚持小微业务的战略选择，他们认为，在江苏这样一个经济较为发达的市场中，只做小微业务，浪费了市场资源，更丧失了银行业发展的“黄金十年”机遇。

作为一家咨询公司，到底应该怎样评价长江银行？这个问题摆在了章伟良面前。

如果按照传统战略理论，将长江银行同“标准”的银行经营模式与“优秀”的财务数据进行比较，无疑长江银行在很多指标上并不耀眼，相较于不少在这一时期快速发展的银行，长江银行的规模增速并不突出。项目组还发现，这家性格迥异、基因独特，有着自身非常特殊历程的小型银行，按照一般理论，找不到对标银行！规模差不多的，基因不同；业务模式相似的，区域环境有一定差异；区域环境相似的，发展路径又有很大不同。

这家不一样的银行，让熟悉银行经营的融至道团队遇到了新问题，是坚持“每家银行不一样，每家银行每个发展阶段不一样”，“一切以时间、地点、条件为转移”，还是从理论出发，来“推导”长江银行的战略。

这不禁让章伟良陷入了沉思，融至道自己，是不是也有对西方战略理论的盲从呢？

他想起了一次公司年度读书会上，金海腾向大家提出这样一个问题：为什么国外的智库和专家，在分析和判断中国时，找问题往往比较准确，然而开出的治疗药方又是无效的，到底是哪里出了问题？

其实，亲历改革开放全过程的金海腾是希望公司的管理层，在学习西方先进经验的同时，更多地要创造性地拿出符合国情的中小商业银行转型解决方案。如果简单模仿西方咨询公司的做法，迷信抑或照抄照搬他们的所谓先进模块，那就违背了当初成立融至道的初衷，在这个市场上“多你一个不多，少你一个不少”，毫无存在价值。

想到这里，章伟良明白了，长江银行是一家优秀的银行，自1988年以来一直坚持小微定位，围绕小微业务打造出了一整套风险控制与支撑体系。它没有像其他银行一样，选择规模、选择金融市场业务、选择向经济发达地区跨区域发展。长期以来，长江银行用优秀的战略弥补了自身在人才、科技等方面的不足。融至道项目组最终把长江银行的诊断定位为“解读”，将长江银行的战略立意定为“固本求新”，在战略中为长江银行小微业务赋予了新的内涵和生命力，提出了“线上再造一个长江银行”的战略制高点。由于对融至道团队的高度认可，长江银行聘请章伟良担任外部监事，更多人则通过融至道，了解了这家有着独特性格与基因的银行。

优秀的战略，可能并不是选择做什么，而是选择了不做什么。

长江银行的项目，使融至道团队开始重新审视咨询公司们奉为圭臬的战略理论。融至道的咨询师们意识到，千变万化的现实，哪能够套用既有规律！沿着“一切以时间、地点、条件为转移”的思维原点，融至道的构建式战略已经呼之欲出了。如果说长江银行是中小银行领域一位特殊的“好学生”，因其特殊性给咨询带来了挑战，那么日照银行就是一位一般意义上的“好学生”，如何从一般性中赋予日照银行特色，就成为融至道团队新的挑战。

2015 年年底，日照银行聘请了融至道制定战略规划。一直以来，日照银行都是一家财务指标非常优秀的银行，它善于借势，较早引入了南京银行作为战略投资者，但随着中国经济结构调整，以煤炭、钢铁作为主要货物的日照港吞吐量下滑，以公司业务、国际业务见长的日照银行，正在经历着结构调整的阵痛，业务受到了影响。

面对新的 3 年，日照银行的突破口在哪里？章伟良带领的融至道项目组提出了一个问题：未来的日照银行应该是什么样的？

项目组首先想到了南京银行。南京银行是日照银行的战略投资者，双方建立了长期而深厚的合作关系，甚至在支行层面都建立了对标学习和帮扶机制。但是，南京银行与日照银行所处的区域完全不同，区域经济结构更是差异巨大，南京银行能够成为日照银行基础管理的学习对象，但日照银行无法成为下一家南京银行。

项目组继而从区域出发，希望从区域相似、产业结构相似的青岛，找到日照银行未来的样子。但是，青岛与日照两座城市经济体量的巨大差异，使得两城的银行完全不具备可比性。

找不到未来的标杆！这实质上成为不确定性时代中，中小银行战略规划的常态。章伟良意识到，如果我们找不到现成的未来样板，为什么不构建一个日照银行应该有的未来呢？这个未来才是具有日照特色、符合日照银行发展的未来。

基于这样的思考，融至道第一次提出了“站在可能的未来看现在”的构建式战略核心理念。

项目组重新对日照“十三五”规划进行了分析，提出了日照银行规划应与港口经济的转型相联系，在转型期重构自身发展模式的观点。通过重构客户定位与新的商业模式设计，重新对原公司、零售、金融市场业务进行配置与布局，重新定义了与政府的关系，重新对业务的轻重缓急、快慢高低进行设计。

这使融至道真正开始了区别于传统的分析型、推导式战略的尝试。而后，融至道进一步结合大量实践，总结出了属于自己的咨询框架和模块，并把它命名为“构建式”战略咨询模式。融至道战略咨询从传统中走来，在颠覆传统中找到了构建式战略的灵感。

有人以“盖房子”形象地形容融至道的构建式战略：人们一般认为，盖房子得先打地基，但构建式战略是先有顶层设计，根据融至道行业见解与对先进生产力发展方向的判断，规划银行与区域经济未来应有的样子。

世界原本就应该如此。

战略立意与战略制高点

在融至道的构建式战略体系中，战略立意与战略制高点一直都占据着独特的位置。这两个名词从未出现在任何一本战略管理的教科书中，但它们与战略基础、战略定力一道，构成了融至道在一般战略规划理论之外的独有理论框架。

这两个名词的灵感来自实践。在中小银行的战略规划中，金海腾发现，愿景与使命决定着银行的长期发展方向，但银行当前阶段的主要矛盾、当前阶段的主要特征、战略中改变全局态势的关键却被忽略了，导致战略成为一个只描述“看得见、摸不着”的目标，却没有真正反映当前阶段问题的“纸老虎”。那么，怎样才能在战略规划中聚焦当前阶段的具体特征呢？“跳出银行做银行”，他想到了“千里挺进大别山”和一段拜访历史亲历者的往事。

多年前，那时还在广发银行工作的金海腾与章伟良专程到北京登门拜访了电影《大决战》的编剧，原中原野战军政治部宣传科长史超，他把两位银行人带回了那段烽火连天的岁月。

1947 年 3 月，正值解放战争如火如荼之时，此时国共军事力量的对比，已经比一年前内战开始时发生了明显变化，国民党军队从 430 万人降至 370 万，而共产党军队则从 100 万上升至 195 万，共产党兵力大大增强，装备条件获得了极大改善。随着军事力量对比的变化，蒋介石不得不将战略方针从 1946 年的全面进攻调整为重点进攻，集中兵力，像两只拳头打向我陕甘宁边区和山东解放区。面对这样的局面，毛泽东决定向蒋介石战略上的薄弱后方——大别山发动战略反攻，他制定了两翼牵制、中间突破的“品”字形作战方针。由刘伯承、邓小平率领的晋冀鲁豫野战军主力从中央突破，挺进了战略要地大别山。大别山地区到南京与武汉的路程都不足三天，对国民党统治的核心区域形成了直接威胁，如同一把尖刀插进了敌人的心脏。

这成为解放战争的伟大转折点，刘邓大军采取无后方千里跃进的进攻方式，直捣国民党军统治的大别山区，创建了大块革命根据地，为转入全国性的战略进攻奠定了基础。史超回忆说：挺进大别山中，刘邓大军为了完成战略意图，遭受了严重的损失，战士们为了过黄泛区，哭着丢掉了所有重武器，“坛坛罐罐都不要了”，以至于二野一直是解放战争中战斗力最弱的。

往事历历在目，历史引发了金海腾的思考。“挺进大别山”是解放战争从“战略防御”转向“战略进攻”的关键，那么从解放战争全局来看，当时的战略立意就是反攻，而挺进大别山，就是改变战略态势、变被动为主动的关键一招。

作为军事名词的“战略”，最直接的案例一直都来源于军事，如果说战略立意是战略的中心思想、灵魂，包括发展阶段的本质和规律，那么，我们是不是可以把战略实施的锁钥或者关键之举叫作战略制高点？再进一步说，战略立意是中短期的战略目标，就像指南针，愿景和使命可能不是具象的，但是战略立意一定要是清晰的，并且与当下紧密联系。战略制高点是达到战略目标的支点，帮助企业更快达到终点的交通工具和突破口。战略制高点不能离开战略立意的指引，否则会偏离战略愿景。

概念清晰了，与愿景、使命的关系清楚了。融至道团队在使用这一独有的理论体系去分析成功企业的时候发现，它们无一例外都有清晰的战略立意与制高点。把服务客户改成服务顾客的美国安快银行，战略立意是把银行变成提供金融服务的零售商店，而战略制高点则是独一无二的顾客体验。阿里巴巴的战略立意是让天下没有难做的生意，战略制高点则是以支付宝为依托构建信用交易的体系。美国西南航空的战略立意是打造“空中巴士”——让坐灰狗巴士的人，坐得起飞机，战略制高点则是想尽一切办法让飞机飞在天上，减少不该有的成本。而正在进行数字化敏捷转型的中原银行，所提出的上网下乡，就是改变全局态势的战略制高点。

是不是应该让你的银行，也有战略立意和战略制高点呢？

立意与制高点，堪称融至道在战略制定中的“神来之笔”。2013 年，在西宁农商银行战略规划中，面对青海这个只有 600 万人口的经济欠发达省份，金海腾创造性地提出了“旅游金融”的战略制高点。其后，在赣州银行战略规划中，金海腾提出了突破、突围的战略立意和升格厦门自贸区支行为分行、将厦门分行大楼打造成为创新基地的战略制高点。在洛阳银行的战略规划中，金海腾又提出了“赢郑州、赢河南”的战略制高点。

从实践中来，到实践中去，金海腾及他所创办的融至道，一直都是实践者，而战略立意与战略制高点，正是战略规划实践中迸发出的智慧结晶。

闲棋冷子与“无中生有”

尊敬的海思全体同事们：

此刻，估计您已得知华为被列入美国商务部工业和安全局（BIS）的实体名单（entity list）。

多年前，还是云淡风轻的季节，公司做出了极限生存的假设，预计有一天，所有美国的先进芯片和技术将不可获得，而华为仍将持续为客户服务。为了这个以为永远不会发生的假设，数千海思儿女，走上了科技史上最为悲壮的长征，为公司的生存打造“备胎”。数千个日夜中，我们星夜兼程，艰苦前行。华为的产品领域是如此广阔，所用技术与器件是如此多元，面对数以千计的科技难题，我们无数次失败过、困惑过，但是从来没有放弃过。

……

今天，是历史的选择，所有我们曾经打造的备胎，一夜之间全部转“正”！多年心血，在一夜之间兑现为公司对于客户持续服务的承诺。是的，这些努力，已经连成一片，挽狂澜于既倒，确保了公司大部分产品的战略安全，大部分产品的连续供应！今天，这个至暗的日子，是每一位海思的平凡儿女成为时代英雄的日子！

……

2019年5月17日，一封海思总裁何庭波给员工的公开信在网络上流传。海思是谁？这家长期“隐身”于华为身后的芯片制造企业，终于在中美贸易战中走到了聚光灯下。华为多年前为“极限生存假设”所做出的布局，在大变局来临之时，成为“不需要90天临时宽限期”的十足底气。

试想如果没有海思，今天处在贸易战旋涡中心的华为，明天又在哪里呢？

这是一个不敢假设、没有如果，更难以承受结果的问题。作为华为自主研发战略中“闲棋冷子”的布局，海思在长时间的沉默之后，终于在关键节点发挥了影响全局的作用。沉默并非无为，在长时间的幕后研发中，海思成长为世界第七、中国第一的芯片设计公司，麒麟 980 处理器更是创造了六个世界第一。正如任正非所言，在他的眼中，从来就没有备胎，十多年里，海思已经从华为研发“中国芯”的闲棋冷子变成了左右全局的重要棋子，这本就不需要用贸易战来证明。

布局闲棋冷子，是一直以来贯穿金海腾管理实践的一个重要思想，这绝不仅是对极限生存假设的应对。他用下棋对弈中的布局思维，通过闲棋冷子的方式，对已经萌芽，甚至尚未萌芽的创新进行提前布局。不论是在杭州广发，还是在融至道，金海腾始终密切关注经济社会中的新生事物，特别注意把握并创造条件促发事物从量变到质变的关键节点。2015 年他敏锐地注意到了供给侧改革中出现的新产业与新业态，提出“商业新业态、银行新策略”的命题。“马拉松热”与体育产业、旅游经济、大数据等这些今天已经被人们所熟知的产业与业态，彼时才刚刚萌芽。作为实践者的金海腾，在杭州广发工作期间，主导创造了中国银行业第一个类余额宝理财产品“薪加薪”，决策了为华策影视拍摄《绍兴师爷》电视剧而进行的中国银行业首单文创产业贷款，为季节性强、有存货需求的空调贸易企业发明了“动产质押”产品……每一次为创新而进行的试错与布局，金海腾都选择了当时代表先进生产力发展方向的产业与业态，而这，正是杭州广发创造奇迹的奥秘。

站在可能的未来看现在的构建式战略，不正是独辟蹊径、发现新生事物，并提前布局的过程吗？正如毛泽东所说：“我所说的中国革命高潮……是站在海岸遥望海中已经看得见桅杆尖头了的一只航船，它是立于高山之巅远看东方已见光芒四射、喷薄欲出的一轮朝日，它是躁动于母腹中的快要成熟了的一个婴儿。”

有人说，闲棋冷子的布局与区域环境相关，如果区域内没有，再敏锐的战略家，也无法在战略规划中发掘新生事物。果真如此吗？闲棋冷子的布局，难道只能是已经存在的东西？

“你们知道吗，赣南的脐橙，在种植的时候，要在橙子树下种白萝卜。萝卜成熟后不用收，专门让它烂在地里，可以促进橙子树根对红土中微量元素的吸收。”如果只是听这段话，人们可能误以为对面坐着一位经验丰富的农业技术人员，但这却真实地出自一位银行科技人员之口。在他们口中，这样的生产细节还有很多，多大的橙子对应什么等级、橙子树的病害如何防治、什么样的牛羊肉才能贴上清真的标识……银行人的“不务正业”，是因为他们有着“用科技重新定义金融，让金融普惠天下农业”的理想。

这家“不务正业”的银行，是地处长江中游重镇九江的九江银行。九江银行在“三农”领域的布局，是所有人都没有想到的。九江是一座工业城市，本身没有特色农产品；九江银行是一家城商行，不具备做农业项目的初始基因；很多人切入农业领域，都在农产品电商平台上发力，而九江银行则一头扎进了标准化程度低、互联网化程度低、获取真实交易数据难度大的农业生产领域。

在这个缺乏资源禀赋，也全然陌生的产业领域，九江银行开始了“无中生有”的历程。赣南脐橙、金乡大蒜、安岳柠檬、内蒙古牛羊肉……九江银行开始了对农业领域的“赋能”。一个企业

一个企业地走访，一个产业链一个产业链地摸底，一个品类一个品类地攻克，信息流、物流、资金流在这样的努力中完成了闭环，九江银行人也在这个过程中成为农业专家。

构建定制化供应链金融风控方案，九江银行综合运用设备互联、大数据、云计算、区块链等技术，统一制度、规范流程，通过产品准入、大数据采价、抽样检测让品质“算得清”，通过设备监督、日常巡库、风险预警让风险“管得住”，通过价格监控、处置渠道、交易平台让农产品“卖得掉”。

很多人会问，农业产业的利润真的能够支撑银行发展吗？九江银行有自己的算账方式。以化肥为例，九江银行开发的“冬储贷”产品，让各级经销商能够在化肥出厂的淡季大量采购与仓储，使化肥价格从出厂开始已经降低。由于全产业链的打通，生产厂商在淡季能够迅速回笼资金，各级经销商能够在生产旺季来临前大量储备货源，农户通过贷款购买化肥甚至比现金买还便宜。由于从出厂开始化肥价格就已经降低，各级经销商只需要让一点利就足以覆盖金融成本。

同样的故事也发生在羊肉产业链中。随着羊肉产业标品的打造，九江银行实现了“从羊羔生下来第一天开始就让它享受银行服务”。通过“给钱买草”、饲料代采进入养殖环节，通过存货质押进入仓储、运输环节，通过联合西贝、海底捞等知名餐饮企业进入销售环节，九江银行让农户“安心养”，让屠宰与仓储企业“无压力”，让餐饮企业“零库存”，还能让零售客户吃上“放心肉”。

做到这一步的时候，银行还会担心没有利润吗？

传统银行不敢想、没法做、控不住的农业金融，成为九江银行布局未来的重要棋子。当全产业链整合、金融资源注入后，九江银行彻底重塑了农业产业价值链，让价值在产业链上实现了重新分配！

这就是“无中生有”，创新本身就是无中生有！

无中生有，真的是“无”吗？只是我们没有站在可能的未来，洞察人性和构建需求罢了。

构建式战略，不是胡思乱想的理论，也不是脱离实际的“摆设”，它是正在我们的身边发生着的鲜活实践。

战略、战役与战斗

毛泽东说：“研究带全局性的战争指导规律，是战略学的任务。研究带有局部性的战争指导规律，是战役学和战术学的任务。”[①]“三分战略、七分落地”，银行对战略规划的困惑，绝不仅仅停留在战略本身。战略选择正确，就一定可以打得赢吗？答案显然是否定的。

融至道在咨询过程中，曾遇到一家东部沿海地区的银行。这家银行聘请一家咨询公司，做了一个超过500页PPT的战略规划，但3年之后，战略规划几乎都没有落地，这家银行的一位中层曾说：

①毛泽东，《毛泽东选集（第一卷）》，人民出版社，第175页。——编者注

“规划写得都很对，也很全，但我们找不到与实际业务结合的切入点，也没有能力把规划落地。”

当战略已确定，到底发起什么样的战役，又应该如何作战？辽沈战役中的锦州之战也许是最好的历史镜鉴。

1948 年的东北，战争形势已经发生了重大逆转，解放军在东北战场上取得了兵力优势，国民党军队已经处于全线防御态势，长春被解放军层层围困，国民党在东北只能把 60 万左右的兵力集中在长春、锦州、沈阳等几个城市，城市之间的交通线被解放军切断。此时，国共双方都将锦州作为了战略制高点。毛泽东认为，只要能成功解放锦州，就能彻底封闭国民党军队逃窜到关内的道路，形成“关门打狗”之势。与此同时，蒋介石也认识到了锦州的重要性，正如国民党锦州指挥所主任范汉杰所言：“锦州好比一条扁担，一头挑东北，一头挑华北。”

先打哪里？共产党内部出现了对战局的不同推演。从全局的战略考虑，毛泽东力主先打锦州，但当时东北野战军主力长时间围困长春，如果舍近求远，先打锦州的话，后勤供应将会是很大的问题。因此，时任东北野战军司令员林彪认为打锦州没有十足把握，应该先解放长春，然后逐次攻占沈阳、锦州。

在辽沈战役前的近半年时间里，毛泽东与东北野战军就战局进行了反复争论。最终，战略与全局的考虑成为决定性因素，1948 年 9 月东北野战军主力切断了锦州与关内的联系，完成了对锦州的包围。

国民党内部同样存在争论。蒋介石曾计划把沈阳部队撤至锦州，以便与华北傅作义配合，进可以夺回东北，退可以撤往关内。东北“剿总”司令卫立煌则主张固守沈阳、长春、锦州，保全东北，以待局势变化。解放军围攻锦州后，蒋介石立即命令卫立煌，解锦州之围。在卫立煌拒绝出兵的情况下，蒋介石甚至直接命令第9兵团司令廖耀湘出兵，而廖耀湘深恐自己成为解放军“围点打援”的对象，迟迟没有杀向锦州，只在辽西地区打转转。

战役的结果已为人们所熟知。解放军仅用一周，就成功解放了锦州，而锦州之战的确如毛泽东所料，成为解放战争中战略全局的关键一役。

锦州之战的情况，在银行战略落地的过程中经常发生，很多时候，正确的战略仅仅因为“补给困难”“突破了常规”“没有按照既定路径”“指挥员对战略的认识不到位”等原因，选错了战役发起的时间、地点，忽视了战斗发生的具体条件而难以落地。

在战争中，战略的落地，由若干战役组成，而战役的实施，又会有若干的具体战斗。融至道在构建式战略的实践中，通过工作坊的工作方式，将目标与现实进行差距分析，带着战略的执行人自己找方法，自己定路径，将“虚无”的战略分解成为带有完成时间节点的“工程—项目—动作”体系。这样的战略落地体系更加注重效率，更关注绩效改进。

当战略管理体系建立，具体战斗中的细节，成为战略落地的关键。不少银行制定了战略，建立了“纸面上”的管理体系，但却缺乏对战斗细节的把握。正如金海腾所说，“细节”，在一般情况下，它很安逸，它躲在那里，不会变成一个影响我们主体发展的要素。然而在某种情况下，它相对不利的一方会膨胀，会癌变，会一下子变成扭转全局的关键。所以，作为领导，在这个时候就要十分重视“细节”问题，能够洞察重要“细节”。

> 1948年10月的一天深夜，值班参谋正读着一份某师上报的战斗缴获报告，那是该师的下属部队偶然碰上的一个不大的遭遇战，他们歼灭了一部分敌人，缴获了一些战利品，敌人余部逃走。表面上听起来，这份报告与其他报告并无明显差别，林彪听着听着，突然叫了一声“停”。他眼中一下子闪出光芒，欣喜地问周围的人：“刚才念的在胡家窝棚那个战斗的缴获你们听到了吗？”由于已值深夜，大家满是睡意的脸上一片茫然，因为像这样的战斗每天都有几十起，只是枯燥的数字稍有不同罢了。
>
> 林彪扫视一周，见无人回答，便接连提出三个问题：“为什么那儿缴获的短枪与长枪的比例比其他战斗略高？为什么那儿缴获和击毁的小车与大车的比例比其他战场略高？为什么那儿俘获和击毙的军官与士兵的比例比一般歼敌略高？”
>
> 人们还没来得及思索，胸有成竹的林彪已大步走向铺满军用地图的墙壁，用长杆的尖头指着地图上的一个点说：“我猜想……不，我断定！敌人的野战指挥所就在这儿！”随后，林彪口授命令，全力追击从胡家窝棚逃走的那股敌人，一定要把

他们彻底打掉。

此时国民党第9兵团司令廖耀湘还在庆幸自己在意外的遭遇战中幸免于难，刚刚安全脱身的他来不及休息就急忙指令各部队尽快集结，欲回师沈阳大本营或经营口港从海上突围撤回关内。

可是好景不长，追击而来的解放军很快就把他的指挥部团团围住。廖耀湘眼看大势已去，只好脱下将军服，穿上满是油渍的伙夫衣服，想在混乱中择机逃走。但他钻来钻去跑了好几天，都无法逃脱，因为漫山遍野都是解放军战士，不断有人高声喊道："矮胖子，白净脸，金丝眼镜湖南腔，不要放走廖耀湘。"用对方指挥官的长相特征编成的一句"顺口溜"，居然有无比巨大的威力。乔装打扮的廖耀湘只好从俘虏群中站出来，沮丧地举手投降："我就是廖耀湘。"

这就是细节！细节不是无序的，更不是无迹可寻的。细节的巨大魔力，成为取得战斗胜利、加速战役结束的关键。谁说战略的执行不需要细节，谁说不解决战术问题的战略是好的战略，谁说最高指挥官不应该关注战略落地的关键细节。

把战略"束之高阁"的，常常是战略制定者自己。

战略是目标与能力之间的协调

几年前，某家银行曾提出希望融至道为其制定战略提供辅导，金海腾在对其支行的情况进行了几天的调研和座谈后，发现这家银行基础管理薄弱，银行的组织管理体系存在着一定的问题。他大胆做了一个判断：这家银行不适合做战略规划，因为他们没有战略落地的基础！

冒天下之大不韪！作为乙方，咨询公司通常都是承接银行方的需求，银行方需要什么项目，就做什么项目，哪有送到嘴边的肉不吃的道理！但这就是融至道，“为公为道，致力于中国金融发展”的融至道，金海腾不允许自己做的战略规划不落地。就此，他提出了战略基础的概念，判断是否具备战略基础，是否有战略执行的能力，成为融至道辅助银行制定战略规划的一项基本前提。对这家缺乏战略基础的银行，融至道将组织设计、激励优化和业务提升三个子项目落地后，才辅助其制定了新的三年规划。

美国历史学家约翰·刘易斯·加迪斯在其新著《论大战略》中谈到，战略应是目标与能力的协调，不能固执地追求超出能力的目标。

2019 年 5 月 24 日下午，中国人民银行、中国银保监会联合发布公告，自公告发布即日起对包商银行实行接管，接管期限为一年。这家被央行反复定义为“个案”的银行，曾是一家被业内广为追捧的“明星银行”。

> 1998 年，包商银行由当地的 17 家城市信用社改制而成，成立之初明天系旗下的明天科技公司就出资 2 000 万持有

13.9% 的股份，经历多次股权变动后，明天系合计持有 89% 的股份。

2005 年，包商银行引进了德国国际项目咨询公司（IPC）的 IPC 微贷技术，成为小微业务领域“北派”的代表，其提出的“没有担保能不能贷款，能！没有抵押能不能贷款，能！”曾被认为开银行业风气之先。

2006 年，包商银行抓住了城商行跨区域设立分支机构的契机，先后设立了宁波分行、深圳分行、成都分行及北京分行。至 2012 年末，异地分行贷款总额接近 110 亿元，在全行贷款总额占比升至 20%。

2012 年以后，随着同业业务的扩张，包商银行迎来了资产规模“大跃进”。截至 2018 年 9 月，包商银行同业负债高达 2 211 亿元，占比接近总负债的半壁江山，通过做大债券投资、高风险的非标资产及通道业务减少资本金的占用，规避资本金约束，实现了资产规模的跃升。

2015 年，包商银行花费巨资与某知名外资咨询公司长期合作，推动全行零售业务转型和组织架构改革，并积极布局互联网金融与数字化银行业务，率先成立了互联网直销银行平台“有氧金融”。

……

误把风口当能力！这家抓住了几乎所有风口的银行，恰恰忽略了风口上的业务增长不能代表银行内在能力提升的道理。这张拉满了的弓，在区域经济下行、金融供给侧结构性改革来临的时候，折断了。

人们发现，这家以“建设现代化、国际化的好银行”为愿景的银行，股权集中、公司治理严重失控，“大量资金被大股东违法违规占用，形成逾期，长期难以归还，导致出现严重的信用危机”，包商银行早已沦为了明天系金融帝国的“血库”。

长期对风口的重视与对能力的忽视形成了鲜明对比，包商银行的发展过程中，充满了急功近利的思想，而真正的企业家精神与家国情怀已经让位于规模数字。包商银行像是一位迷途者，固执地追求着自己的目标，忘记了城商行的历史使命与定位，在“打造怎样的银行”与“怎样打造”之间，迷失了方向，忽视了基础能力建设，战略失控，最终竹篮打水一场空。

失控的包商银行发人深省，构建式战略要求不以现有能力为制约，时至今日，银行应该如何实现目标与能力的协调？

融至道人早已在探索构建式战略中目标与能力之间的关系。人们通常认为，战略决定组织。战略确定以后，通过组织调整，实现组织与战略规划的匹配。但这样的认识，是企业组织形式从“工厂”演进到“公司”后形成的。当互联网时代到来，企业组织形式向着“平台化”方向发展，组织开始从层级化、管控型走向敏捷化、赋能型的时候，银行战略应该向何处去？新的组织形式是不是会生发出不一样的战略？如何让战略焕发出新的生机？

“每家银行不一样，每家银行的每个发展阶段不一样”，融至道再次为自己的构建式战略提出了新的命题，而解决的方式，则是项目立意与直接赋能。金海腾提出，每个项目都应该有项目立意，“自项目立意始，要求我们把握咨询对象（银行）处在一个什么阶段，这是宏观判断”，同时，“为了强化能力，我们是不是先应该为银行赋能？赋能是从微观入手，解决具体问题”。

金海腾一言蔽之，“全局在胸，局部在手”！这与阿里巴巴总参谋长曾鸣提出的“看十年，做一年”不谋而合。好的战略是在愿景的指引下快速行动，是持续实验的过程：愿景越来越清晰，行动方向越来越清楚，战略越来越明确，资源投入也越来越多。

从站在可能的未来看现在，到站在可能的未来做现在，融至道正在从“看”到“做”，在前瞻性判断下，为未来赋能，实现战略管理中目标与能力的动态协调。

在广东的一家银行，根据这家银行所处的特定发展阶段，融至道团队创造了一种全新的战略咨询模式：先以问题为导向，探索直接赋能，在现场发现银行亟须改进的方方面面的问题，优先对若干条线、部门进行梳理与提升；然后融至道项目组深度融入，推进业务提升重点项目的落地，在项目落地过程中，进一步优化组织、流程、考核等一系列问题；再在此基础上制订新的战略规划。

不是从理论开始，而是从做开始，融至道正在用自己的实践，回答今天我们怎样做银行的命题。

第四篇

第十三章 回归本源做银行

找市长，还是找市场，我选择后者。商业银行终究还是要学会找市场。

——金海腾

进入强监管的新时代

金海腾在跟国内银行阐述一轮改革“破”与二轮改革“立”的根本区别时，提到了两个非银行的却发人深省的案例。

2015 年 6 月，中央音乐学院院长王次炤因在其女儿的婚礼上，利用职务便利，接受与该校有共建关系的北京某国际艺术中心提供的婚宴优惠价格，邀请学校同事、下属参加婚礼并为婚礼服务（其中包括学校领导班子成员 5 人），造成不良影响，违反了中央八项规定精神和党的廉洁纪律，被党内严重警告处分，免去中央音乐学院党委常委、委员、院长职务。参加婚宴的学校党委书记郭淑兰，学校党委副书记、纪委书记逄焕磊分别因未严格履行主体责任和监督责任，被党内警告处分。

2015年11月25日，《齐鲁晚报》官方微博发布了山东巨野县纪委、巨野县监察局关于5起违反中央八项规定精神的案件通报。其中，巨野县田桥镇政府办公室主任魏衍顺因吃拿商户两个苹果未交钱而被诫勉谈话。两个苹果，也就区区几元钱，镇办公室主任为了这两个苹果而被诫勉谈话处理，并被作为案件进行通报，在全县和全国人民面前丢了大脸。

这是往常人们以为“小题大做”的两起事件。“不以恶小而为之”，这小学生课本上的古训，却常被人们以别人也是这么做的而忽略。

到此时，人们会猛然发现，时代真的变了，这是一个“立”的时代！

如同刚开始人们对中央八项规定能否持续所表示的怀疑一样，当强监管到来的时候，银行业内也有不少类似观望情绪。

而银行的强监管时代，也真的来了。

“冰冻三尺非一日之寒”，强监管亦并非毫无预兆。事实上，从2017年初郭树清就任银监会主席之后的一系列动作看，强监管时代已经到来了。2017年全年，银监会针对商业银行的“三违反”（违法、违规、违章）、“三套利”（监管套利、空转套利、关联套利）、“四不当”（不当创新、不当交易、不当激励、不当收费）、“十乱象”（股权和对外投资、机构和高管、规章制度、业务、产品、人员行为、行业廉洁风险、监管履职、内外勾结违法、非法金融活动），开展了空前严厉的整治行动。

公开信息显示，2017 年全年，银监会系统公开的、属于本年度开具的罚单共计 2 655 张。罚款金额总计 14.05 亿元，其中对机构罚款 11.82 亿元，对个人罚款 2 469.9 万元；没收违法所得 1.97 亿元；处以警告约 800 例；对 100 余人做出取消高管任职资格的处罚；对 60 余人做出取消银行从业资格的处罚。

据不完全统计，2017 年全年，人民银行开具的行政处罚罚单共计 903 张，对金融机构的罚没金额共计为 7 980 万元。

监管“重拳”远不止于此，在罚单总量创历史新高的同时，单一罚单的金额同样创历史纪录。

如雪片般飞来的罚单，揭示出的却是银行业过去十余年发展的痼疾。2018 年 1 月 19 日，星期五的晚上，2018 年第一张罚单“横空出世”。银监会公告的原文，措辞极其严厉，“这是一起浦发银行成都分行主导的有组织的造假案件，涉案金额巨大，手段隐蔽，性质恶劣，教训深刻”。

在总结浦发银行成都分行的教训时，银监会用了“内控严重失效、片面追求业务规模超高速发展、合规意识淡薄”这样的话语，这也几乎成为强监管时代所有金融大案背后的结语。“明星分行”

“明星人物”的陨落，层出不穷的案件背后，是银行业长期以来片面追求绩效、追求规模，资金“脱实向虚”，脱离经济发展的真实写照。我们的银行业里，还有多少个没有“事发”的浦发银行成都分行呢?

随着大幕拉开，银行业强监管、严监管将成为常态，已经习惯了“躺着挣钱”的银行，正在面临着一场不可逆转的深刻变革。

到 2018 年的时候，金海腾所率领的融至道的管理团队人员担任了 15 家银行的独立董事和 2 家银行的外部监事，金海腾在银行的董事会和融至道内部的会议上也强调了董事、监事的有效履职。

深谙中美银行业监管状况的他，还经常特地强调:“美国对银行的第一大股东是视同银行来纳入监管的，在银行股东的监管方面，中国做得还是偏弱的，各家银行自己要引起充分的重视，否则会出大问题。”

2019 年年中的“包商银行事件”，不幸被金海腾在数年之前言中。

金融领域的顶层设计：金融工作会议的解读

2017 年 7 月 14 日至 15 日，第五次全国金融工作会议在北京召开。在这个五年一次的金融领域顶层设计会议上，习近平发表重要讲话。他指出，防止发生系统性金融风险是金融工作的永恒主题。会议提出服务实体经济、防控金融风险、深化金融改革三项任务，决定设立国务院金融稳定发展委员会，强化人民银行宏观审慎管理和系统性风险防范职责。

相比于前四次金融工作会议，这次在党的十九大前夕、强监管背景下召开的会议出席者层级之高、影响之大，是前所未有的，奠定了未来一个时期金融工作的主旋律。

主旋律到底是什么？金海腾说，关键词只有两个："金融乱象"与"实体经济"。

何为金融乱象？金融工作会议召开四天前发生的一幕，成为最好的注解。

7 月 10 日，曾高调出现在中国"首富"位置上的王健林突然将万达集团的主营业务——文旅和酒店项目，以 631.7 亿元的价格出售给了孙宏斌掌舵的融创中国和富力集团。这次在外界看来非常仓促的行为，似乎在资产出售的发布会现场得到了印证，不少媒体甚至非常戏剧性地描述了万达、融创、富力现场出现的"摔杯子"场景。

在国内，万达的主营业务有商业物业、影视、文旅和酒店项目，这次仓促的出售，使万达文创板块"超越迪士尼"的愿景成为泡影，而运作良好的酒店项目也被出售，彼时同样非常难以理解。

而国内的"套现"故事，还要从国外的收购故事说起。近年来，万达在海外收购方面有不小的动作。美国著名的电影制作企业传奇影业、AMC 院线、世界顶级奢华游艇品牌圣汐游艇公司等都被万达收入麾下。

他们的钱从哪里来？这是金海腾在解读“金融乱象”时提出的“自由现金流之问”。2017 年以来，与资本市场相关的多个热点事件相继进入人们的视野，一些企业近年来在海内外市场叱咤风云。然而，它们到底在用谁的钱投资？比较中美两国上市公司的情况，中国上市公司自由现金流（运营现金流减维持经营的成本及税金后的余额）为负，而美国公司总体为正！这意味着，包括万达在内的不少企业在境外收购院线、酒店的时候，使用的并非来源于企业经营所积累的盈余，其资金来源于银行贷款！这些企业通过加杠杆的方式，用国内居民存款，或构建了庞大的金融混业帝国，或在境外拥有了规模巨大的各类资产，进行着“非理性投资”。

事实证明了金海腾的判断，不只是大银行，一些中小银行也参与到了这样的“乱象”之中。据媒体消息，2017 年 6 月中旬，一家中部地区的城商行为北京万达文化产业集团（下简称“万达文化”）投放了内保外贷 1.5 亿美元。不光是这 1.5 亿美元，2017 年以来，这家城商行共为万达文化办理应付类跨境融资性担保业务达 4 亿美元。而这些业务，被该行视为金融创新“成绩”，甚至上报给了地方金融办。

更有意思的是，这些曾是不少大银行手中的“香饽饽”的业务，能够被中小银行“创新”，背后另有原因。就在这家城商行向万达文化投放 1.5 亿美元的同时，监管部门曾紧急要求银行排查对部分大财团的授信和海外融资，特别是并购贷款、内保外贷等业务的风险，其中包括万达。消息不胫而走，6 月 22 日，万达地产债暴跌，银行纷纷抛售手中万达债券，万达开始在资本市场面临现金流压力。

正是在这样一系列事件的背景下，万达“壮士断腕”火速出售核心资产，补充自身流动性也就不足为奇了。而更为重要的问题是，作为曾经的“首富”，是否思考过“先富起来后怎么办”的问题？这是金海腾在思考“金融乱象”之时所提出的又一个值得深思的问题：金融在国家战略中，应该起到什么样的作用？

2016年，我国的恩格尔系数为30.1%，已接近富足标准。然而，在全面建成小康社会的同时，反映贫富差距的基尼系数却在不断升高，逼近警戒线。在“一轮改革”中，我们解决了先富起来的问题，而如今，先富起来以后怎么办的问题，摆在了我们的面前。与此同时，随着我国人均收入的增长，我们正在进入中等收入国家行列，在迈向高收入国家的过程中，钱投向哪里，买什么东西，如何实现共同富裕，成为能否跨越中等收入陷阱的关键。

“金融乱象”不会止于万达。2016年以来的“宝万之争”，同样是“乱象”的重要表现。这是金海腾在思考“金融乱象”时提出的第三个问题：资本是不是就说了算。作为广受关注的金融事件，随着“宝万之争”的发酵，人们开始质疑是否真的应该“资本说了算”。而与此同时，格力掌门人董明珠在回应“野蛮人”入侵时说：“如果成为中国制造的破坏者，他们将成为罪人。”

怎么看待这个事件？这是按照市场规则进行的吗？金海腾说，“宝万之争”中的相关企业，本身自己就是市场规则的破坏者！

它们在信息披露、资金运用等方面的违规操作和其他为公众所熟知的事件中，或是没有遵守规则，或是违背了信用承诺。作为“市场规则的破坏者”，又何以能用资本来讲“市场规则”？！

“钱从哪里来”“应该投到哪里去”“是不是有钱就可以说了算”，这是时代之问，更是发展之问，是金海腾对金融工作会议解读的出发点，也是融至道对金融改革与银行发展问题本源的思考。正是因为，在过去一个时期，我们对这三大问题的认识模糊不清所导致的金融领域乱象，使金融秩序的重建成为下一步改革最为紧迫而重要的任务。这次金融工作会议与2012年“二轮改革”启动以来“立”的逻辑一脉相承，是“立规矩”与秩序重建的开始。2017年以前的金融监管，更多只关注了细节，忽视了关乎全局的、有系统性影响的重大金融问题。而同时，在一轮改革中形成的法律法规随着时代的发展，部分制度性缺陷已经显露，近期的一系列热点事件，并非真正的创新，而是打着创新旗号的制度套利！

有人说，金融创新就是在“监管套利”。2017年之前，“监管套利”式创新也成为银行业内流行的做法。

一直以来，监管部门也致力于将中小商业银行引向市场化道路，陆续推进了利率市场化改革、新巴塞尔协议落地等举措，创造市场化的环境。随之，商业银行利差逐步收窄、资本约束之下资产规模受限，但同时，商业银行的内生增长乏力和市场化能力不足的问题一时无法得到解决，加上自身战略懒惰的习性，在跨越式发展、规模制胜等思维的推动之下，随波逐流地选择资产从表内转到表外，网点和客户从域内扩张到域外，资金投向从实体转到房地产、政府融资平台的发展道路。商业银行明知此路不长久，但还是不愿走挖掘资产这条艰苦的内涵式发展道路。

支撑起中国大国崛起之梦，需要一个更加完善有效的金融体系，更需要这个体系的参与者主动肩负起本该承担的职责。

回归商业银行的本源

治标与治本同时进行的强监管，“强”在迫使商业银行改变原有发展模式，也迫使商业银行不得不重新思考回归银行经营本源的问题。

这个本源，既是商业银行的“被定位”，又是从“被定位”中寻找主动定位的回归之路。

曾几何时，不少银行家都感慨银行是被管制与被定位的行业，这样的说法反映了中小银行一部分客观情况。银行从来都是同国家发展紧密结合在一起的，其自诞生之时起，就带着浓厚的非市场化气息。20 世纪 60 年代农村信用合作社诞生，20 世纪 80 年代城市信用社诞生，中小银行的出现是国家为解决城市与农村融资问题，为“体制外”经营主体融资的一项制度安排。正因如此，中小银行诞生即“被定位”，肩负起了服务地方、服务中小、服务三农、服务县域等一系列重要使命。区域与客群的限制使不少中小银行将经营的本源误读成了“被定位”与“无所作为”，在过去很长一个时期，中小银行都在试图摆脱“被定位”，走向大客户、多渠道与跨区域为代表的外延式发展。

不论是“被定位”，还是试图摆脱“被定位”的努力，都并非中小银行真正的商业化与市场化。如果说银行是转型最为迟缓的群体，那么今天的我们，又应该如何理解商业银行经营的本质呢？

太阳底下没有新鲜事，今天的银行家们面临的问题似曾相识，而金海腾在1998年杭州广发创立之初就已经解决。那时候，办银行“找市长”是主流思路，走政府路线、做政府项目，风险小、财政性存款量大且稳定。相比之下，“找市场”，寻找合适的客户群体，运用有效的市场化手段经营，说起来容易做起来难。金海腾说：“找市长和找市场，能走出来的都不失为生存发展之道。这就得看我们杭州广发到底能走通哪一条路。”

在分析了自身优劣势和未来市场情况之后，杭州广发果断选择了“找市场”之路，并把“市场”定位在了与中小企业合作上，将中小企业作为重点培育的基础客户群的同时，也不放弃优质大型客户，这个策略被形象地称为“种芝麻、抱西瓜”。

杭州广发“种芝麻”的经营方式，引起了广发系统内其他分行的不屑。当时广发总行由于资金紧张，给各个分行的上存资金利率超过了当时的贷款利率，上存总行的资金收益比放贷款所获得的利润还多。但杭州广发就是不做这样的业务，反而将资金用于“种芝麻”这样的高风险业务。

金海腾坚持自己的选择。“上存资金获得收益只能是短期的，‘种芝麻’其实是在培育一个属于自己的市场，能够为我们赢得长远的发展。”正是这个观点，在后来2005—2006年广发总行的重组时期，得到了充分的印证。广发很多分行因为缺乏贷款客户，导致贷款业务大幅度萎缩，而杭州广发却欣欣向荣。经过几年的培育，当年的很多“芝麻”，现在都成了一个个大“西瓜”。当所有金融机构都无视中小企业的时候，谁能雪中送炭，谁就可能成为它们一生的感恩对象，杭州广发的选择，为自己培养了极具忠诚度的稳定客户群。

随后，以GP贷款计划（Growing Point，中小企业成长贷款计划）为代表的一系列针对中小企业客户的细分与培育计划逐步推出，杭州广发在服务中小企业之路上越走越远、越走越好。人们早已习惯了商业银行做大业务的模式，但杭州广发饶有兴致地做着“小事”，把“小事”做成了“大事”。

十八届三中全会确立了“发挥市场在资源配置中的决定性作用”，而商业银行回归本源，就是需要银行抓住市场运行的本质规律，以市场化的方式为实体经济服务，在资源配置中起到应有的作用。对于中小银行而言，回归本源更需要的是明确定位，全方位融入地方发展，成为地方经济的引领者与赋能者。

强监管时代的银行公司治理与监事长履职

2018年4月16日至17日，新组建的中国银行保险监督管理委员会召开了中小银行及保险公司治理培训座谈会。银保监会党委书记、主席郭树清强调了中央对金融机构公司治理的高度重视，“对深化金融改革的一些重大问题，要加强系统研究”，其中第一项就是“健全金融机构法人治理结构”。

中小银行的公司治理问题由来已久，也是中小银行经营中众多问题的一个根源。长期以来，银行家们既非产权所有者，也非代理人，而任期制又大大局限了有远见的银行家们的长期行为。“真正做成一件事要十年”，“搞好一家银行三年不够，搞坏一家银行三个月足矣”，银行家们的窘境可见一斑。权责问题的另一面则是“形聚而神散”，大多数中小银行对公司治理的理解局限于“形”，仅仅依葫芦画瓢建立了以“三会一层”为核心的基本制度，并未准确理解现代公司治理的内核，股权结构设计相对随意，全行运作机制仍停留在行政化阶段，习惯于围绕一把手构建层级管理体系，使经营中短期行为层出不穷。

公司治理是一项舶来品，理论基础源于西方。中国银行业的公司治理，是融合了英美与德日等国制度设计的结果。一方面从英美借鉴了董事会、股东大会、经营层的制度安排，另一方借鉴了大陆法系的监事会等内部监督制度。在英美制度设计中，投资者一般不直接干预企业的经营决策，公司治理强调通过以信息披露和严格独立审计为核心的外部监督反过来促进公司治理水平提升；在大陆法系，即德国和日本的商业银行的公司治理中，银行本身在公司治理结构中居于核心位置，银行股权相对稳定，公司治理偏重于内部监督，通过由股东派驻董事进入董事会，强化监事会独立性和履职有效性等手段进行管理。

正本清源之后，解决公司治理的路径也就清晰起来了。对于目前大多数管理基础相对薄弱、人员素质相对有限的中小银行来说，建立一整套完备的公司治理体系，并逐一强化“三会一层”及各专门委员会的各个环节可能会出现顾此失彼、疲于应付的情况。将有限的资源配置到如监事会、独立董事或专门委员会建设等在内的某一重点环节，集中力量落实如强化监事会履职、增加独立董事数量、提升独立董事占比、做实专门委员会等某一具体举措，用局部推动整体的思维，促使公司治理迈上新台阶，是最为务实而有效的做法。

融至道是这样想的，也是这样做的。在此之前的 2017 年 8 月，金海腾就提出，我们能不能办一个监事长班？监事长是银行里缺乏“存在感”的群体，而强监管时代，强化银行公司治理，又特别需要发挥监事会的作用。正好，有银行的监事长向融至道提出了培训的需求。说干就干，中国第一个专门为监事长举办、专门以探讨监事会履职为主题的“中小银行监事会职责与公司治理高端研讨”（又称“监事长班”），就这样应运而生了。

方向定了，内容讲什么？是“穿新鞋走老路”，搞搞传统意义上的理论培训，还是真真正正搞点新东西？融至道培训团队开始了思考。

“监事会不是一个只监督银行商业行为的机构”，金海腾提出了第一个鲜明的观点。过去银行对监事会工作的理解，更多只在专业与技术层面，但是只监督商业行为，忽视对宏观层面的把控，难以能动地、积极地、准确地为银行稳健发展“保驾护航”。懂战略、知业务、通时势，是监事会履职的前提，也是监事会履职中正确处理创新与合规问题的前提。因此，如何理解金融工作会议、如何理解“二轮改革”、如何理解时代、如何理解战略成为监事长班的首要研讨内容。

战略的高度同时要有落地的深度，而一线实操者往往具有最为切身的感受。“分享监督与履职中的经验和困惑”成为融至道监事长班的又一大特点。在首届 24 家银行 18 位监事长参加的研讨会上，某上市银行监事长分享了自己 10 年监事长任职的心路历程，也分享了一家城商行逐步规范公司治理最终完成上市的历程。“从门庭若市到门可罗雀，当好监事长首先是心态与定位的调整。”她从十多年前，由城商行主管业务的副行长升任监事长之时的感受与自身职业经历开始谈起，以银监会《商业银行监事会工作指引》的内容为主线，结合实践逐条解析了如何落实指引的要求。她在分享中谈到，厘清监事会职责边界，正确处理监督与被监督的关系，做到到位，不错位、不越位，是监事会履职的重要原则。监事会应主动作为，积极参与和监督董事会重大决策活动，了解本行各项重要决策的内容及形成过程，充分发表意见和建议。随着银行公司治理的逐步完善，政策法规赋予了监事会越来越重要的作用，监事会练好内功，职能脱虚向实成为必然。

基于实战又高于实战，是融至道监事长班的重要特色，也是持续火爆的重要原因。2017 年下半年，融至道举办的三期监事长班共计超过 100 人参加，其中到会监事长近 60 位。“这是我所知道的，国内首创的监事长专题研讨班。以前听过一些监事会及公司治理方面的培训，但是作为监事长级别的专门研讨，还是第一次。”某省级城商行监事长在参加融至道第二期监事长班后如是说。时至今日，由监事长研讨而形成的联席会议已成为监事长们日常履职交流的重要平台。

融至道在致力于中国金融发展之路上，再次完成了一次成功的探索。

第十四章 银行数字化转型

> 互联网技术的发源在美国，互联网应用场景的创新在中国。
> ——金海腾

互联网经济为何青睐中国

2017年5月，来自“一带一路”沿线的20国青年评选出了“中国的新四大发明”：高铁、扫码支付、共享单车和电商网购。

说起这个话题，中国老百姓大多都洋溢着一股自豪感。仔细考证一下。

高铁，1964年日本新干线就正式投入商业运营，中国的高铁技术早期也是引进德国、法国的技术消化吸收，之后才自主创新的。

支付宝，1998 年互联网支付鼻祖 Paypal 诞生，第一只挂钩互联网账户余额的货币基金产品也是 Paypal 首创（也就是火遍中国的余额宝模式）。

共享单车，1965 年荷兰公司 Provo（普罗沃）就在阿姆斯特丹投放了共享单车。

电商网购：美国亚马逊和 eBay 在 1995 年就推出了成熟的电商平台。

中国在这几项技术上并没有原创性的发明，这是事实。但是中国利用这些技术进行了深入的改进，并通过商业模式设计使其深入国民生活的每一个角落，在新技术应用层面，吸收转化和适应落地方面已经超越了其他国家。

中国现在拥有全球最大的高速铁路网络，截至 2018 年底大约已经有 29 000 公里，并且到 2030 年还将再翻一番。根据中国工业和信息化部的数据，2017 年前 10 个月中国的移动支付总额达 12.7 万亿美元，为全球之最。根据普华永道 2017 年的一项研究，拥有 7.35 亿移动互联网用户的中国是全球规模最大，同时也是增速最快的电子商务市场。

这些海量的数字和飞速发展的产业展示了中国的实体经济格局巨变与活力的一个缩影，让人真实地感受到了一种可以将任何事物“再次定义”的中国能量。

与之对应的，阿里巴巴和腾讯两家互联网巨头发展至今，已经成为中国网络经济中“水电煤”一般的存在，生活中从柴米油盐到衣食住行都绕不开它们提供的快捷支付服务。

金融科技的发展动力之强劲可见一斑，支付宝和财付通对生活的改变之迅速是我们始料未及的，两家公司也给银行转型带来了巨大的压力。

为什么互联网的机会没有落到发展更早、更成熟的美国身上，而偏爱了中国？这主要是因为欧美的传统市场太过成熟，社区购物中心文化的盛行，传统社会服务业的完善，人们的生产、生活习惯根深蒂固，难以被打破，这反而制约了其互联网、新经济的发展。而中国这样的新兴市场，很多领域都尚未被充分开发，广大人民群众的需求没有被满足，在这样一个发展不充分的市场中，新技术和更高效快捷的新商业模式很容易被市场接受。并且一旦新的模式令人们感受到方便和实惠后，进而会带来良性循环，促使他们更愿意尝试一些创新的模式。这就给创业者带来了更好的市场环境和更多创业成功的机会。正所谓：一片废墟好建高楼，一张白纸好画新图。

同样的道理，美国互联网金融的公司仅仅占金融供给的很小比例，因为美国的传统金融服务业处于充分竞争状态，市场需求基本满足，留给新业态的机会并不多。而中国由于金融供给不够充分，催生出了互联网金融业态百花齐放式的井喷和爆发式增长。

这就带给我们两个启示。

启示之一：很多技术和业态模式在原创地并未发展起来，但在中国得到长足的进步与发展，这意味着西方的业态发展历程不一定适合中国的国情，中国需要走出自己的特色道路。同样金融服务是围绕实体经济的发展的，中国实体经济的新业态，必然会带动金融的新业态，金融行业更应该寻找新业态中存在的机会。

启示之二：虽然不一定有核心技术的创新，但是技术的扩展与场景结合的应用，在中国有着很大的空间，中国的中小银行业在资源不足的情况下，不一定追求核心技术原创性的突破，而是探索技术与场景的结合，探索力所能及的商业模式创新，同样可以找到自身独特的发展道路。

但对于银行业，“新四大发明” 式的创新却仍然遥远。

金融业或许是各种传统行业中数字化潜力最大的行业，在中国，这个特征尤为突出，近年来大量资本都扎堆涌入金融科技公司。阿里巴巴和腾讯这些互联网巨头领跑，各路民间金融往往都以 Fintech 的名义，插手着一直被层层监管保护着的金融行业，这都给银行业带来了广泛而全面的冲击。

工商、平安、民生、中信等传统银行巨头或者新兴力量不甘俯首称臣，纷纷组建自己的科技公司，甚至声称自己将转型为一家做金融的科技公司。虽然部分领先的中小银行开始在这个方向上努力，但是在中小银行的领域中尚未出现普遍而广泛的变革。这和人们的心态直接相关，对于多数传统银行人而言，看不懂的新东西就是风险，一谈到风险，大家就变得畏首畏尾。再加上前期有政策保护、黄金十年期间银行业利润高速增长带来的思维惯性，导致这些银行对人才的概念就是能带来存款、带来利润的人，忽视了对后备干部的管理能力和创新能力的培养，多数银行的创新陷入了困境。

时至今日银行业已经走到了一个临界点，未来银行的数字化转型趋势无比明确，不主动转变就面临被人转变，未来之路或咬牙转型突围、或在竞争中淘汰后被兼并收购甚至破产，没有其他中间道路。

曾几何时，银行业热衷于参访标杆同业，学习一下也能获得一些效果。现在的银行业，已经不是靠着简单的参访，回去 1：1 模仿对标就可以学会的了。对于一些新形态的银行，如微众银行、新网银行，众多传统银行参观过后的普遍感受都是：这样的银行管理模式不是一学就会的。

互联网思维的本质

2012 年初，柯达公司正式提交破产保护的计划，这家 19 到 20 世纪的巨无霸、长期跻身世界五百强的企业，曾经是数码相机的发明人，一度引领了数字图片技术的发展，却如此快速地崩溃了。柯达公司的故事警醒了人们，在数字化时代，传统领域构建起来的优势是多么脆弱。

柯达在摄影史上，曾经是以洞察客户需求准确著称的。早在 19 世纪 80 年代，创始人乔治 • 伊士曼就思考：复杂的专业照相机能不能做得小一些呢？摄影艺术能否弄得像“用铅笔写字那么简单”？大多数人需要以更便捷、更廉价的方式得到照片，客户并不在乎因此带来的一定程度上的画质下降。“你按快门，剩下的交给我们”的口号给柯达带来了百年辉煌。

但是进入 21 世纪，社会和技术都发生了巨大变化。对图像的需求也产生了变化，当社交网络出现后，人们创造和分享的数字图像数量很快就超过了有史以来所有胶片图像的总和。而柯达公司却陷入了误区，固执地认为数字图像质量不如胶片，不值得推广，加上担心数字图像影响自己最主要的收入来源——胶片的销量，最终与数字图像时代失之交臂，这就如同当年银行担心理财业务分流存款一样。

但其实绝大多数人并不真的想要胶卷或冲印店，甚至也不那么需要一张印出来的精美照片以及更专业的相机——他们的最本质需求只是需要将美好的生活回忆与情感即时分享。如果柯达公司能够更深刻理解这个客户的需求，它可能会尽快把自己从一个胶片公司变为一个云端图像管理公司，这样的柯达也许会变成另一个 Instagram（照片墙），从而避免在数字时代破产。

一家胶片公司总认为客户要的是更多更好的胶片，同理，大多数银行总认为客户要的是贷款、理财。但是从深层次看，个人客户贷款，本质是需要钱可以购买到的生活方式；而小企业要钱，本质是希望企业生存、发展；老年客户就是风险高？很多老年客户人脉广泛，专业能力强，退休后多处兼职发挥余热，对身边的人有着更强的影响力；开公司的就是成功人士？不少企业家在外风光，实际上有老下有小，开门就欠账，现金流非常紧张，值钱的家产都抵押了，甚至多头负债导致一着不慎企业就可能破产了；青年人就是没钱？现在的年轻人流行消费主义，过自己想要的生活，个人实际消费支出超出收入，接受负债消费的理念，随着职业发展大多数人未来收入的趋势向上，也是未来社会的中坚力量。

随着商业环境日益多元化，客户行为发生着巨大的变化和分化，简单的标签或者分类已经无法描述客户的差异，这需要彻底改变银行以产品为中心的管理体系，真正转为以客户为中心的经营模式。

互联网思维的本质，是解决人们最根本的需求，银行需要透过现象看本质。

由此引出的一个热门话题："银行数字化转型到底该听谁的？"这个话题并没有看上去的那样可以简单回答。

各大科技公司、咨询公司、流量入口的平台企业，以及一部分技术领先的银行纷纷展示着自己的肌肉，也的确为银行业带来了诸多解决方案。在这个过程中，很多中小银行通过搭车发展、对标学习、拿来主义，很快把一些技术短板解决了。但是随着时间的推进，这类"借船出海"方式的问题也逐渐显现：银行以"创新的名义"进入新的同质化状态，依靠外部机构"喂饭"而没有自己"造船出海"理念的中小银行逐渐丧失了发展后劲。典型的例子就是前几年非常流行的助贷模式，互联网助贷机构通过导流为银行带来了客户，通过技术共享为银行带来了大数据风控技术，但是很多银行仅仅局限于助贷带来的便捷获利，并没有将其转化为自己的核心能力，慢慢地丧失了自己与客户间的联系纽带，越来越远离实体经济。于是，当监管政策变化，仅靠外部流量、外部风控的银行便难以为继，很可能又回到了以前的老路上。

苹果前CEO乔布斯说过一句很有意思的名言："我们不做市场调查，消费者并不知道自己需要什么，直到我们把产品展示出来。"于是，很多人都觉得了解客户不重要了，这绝对是一个巨大的误解。

事实上，这是因为以苹果为代表的美国互联网领先企业，早就不用问卷和访谈这样简单的方式进行市场调研了，而是另辟道路。苹果公司在1982年就与斯坦福大学设计学院的创始人大卫·凯利基于"设计思维"的方式，开展了关于客户体验的研究工作，洞察用户行为背后的真正需求，最终设计出第一款真正意义的鼠标，获得了巨大的商业成功。之后，苹果的各项创新产品，均是通过这样的研究流程开展的。

这个"设计思维"包含几个主要的核心观点。

第一，看消费者怎么做，而不是听他怎么说，因为做的比说的要真实万倍。心理学研究显示，人有合理化自己行为的本能，也就是说，你问他为什么这样做时，答案可能是编出来的，更要命的是，他自己都没有意识到自己是编出来的。所以，当你做调研的时候去问，去让他填表，几乎得不到太多的有效信息。而只有客户凭直觉做出来的行为，才是绝对真实的。

第二，设计是寻找问题背后的问题。另一个关于客户需求的著名桥段是亨利·福特说的："如果我问人们他们需要什么，他们一定会说：更快的马。"更快的马只是表面的需求，而更快的马背后的逻辑，是更快的交通工具、更便捷地到达目的地，看清楚这个问题的本质后，进行颠覆式创新顺理成章。你只需要再追问一到两个为什么，就有了不一样的视野。

反思当前银行的"创新"，就可以发现，有太多的跟随和拍脑袋想当然，也有太多的擦边球和政策套利，但是普遍缺少那种专注聆听客户个人体验和故事的精神，更没有耐心去跟踪和观察他们的行为，所以就没能揭示客户隐藏的需求和渴望，创新也就无从谈起。

当太多的中小银行投入大量资源推进科技建设却并未带来满意的效果时，视线还是应该从单纯的科技上移开，用更高的视角，先理顺业务和技术之间的逻辑。

银行的数字化与创新，归根结底是听市场的，听客户的，但是这个听，并不是无条件的服从，而是透过现象看本质，抓住客户嘴上没说的但心中所想的，不看表态看行为，满足客户的真实本质需求，这样的金融服务才有永恒的生命力。

我们的客户在哪里

人类的想象力经常被自己已有的认知所束缚，在黑天鹅没被发现以前，人们坚信所有的天鹅都是白色的。

回头再看我们身边很多银行的互联网金融，往往也有这个感觉。就如银行所热衷的直销银行，绝大多数人都将其理解为线下网点被监管严格限制扩张后的替代方案，希望通过互联网渠道增加获客。他们仅仅将直销银行看作渠道，产品还是以往的产品，金融服务模式还是传统的模式。大部分的直销银行，除了比拼产品利率并无任何更好的手段吸引客户，而很多中小银行的直销银行试图在无具体场景条件下仅靠价格优势异地获客更是变得异想天开，客户都是本地线下客户迁移到平台上来的，直销银行不过成了本行手机银行的代替品。

之所以会出现这样的情况，还是“传统银行思维”在作祟。银行人总想着营销产品，营销乏力怎么办？既然现在大数据那么火，那就用大数据来营销吧。于是，各种明里暗里收集个人隐私信息的产品设计出现了，由于客户经理打电话经常被拒绝，甚至遭到客户辱骂，一些银行甚至采取了人工智能合成语音的方式不知疲倦地给客户做外呼，没有情感困扰的机器人呼叫中心每天几万次地进行营销轰炸。所谓“精准营销”，演变成了更为精准地骚扰用户。这无异于靠想象得出“外星人用等离子扁担挑大粪”般荒诞的“客户需要”。如此看来，之前纷纷扰扰的智能网点、无人网点、一站式生活入口式的手机银行，如果没有实质性的服务方式，说不定都只不过是那根“等离子扁担”。

Fintech 领域的各种时髦名词，对于传统银行而言，如同洋务运动时代的洋枪洋炮，这些枪炮花大价钱是可以买到的，但是管理上却还是沿用大刀长矛年代的战术，也就是说，即使工具先进了，如果思想还没跟上，依然难以打胜仗。

进入 21 世纪，中国银行业的客户群体在发生着深远的变化。

我国居民部门债务占 GDP 的比重在 2017 年 7 月已经突破了 53%，而在 2007 年的时候，我国居民部门的债务率还不足 20%。美国居民部门债务率从 20% 提升到 50% 以上用了接近 40 年时间，而中国用了不到 10 年。当下的全民加杠杆不仅使得未来的空间收窄，而且快速推升的杠杆率也已经积累了较大的风险。如今贷款广告遍地都是，陌生电话都在恭喜你获得了某银行的贷款额度，任何一个 App 都诱惑着大家负债消费。

以前的小微企业也不是现在的小微企业了。从改革开放早期，一大批民营企业野蛮生长，获得了发展成长的原始资本，并逐步发展到如今对国家财政收入的贡献占比超过 50%；GDP、固定资产投资和对外直接投资占比均超过 60%；新增就业贡献的占比超过 90%。这一时期，很多银行靠跟随民营经济和小微企业获得了高速发展，民生银行原董事长董文标那句“我爱小微如痴如醉”的口号言犹在耳。在当下激烈的竞争环境里，原有民营小微企业的野蛮生长之路已经中断，越来越严格、越来越规范的营商环境，都让野蛮生长的小微民营企业喘不过气来，未来小微企业还希望像以前一样粗放管理、高速发展已经没有了可能。

传统银行人眼中的好客户正在老去、死去，而新生代的客户们却开始远离传统银行。银行面临着网点业务萎缩、网均资产大幅度下滑的趋势，国内一些银行已经开始裁撤网点和外包人员，员工也面临着到龄内退、分流。

面对困局，需要审视的是：我是谁，我的客户在哪里，我和客户的关系是什么？

银行数字化转型，需要的是先思考商业逻辑，再思考技术逻辑。

这就需要更深入了解自己的客户，将自身业务运营与客户体验流程融合在一起，需要彻底改变银行运营管理的模式。银行需要思考的是回归本源，如何帮助实体经济获得发展，帮助居民管理资产。而现在的实体经济和居民资产情况发生了什么变化，实体经济的商业模式和金融需求有什么变化，这才是银行业在数字化转型中要解决的本质问题。银行需要有效判断谁代表了先进生产力和先进生产关系，进而判断如何与客户开展恰当、有效的服务。

俗话说："人们买的是电钻，而心里想要的是一个洞。"当我们真正理解用户需求本质的时候，就可以更自由广泛地去思考解决方案，突破认知的局限，提出创新的解决方案。

既要洋枪洋炮，更要先进的战术体系。

科技的祛魅

21 世纪迎来了太多的变化，有惊喜也有担忧。随着互联网技术的发展，我们突破了知识传播的屏障，听到了世界的心跳，追赶上了人类文明的步伐，但也带来了信息安全隐患、隐私泄露、电信诈骗等诸多问题。在道德、伦理、法律上，我们面临着前所未有的困惑。

计算机、互联网、大数据、云计算、区块链、人工智能等一拨接一拨的新概念冲击着人们的认知，大部分普通人虽然不懂细节，但大都认为，搞 IT 的人是按规矩讲逻辑、尊重技术和知识的，是与“先进生产力”接轨的，IT 相关人员自然而然也戴着光环。有人曾经说“相比其他行业，IT 业是最干净的”，似乎公众都相当认同，搞 IT 的收入高也成为一种共识。

如今 IT 行业已经天翻地覆，但社会大众对于 IT 人员的美好期望似乎仍然存在。期望是当年的期望，人却不再是当年的人了。科技圈也不再是象牙塔，从业门槛降低，争名逐利之徒纷纷涌入，良莠不齐。百度、华为、腾讯等高技术公司中也时不时传出一部分员工为了个人利益，行违法之事，毕竟有人的地方就有江湖。

银行业的科技，更像是一个罗生门，业务部门说科技部门不配合支持，科技部门说业务部门的要求提不清，通常银行的高层领导大多不是技术出身，也难以做出准确的评判。更有一些科技公司炒作概念，利用认知优势欺骗、胁迫、绑架甲方，强行搭售过时软硬件。技术人员们也不再把 IT 技术和知识、文明挂钩，更多地把它视作一种单纯的能力，以产生个人更高身价为出发点。

银行是时候对 IT 技术祛魅了，决定未来的不是技术，而是技术背后的人，是技术背后的理想和价值观，以及严谨、理性、逻辑驱动的科学方法。

“祛魅”（disenchantment）一词源于马克斯·韦伯所说的“世界的祛魅”，指对于科学和知识的神秘性、神圣性、魅惑力的消解。

科技也需要科学管理，不能以创新为名，放任自流，管理者也需要与时俱进，理解科技的基本原理，辩证思考技术和业务的关系。人工智能不会代替人，但是善于使用人工智能技术的人一定会代替不会使用的人，培养员工有创造力，有担当地应用科技工具，这是机器做不到的事。

如何看清 IT 技术对银行业未来的影响?

这需要回归商业的本源：人性。关注实体经济、民生、用户，从研究他们的生活、生产、交易、流通，来思考技术对他们有何影响，银行可以如何利用技术改进与客户之间的关系。银行在做自己的科技发展规划时，不要仅仅想去弥补本行的空白，更应该考虑去弥补客户的空白、产业的空白。

未来的银行业，信息技术越来越重要，但是也越来越不神秘。

当初银行搞会计电算化时代，会打字的就是人才了；到现在银行里那么多“表哥表姐”（制作报表的人），办公软件使用得游刃有余的都只是一般水平。未来的银行中人人都是程序员，人人都是产品经理，都是科技驱动型人才，我们从一些走在前面的银行身上已经能看到这样的趋势。

2013 年被誉为互联网金融元年，当时银行人仿佛看到了互联网这个锤子，被攥在了门口的野蛮人手里，于是纷纷行动起来奋力追赶，成立自己的网络金融部门。一时间网络金融部、互联网金融部、金融科技部、数字银行部等叫法纷纷出现，许多银行战略中都加上了科技引领的字样。科技引领对大多数中小银行而言，更多的是希望通过科技部门，引入外部成熟的业务模式和系统，在本行快速落地，产生效益，持这类思想的人从内心深处并不认为自身具备业务创新基因，他们多希望采取跟随战略。

回头想一想，科技真的能引领业务吗？科技引领是个伪命题，归根结底还是要回归以客户为中心。接触客户的人才是说得清楚需求的人，首先仍然需要精通银行业务的专业干部，他们熟悉实体经济的规律，善于运用数据分析客户的状况，善于运用金融工具有效地服务企业,这样的能力转化为数字化的工具才能实现引领。技术、数据不能解决认知问题，只是提供了新的研究角度。

最近几年热门的大数据构建“风险模型”技术曾经让传统银行人赞叹不已，但是到了经济环境发生巨大变化的时候也面临着新的问题，模型在极端情况下往往是无效的。

所以任何有效的创新，其路径必然是以客户、社会的真实需求引领技术实现，洞察客户需求的本质和变化趋势能够帮助银行认清形势，在战略制定的时候才借此顺势而为。

创新必须来自三个方面的最佳结合点：用户的需求性、商业的延续性以及科技的可行性。当技术创新与需求不匹配的时候，技术就是无本之木，无源之水，很难结出丰硕的果实。所以单纯强调“科技引领”无法解决当前诸多银行的焦虑。

科技引领的真实含义，不是科技部引领，更不是科技公司引领，而是需要全行运用数字化技术能力的整体升级，强化每一个环节对数字技术的理解、分析、运用的水平，做到与业务、客户无缝衔接，有机互动，以互联网的思维方式，运用互联网的工具来逐步实现从客户需求到金融服务的转化落地，彻底成为一家数字银行。

硅谷文化和银行文化的碰撞

这些年来，国内银行 IT 部门的待遇水涨船高，但是依然留不住核心人才，一方面说明中国现在形成了一股大众创业的热潮，另一方面也从侧面反映出了银行管理自身存在的问题。一位从银行 IT 部门跳槽出来进入创业公司的程序员是这样诉说自己观点的：“跳槽，不仅仅是因为待遇，主要是受不了银行类似国企的文化氛围。不喜欢银行 IT 部门的工作，太死板简单，都是外包，太没有成就感。而且进了银行，往上的发展空间很大程度上不取决于自己的专业技能，有太多其他因素。”

一位从硅谷顶尖公司回国的互联网人用不无玩笑的口吻说道：“去银行里搞科技的都是那些技术最差的。”这也从一个侧面说明了一个不争的事实，从行业角度总体来看，互联网行业对 IT 人才的吸引力，已经超过金融行业了。

这个问题不仅仅中国出现，美国也是如此：名牌大学最优秀的学生的求职意愿，纷纷从华尔街转移到硅谷。一项调查数据显示，有意愿去华尔街金融机构工作的应届毕业生，从金融危机前的 47%，大幅下降到 31%。而穆迪的一项调查显示，金融危机期间金融行业从业人员流失了 72 万人，到 2014 年只回升了 1/3，而同期硅谷主要科技公司的员工人数已经超过金融危机时期，再创新高。这也迫使美国银行、摩根大通、高盛集团、花旗集团等金融巨头纷纷出台数字化转型战略，并为自己科技团队的员工提供更高薪酬、更宽松的工作环境以期留住科技人才。

但是员工们仍然更喜欢硅谷科技公司的工作方式，认为那种氛围更能让人发挥潜能。谷歌、苹果、亚马逊的创新精神、伟大的愿景、改变世界的雄心、人性化的产品与服务，都吸引着年轻人，华尔街投行显然不具备这方面的吸引力。

一位从股份制银行跳槽去阿里巴巴的银行人深深地感慨，阿里巴巴来自一线的需求是创新的动力，技术人员渴求各种用户需求。阿里巴巴会促进内部竞争，一个精彩的创意会投入多个团队共同开发，成果接受市场的检验，PK（对决）失败的团队解散后并入其他团队，寻找下一个机会。这样的环境下，每个人都会积极抓住市场的机会，希望为自己带来更大的内部影响力。而一些级别高的员工，可能会因为在团队拆分重组时，被较低级别员工管理。这才是真正市场化的管理文化。

反观中国银行的内部文化：官本位、等级森严、层层汇报、拖拉扯皮，一份需求说明书需要十几个人签字盖章才能进入开发排队，什么时候能排得上还不知道。一边是业务部门求爷爷告奶奶，另一边是科技部门多一事不如少一事。绝大多数银行的创新文化不过是走个流程，说到底还是资源掌控者摆架子，甚至一夫当关万夫莫开。

这种文化环境导致在中国银行的技术部门中大量是奔着编制去的员工。他们在家人的叮嘱下，通过关系挤进银行，只为求个轻松安稳，如同千军万马考公务员的心态。曾经有一家国有大行，改革动作巨大，要将其软件开发中心的普通员工全部转为合同制，改成独立运作的金融科技公司，但其实里面有点追求的技术大牛早已去了互联网公司，剩下一帮关系户和怀着养老心态的员工，这样的公司怎能和BAT竞争？

文化不同决定思路差异。

中国的银行界往往有一些对创新管理和科技建设的典型错误思路。

第一种思路，以为通过制度建设就可以开展创新管理和科技建设，认为有了管理制度的指引就能解决问题。

实际上，绝大多数银行的创新机制都形同虚设，因为基本工作思路和出发点还是传统层层审批的流程制。这样的创新不可能带来突破，仅仅能化解一些存量的障碍。随机改进、以内部流程中的障碍问题为导向的改进也许会有一些效果，但是银行普遍缺少可靠的工具和方法，确保自己可以敏捷地适应未来，制造突破的机遇。

第二种思路，往往拿领导重视不足和资源配置不足来作为改变创新难以实施的借口。创新靠优秀的领导带领和重视固然非常重要，但是简单地认为靠英明神武的领导就可以有效创新的思路并不可行。

有一个真实的案例，某上市银行领导非常重视科技系统建设，年度计划中预留了 7 000 万预算供系统建设和人才引进，但是到年底发现预算基本没用，业务部门还在天天抱怨系统问题。科技部门也很委屈，业务提的需求很零散模糊，而且需求频繁更改，系统开发出来业务部门以人手不足为由也无人测试，导致项目周期一拖再拖。银行的问题，仅仅归咎于科技投入不足，是真的吗？领导重视了，资源投入了，但是如果全员不参与创新，都在等别人劳动成果产生，就不能形成整体提升，永远会有难以突破的瓶颈。

还有一种典型思路，是创新需要优秀的人才，中小银行难以得到，所以只能保持现状。其实只要全员参与，员工学会一定的工具和规律，创新的点子往往就极易产生，相反地，如果仅靠少数“优秀人才”就容易产生精英化的趋势，并且个体创新很难融入战略，甚至会产生利益冲突，破坏原有良好的协作氛围。

在日益复杂的商业环境中，不是靠一两个“金点子”就可以实现富有价值的突破。银行的科技创新不在于银行规模大小，不在投入多少资金，首要的是管理者对于新技术要有基本的认识，理解一般规律，按科学管理的规律办事。

新加坡星展银行的实践颇值得国内中小银行借鉴。

2015 年，星展银行在年度员工 KPI 中纳入了一项特殊的指标，每个人都要提出创新提案并进行尝试。当年全行一共进行了 1 000 多项创新尝试，大部分高管人员都加入了创新尝试的活动中，有效带动了全行的创新文化。员工们将自己的体验嵌入客户的旅程中，从前台营销人员，到审计、合规、后台、呼叫中心，每个人都在重新构思客户旅程，完善业务流程，促进数字化转型。星展做到了全员调动。

之后，星展银行在 2017 年开展全行创客大赛，银行员工和创业公司的开发人员组队，在 72 小时内开发一款手机应用并接受评审。十多个小组报名参赛，其中组员有很多 40 岁以上的大龄员工，这也说明对于熟悉客户的银行员工来说，年龄不是学习数字化技术的障碍。

创新型的文化才是让一个组织真正富有生命力的源泉。

一个银行互联网爆款产品的诞生

2015 年，江苏银行推出了国内首款全线上操作的税银合作产品——“税 e 融”。企业正常缴税满 2 年，且年缴税总额超过 2 万元，即可申请贷款，不再需要提供抵押担保来增信，7×24 小时随借随还，贷款利率 8% ~ 12%，客户无其他任何融资成本。客户从点击申请到贷款入账，最快只需 8 秒！这真是从未有过的客户体验！

这样一款具有互联网风格的爆款金融产品，为何是由江苏银行最早实现出来的呢？还要从 2013 年说起，当年金海腾作为先见者在全国银行业界掀起了一股大数据热潮，各方机构都忙着邀请金海腾演讲。这一年长三角城商行联席会议也请来了金海腾开讲银行大数据，在台下坐着的嘉宾中，就有江苏银行董事长夏平。会议结束后，夏平邀请金海腾去江苏银行为全行中高层再讲一次银行大数据。时隔不久，金海腾就应邀来到了江苏银行，夏平董事长依然坐在台下，同样的课程内容再次全程听了一遍，金海腾的很多想法与夏平不谋而合。而此时，江苏银行已经开始着力建设新型的创新文化，并着力打造最具互联网大数据基因的银行。

税 e 融正是江苏银行开展数字化转型后产生出的名片性产品。其实依托税务数据贷款，江苏银行不是第一个。在国内，税金贷早已有之，不过以往银行拿税务数据的办法比较传统，企业先打印出税务报表，然后跑到地方税务服务大厅盖章后提交给银行，银行再进行贷款审查。这种方式不但效率很低，银行还担心企业在税务报表上作假，就算有真实的税单也不一定能贷，还需要三思五想、层层审核，最后就算能贷，可能还需要抵押、担保。

2014 年，江苏银行开始推动数字化转型，全行打造创新文化。

一位支行行长在做信贷业务时，想到既然银行要企业提供税务数据，为什么不能直接向税务局要数据？这些数据如果是国税局直接提供的，那就绝对真实了，于是提出了这样的业务创新建议。行领导非常重视，通过各方资源沟通协作，促成了江苏银行和江苏省国税局的总对总级别的银税合作。

最终的合作方案，是江苏银行和江苏省国税局直接拉专线，将双方数据对接。业务流程有两种方式：一种是客户通过江苏银行网上银行点击申请税 e 融贷，提交时跳出对话框“如果申请贷款，是否同意并且授权江苏省国税局提交你的涉税信息”，同意后国税局获得授权将数据传递给银行的系统自动审批，当场出结果，能否贷，利率多少，马上就测算出来，系统 2 ~ 3 秒就可以完成。另一种方式是，客户登录江苏国税电子纳税大厅，有江苏银行贷款的选项，提示“是否申请江苏银行贷款并且授权”，只要客户同意就直接进入银行审批放款流程，之后的流程就都一样了。

2015 年 6 月份，江苏银行与江苏省国税局做了税 e 融产品的新闻发布会。这一业务创新获得了各方面的高度关注与认可。国家税务总局和银监会法规部纷纷来调研，江苏银行安排了一次现场演示，任意选取客户，不到一分钟贷款到账。贷款的额度和利率根据客户的纳税评级、缴税信用情况、缴税金额（前 24 个月的）等信息确定。纯信用贷款，无须抵押担保，纯线上完成，没有任何纸质资料，通过网上电子签名来签。这一业务创新模式得到了所有参访人员的一致认可。

江苏银行并没有沉浸在创新成果带来的兴奋中而停滞不前。

国税局和江苏银行的业务创新成功后，其他银行也纷纷跟进，效仿江苏银行的业务模式。江苏国税局的网站上很快已经挂上十多家银行的链接了。面对竞争，这一阶段拼的是各家银行的风险偏好和大数据风控的技术能力。各项数据的风险相关性，对模型拟合程度不同，所以同样的企业，各家银行不同的模型分析出来的准入标准、额度、利率都不一样。江苏银行发挥自身对中小企业深入的了解，开始了新一阶段的创新。

江苏银行的大数据小微信贷基于税务数据，但又不局限税务数据。江苏银行通过后台庞大的多维度数据库做验证，逐步交叉校验把客户的画像画完整，是否有不良记录、有没有被其他平台列入黑名单、有没有被诉讼等信息，江苏银行跟运营商、交通、公安等进行数据交叉验证，如果大数据风险扫描过不去，缴税额再高也通不过。从这个意义上，税 e 融是一款真正意义的大数据产品，通过较为完整的大数据风控体系，龙已经画好，国税数据只是点睛之笔。

江苏银行花的功夫中，核心的一项是数据库开发。构建数据库的关键是数据整合，很多银行有数据但没整合，这样的银行数据只是数据孤岛。大数据硬件架构可以花钱买，但是数据整合以后的理解和应用，就是软实力了。江苏银行的大数据库接了数十个外部系统，有些数据是免费公开的，有的是购买的，还有利用爬虫技术自己爬取的，银行真正开始掌握大数据的本质命脉了。

更为重要的是，税 e 融的客户体验非常好，一次授信反复使用，随借随还，极大地降低了中小企业的财务成本，也避免了传统信贷一贷一年或半年，申贷、还款过程手续复杂，还款后再贷款困难等常见问题。

对江苏银行来说，税 e 融已不仅仅是一项业务，最重要的是促进了银行经营思路的转变，由制造场景转变为嵌入场景。企业可能几个月不需要贷款，但不可能不纳税，税 e 融将贷款申请的接口放到了国税局的网站上，银行服务放到企业的刚需应用场景上自然带来了机会。据统计，税 e 融 80% 的申请和授权是通过国税局网站引来的，只有 20% 是通过江苏银行网站。

税 e 融获得了成功，但江苏银行的创新并未停止。员工的活力一旦被激活，全行上下的创新激情创意层出不穷。他们依托自主建设的大数据平台，将企业的工商、税务、电力、司法、金融征信等各类外部信息，与产品使用、资金结算等内部信息进行采集分析，创新开发了以税 e 融、电 e 融为代表的"e 融"系列小微网贷产品。夏平向全行描绘的"江苏银行要打造最具互联网大数据基因的银行"愿景初见成效，江苏银行在应用大数据、互联网技术打造银行创新业务取得了明显的成果，形成了自身显著差异化的业务特色，产品获得了"江苏省金融创新奖""江苏省互联网金融十大创新奖""商业银行创新产品奖"等一系列荣誉。

截至 2018 年末，税 e 融持续迭代，实现 PC（个人电脑）到移动、个人到企业的突破，累计发放贷款 26 万笔、金额 368 亿元，并通过技术输出、同业合作的方式，将业务拓展到10个省份，服务了更多的小微企业。这些资产对于江苏银行超2万亿的总资产而言微不足道，但是带来的意义不可估量。除了履行社会责任外，银行通过大数据带来了大量获客，随着客户的增加，银行逐渐获得小微企业实际的经营数据，基于此银行可以真正感知到社会发展的脉动，进而以此为风向标进入相关产业领域，更广泛地分享经济发展的成果，也降低了经济周期带来的市场风险，也将依托大数据来构建新型的银企关系成为现实。

第十五章 从产品金融走向产业金融

> 产品金融“快鱼吃慢鱼”，产业金融才能做到不战而胜。
>
> ——金海腾

难以触摸的新产业新业态

2010 年以后，中国互联网经济跟上了全球的浪潮，在一些应用层面甚至超越了美国，成为全球的标杆。在这一轮实体经济的“互联网 +”浪潮中，全中国各行各业都在思考自己的未来，如何与新技术相结合以获得更高的效率、更低的成本、更广泛的传播。这个产业升级的浪潮，带来了无数新业态和新物种。除了传统的互联网巨头 BAT 外，又有了在细分市场不断创新尝试的新兴企业，如滴滴、美团、小米、盒马鲜生、永辉超级物种、红领、名创优品、尚品宅配、大疆无人机、拼多多……这些新业态在试错中野蛮成长，在中国这片热土上写下一个个超越教科书经典的商业传奇。

中国互联网经济的蓬勃兴旺，来源于原有实体经济的不能满足全社会的急剧变化的需求，从而带来的产业自驱动的演化过程。传统产业限于成本、技术等问题，难以跟上需求侧的变化。随着信息化进程加快，在新技术带动下生态协作与去中介化的直接经济模式日趋影响各种类型的经济实体，从消费端发起主导生产模式的 C2B 商业模式日益成为商业的常态。新时代的“工人”无须耗费大量体力，而需要更多地消耗脑力，员工的创造力被大幅度地强化，更多精力用于理解客户、理解消费者，从而带来了基于知识的体验型新经济。新型企业从实验室的研发，到个性化的生产制造，到贴近客户的体验营销，已经无缝衔接了。“有求必应，供随求止”的柔性生产模式，几乎可以做到零库存。

由此带来的企业组织形式变化也是深远的。传统科层制金字塔管理架构，由于信息传递不对称和层级衰减，带来了诸多官僚和内部腐败的空间。管理学有一个有趣的“彼得原理”，也被称作“能级不对应原理”，这是现代层级组织学的奠基人美国学者劳伦斯·彼得提出的一个推论：

> 在各个组织内部，基层业务骨干一旦胜任，不论其自身还是其上级，一般来说都希望对他们加以提拔重用，但是被晋升到新的管理岗位，又是这些业务骨干所无法胜任的，于是进入了不称职状态，等到磨炼成熟后又会再次晋升到更高的不胜任

岗位，依次往复。

结果是中层人才的浪费和基层人才的空缺并存。在新技术环境下，企业内部信息沟通一步到位，中层大量的传声筒失去存在的价值，带有军事管制色彩的金字塔架构开始显得不适应企业的发展了，更加灵活的管理模式，如敏捷组织、阿米巴小组、部落制等应运而生。随着信息技术的发展，更多的业务领域细分倾向于跨企业合作，由广泛采购社会服务代替企业内部完整但低效的非主营业务模块，这已经成为一种常见策略。而一个企业内部由于人才饱和和战略的多元化，产生出内部创业的小组织也日益广泛。

传统产业是以生产、贸易为核心的，而新的产业将以客户的生活、消费、娱乐为核心重构。这一轮经济发展带来大幅度的产业跨界融合，产业边界不再清晰，大范围网络化合作带来的银贸工农一体化趋势极其明显。这才是供给侧改革带来的产业变革。

在这个阶段，介于消费市场和制造企业之间的网络组织不断发展壮大，如阿里、腾讯、美团这类的平台型企业已经由消费互联网转而开始探索产业互联网。面对这样的商业环境，以实体资产管理为核心的传统 MBA 课程逐渐陈旧过时，企业管理日趋知识化、智能化。

银行业在服务新产业的时候，原有的认知能力、管控模式、服务手段，还跟得上这个飞速发展的时代吗？银行还能看得懂、服务得了这些新型的客户吗？

在金融产品供给不够充分时，金融产品同质化并不会给手中掌握海量资源的银行带来什么大问题，同质化甚至还可以成为一些不太说得清产品特点的员工口中的话术：我们这个产品和某行某产品是一样的。于是，阿里巴巴一出余额宝，满大街都是各种“宝宝”理财，这种蹭热点的方式倒也不失为一道奇特的风景线。

银行产品有专利吗？金融产品大概是世界上最容易模仿的了，2003年，金海腾在杭州广发发行了全国范围内真正意义上的第一只银行理财产品薪加薪。他们去专利局申请专利，专利局给出的答复是金融服务、商业模式等，是不能申请专利的。也就是说，任何银行单纯的产品创新，都仅仅能领先几个月甚至几周，之后就进入竞争，唯有依靠价格战或者人情关系方能确保自身的收益，这也在“黄金十年”各家银行开展业务的方式中得以印证。

各家银行的产品大同小异，最大的差异大概就是价格因素了。但是随着金融供给侧改革，利率市场化的完成，金融供给极大地增加了，传统金融产品也不可避免地进入了价格战的阶段，而价格、利率明着不能变，暗地里送礼品、送增值服务等各种补贴成为常态。这也给很多银行员工带来了竞争靠补贴、营销靠关系的惯性思维。

银行往往眼红这些新兴产业的影响力和客户流量，但是在这些新产业萌芽和崛起之路上，绝大多数商业银行并没有参与进去。主要原因如下。

不想，原本“黄金十年”赚钱太容易，没有动力；

不能，原有的人才、科技、体制等条件受限，实属无奈；

不敢，商业银行的长期不够市场化地经营，导致组织失去了专业化能力，无法有效看懂新产业、服务新产业，担心冒险。

摆脱同质化已经成了这个时代大部分银行人的最大心声，银行在产品、营销手段方面的同质化，源于其在战略和客户定位的同质化。

如何破局，在这个新产业新业态风起云涌的时代，给了银行们重新站在同一起跑线上的机会。

破局之道：新产融结合

互联网金融给银行业带来了挑战，也给很多传统银行打开了思路，一时间银行互联网化争先恐后，模仿着互联网金融企业的产品模式，打造属于自己的“新金融”模式。就像本书前文所写的，直销银行、“宝宝”类理财、银行电商平台等，一时间银行创新产品令人眼花缭乱，可谓旧的同质化未去，新的同质化又来。

银行在创新的过程中，还是模仿与跟随策略，真正需要关注的实体经济在这些年发生的巨大变化，生产、流通、消费的逻辑早已沧海桑田，一些转型较快的实体经济企业，已经从 B2C 转向 C2B 商业模式。

构建真正“以客户为中心”的业务逻辑，商业银行要实实在在地去服务实体经济，关注细分市场中的竞争优势，塑造自身独特的商业模式，最有效的方式就是走产业金融相融合的道路。

新型的产融结合模式，需要银行主动定位，研究产业、融入产业，结合具体的产业特色，服务的是整个产业而不是只服务少数企业，银行对产业各方提供全流程的金融服务，打通整个产业链条。

更重要的要以新经济视角，去理解新产业变革所带来的深远变化。

在新经济时代，产业概念和边界正在悄然改变。传统的产业划分以静态方式看待社会生产的各个环节。实际上，经济活动是连续的，每个环节都不可或缺，并且相互影响产生连锁反应。单一的经济活动无法脱离其产业链的背景影响，终端客户的需求总是由一个较大时空维度中连续发生的经济过程来完成的。以餐饮服务行业为例，从农民播种收获，到粗加工、物流冷链运输，再到餐馆厨师精加工直至被服务员端上餐桌，在这个时空跨度很大的链条中，传统意义上的多个产业实际是紧密参与的。任何一个环节的瓶颈都会导致经济过程产生裂缝，参与各方的风险也连带产生，既影响客户的体验，也影响产业金融参与时的风险可控程度。

传统银行提供的金融服务模式，习惯于把原本连续的经济过程分割成一个个片段，并只愿意接受其中较为安全的环节，放弃其认为风险较高环节的服务，借以规避风险。这会将经济活动的连续性破坏，难以满足实体经济运作的要求。银行在分割产业链的同时，也失去了对产业发展的关注和敏感度，难以理解产业发展的趋势和生产要素的变化，也难以规避系统性风险。

银行若要进化为产业金融服务商，需要将产业运营的各个环节加以解构和理解，将银行的管理流程和数据获取前置，把金融服务融化在产业运营的各个环节中。这些变化需要将银行的服务概念极大延伸，以全新的服务视角，深度根植于产业之中，先成为产业专家再成为产融服务专家。

一家银行如果能够打造出基于对新产业新业态深度理解的新产业金融模式，将会彻底跳出同质化的局限，从产品金融的“快鱼吃慢鱼式”的以快制胜，走向产业金融的“融为一体、合而为一”的不战而胜。

从旅游金融到旅游信用生态建设

2013 年的初秋，沿海地区的秋老虎还在肆虐，在青海已经是凉爽的秋风阵阵了。金海腾和他的团队来到了青海西宁，一个新的课题等待着他们。融至道为西宁农商银行进行的战略规划项目中，面临了一个难题：西宁当地客观条件导致银行业发展的空间不足，全省人口仅 400 万，商业环境薄弱；仅有几家国字头的大企业，业务早就被国有大行瓜分；当地气候和土地并不适合大规模农业生产；第三产业和服务业更是显得小、散、乱。

从传统银行的角度看，这个区域并不适合商业银行开展业务，但从另一个角度看，青海西宁有着丰富的旅游资源，自然环境好，夏季平均气温25摄氏度左右，被誉为中国夏都。由于工业并不发达因而基本无污染，原生态的西北风光加上当地丰富的土特产，吸引着希望寄情山水、放松心情的城市人群。金海腾提出，西宁农商银行可以尝试以“旅游金融”作为本行的战略定位。

这并非金海腾一时的拍脑袋之举，他还是一位资深的旅行家，对于旅游业有着自己独到的认识，并且这也是经过融至道团队调研分析的。

这也是与他“跳出银行做银行”的思路一脉相承的。根据他在当县长时候的经验，一个区域经济发展如果仅靠市场规律自然增长，仅靠民间资本自然成长和聚集需要很长的时间，发展较为缓慢，但如果有政府和金融机构因势利导主动作为，通过政策和金融手段，往往可以“无中生有”地制造一个“人造经济”的环境，随之而来的民营经济也就有了土壤。成功的案例俯拾即是，就如他在任宁波鄞县县长时，将原本只有灌溉功能的东钱湖水库打造成一个区域性的重要文化旅游目的地，还有在一片稻田上凭空打造出的当时的宁波轻纺城等等。更典型的是浙江义乌，浙江政府通过主动设计、政策引导，最终从一个浙南三等小站，后来居上盖过九省通衢的武汉汉正街，成为全球小商品市场的龙头。

2019年2月12日，文化和旅游部发布的2018年旅游市场基本情况显示，2018年全年，国内旅游人数达55.39亿人次，比上年同期增长10.8%；入出境旅游总人数达2.91亿人次，同比增长 7.8%；全年实现旅游总收入 5.97 万亿元，同比增长 10.5%。初步测算，全年全国旅游业对 GDP 的综合贡献为 9.94 万亿元，占 GDP 总量的 11.04%。旅游直接就业 2 826 万人，旅游直接和间接就业 7 991 万人，占全国就业总人口的 10.29%。

2019 年的五一小长假，短短 4 天，中国国内旅游接待总人数 1.95 亿人次，实现旅游收入 1 176.7 亿元。

这是一个可以令银行垂涎的市场，但如何入手？

事实上，中国的旅游产业并没有看上去的这样美好。

第一，总体而言旅游产品的品质不高。这主要受限于旅游行业服务提供者自身的文化水平、艺术修养等能力，投资人、运营方和从业人员总体上尚缺乏对物质与精神生活足够的审美能力和创造力。

第二，中国的旅游环境往往缺乏情怀与人文关怀，服务仅仅停留在同质化、标准化阶段，旅游区无法给人以特色化和亲近感，游客和旅游管理者、经营者之间人格不对等带来了大量猎奇、低俗、畸形的旅游商业文化。

第三，也是最关键的，旅游行业总体缺失诚信监督机制，既由于从业人员急功近利的短视行为，也凸显了地方政府在发展旅游业中的职能缺位。历年的旅游旺季各地均有大量不诚信的旅游服务纠纷报道，使得居民出游消费束手束脚，战战兢兢，阻碍了游客与旅游区居民的互动和文化交流，这都给构建可持续发展的旅游业带来了挑战。

虽然从经营数据上看中国的旅游产业已经处于爆发期，但总体上还处于较为初级的阶段，数量和质量上均难以满足城乡居民从物质生活到精神生活的多样化需求。

行业普遍存在的痛点就是商业机会，就看怎么组合生产要素了。

金融要想服务好产业，第一步就是要弄清楚这个产业里都有哪些玩家，也就是利益相关方。银行以前做行业分析，主要关注的是产业链上的交易方，对于其他参与者和影响者并没有太多关注。

我们可以从利益诉求和参与方式两个方面去梳理相关的参与者。

1. 政府

利益诉求：促进地方经济发展，促进就业，同时平衡生态治理、环境保护等。

参与方式：各级政策制定、基础建设、行政管理、税收政策等。

2. 学术机构

利益诉求：历史文物保护、环境保护。

参与方式：参与开发区规则制定，挖掘旅游文化内涵。

3. 产权方

利益诉求：景区商业价值最大化。

参与方式：自主经营、委托经营。

4. 投资方

利益诉求：寻找价值洼地，获得增值收益。

参与方式：股权投资、债权融资、VC（风险投资）、PE（市盈率）、信托、基金等。

5. 建设方

利益诉求：承包项目获得利润。

参与方式：设计、开发、承包、分包、装备设备提供。

6. 运营方

利益诉求：可持续营销获客、客流量、打造特色品牌。

参与方式：受托经营管理，转包经营、营销宣传，创造旅游IP（知识产权），综合化经营。

7. 供应链经营者

利益诉求：获得更高周转效率、获取融资、增加收益。

参与方式：为运营方提供各类周边服务，包括各类生产、生活要素，文创旅游商品设计生产、相关服务人员培训等。

8. 从业人员

利益诉求：获得客流、获得稳定收入。

参与方式：围绕全产业链各方的从业人员，包括导游、中介、OTA平台、餐饮、民宿、娱乐项目、媒体平台、旅游网红等。

9. 消费者

利益诉求：追求舒适、刺激、个性化、特色化的综合体验，但需要安全、诚信的商业环境。

参与方式：跟团游、自由行、自驾游、境外游等。

循着旅游行业参与各方的利益地图，我们可以寻找到银行可以参与的旅游业各种业态。

基于第一产业衍生的：特色、绿色、无公害、有机环保农产品种植养殖，现代化农业、农业产业化，生态农庄、农家乐，新农村建设、城乡一体化改造。

基于第二产业衍生的：旅游基础设施建设，景点交通设施，新能源建设与管理、绿色环保、垃圾废水处理，基础设施升级改造，水电煤、通信、宽带等基础设施建设改造，其他基建及设备、设施改造。

基于第三产业衍生的：多层次、全方位、多品质旅游住宿体系，各个档次、风味的餐饮业，供应链、物流、快递，文化、演艺、会展、创意产业、特色旅游商品、纪念品、民间工艺品等文化产业，导游、租车、摄影、户外装备等。

银行打造旅游金融，要以金融服务为抓手，深度参与到业务模式和管理模式的设计中，关注旅游行业参与各方的需求，以设计思维与用户体验的角度推动规划旅游区各项要素。

旅游产业可能需要的金融服务涉及面可以说涵盖了金融领域的全业务链条，各种金融工具都可以在产业发展中发挥作用。银行的投资银行业务、公司银行业务、小微信贷业务、零售银行业务都可以在这其中找到成长的丰沃土壤。限于篇幅，本书不做具体金融产品组合的描述。

旅游金融涉及的银行业务并不需要更多金融工具的创新，而是发现行业的规律，用已有的金融产品或组合匹配行业的金融需求，促进金融服务于实体经济发展。基本的大原则是：发现成长性，管理流动性，对产业中的企业给予全生命周期的金融服务，陪伴式成长。

银行打造旅游金融的终极目标，应当是借助自己的核心优势，构建旅游信用生态。

中国旅游市场的杂乱无章，一方面是基础建设尚不完善，从业人员良莠不齐、知识文化层次较低导致的，另一方面，地方政府也缺乏通过社会治理促进旅游业发展的抓手。很多地区都在建设诚信市县，但实际的效果不佳。

银行信用恰恰可以成为信用体系打造的纽带。中国的银行业由于其体制、出身等原因，银行信用高于一般商业信用，甚至天然带有部分国家信用、政府信用的光环，相比于一般企业，社会大众相对会更愿意相信一家银行做出的承诺。这样银行完全可以通过信用嫁接，来使得游客对银行赋予信用的旅游行业的服务商和从业人员产生信任，促进交易。

银行不仅可以为合作伙伴提供金融服务，还可以通过建立自己的评价体系，为他们做信用背书。同时，银行可以要求合作伙伴与自己共享数据，并借此建立自己的数据平台和生态圈，可以围绕相关企业和个人日常经营中的行为，有效识别跟踪从业机构和人员的行为特征，推动诚信经营、诚信服务，共同将旅游生态圈做大，也确保消费者权益不受侵犯，获得良好的旅游体验。

在旅游信用环境建设上，中国香港地区的“优质诚信香港游”计划可谓旅游业内的典范案例。

2006 年底，国家旅游局[①]和香港旅游发展局（旅发局）共同倡导并发起了“优质诚信香港游”专项营销计划，帮助消费者正确识别选择真正有品质的旅游服务，从而获得全程优质、诚信的“一条龙”服务。符合要求的商家全部张贴“优质诚信香港游”的标识海报，所销售的“优质诚信香港游”产品必须满足“无指定购物、无任何附加费、无强迫自费项目”的三无要求。通过香港政府的长期监督执行，香港旅游环境得以整肃，旅游投诉纠纷极大减少，也使香港获得了活力之城、动感之城的美誉。

到目前为止，中国大陆尚未有旅游区是以“诚信”作为自身特色加以宣传的。区域性银行正是可以帮助地方政府落实区域旅游信用体系打造中最合适的合作伙伴。

“一流企业定标准，二流企业做品牌，三流企业做产品”，一家银行如果能够通过自身的努力，推动行业、产业信用生态体系的建设，就能做到不战而胜，这也是产业金融的最高形态。

① 2018 年 3 月，国家旅游局的职责整合，组建中华人民共和国文化和旅游部。——编者注

“链家金融”现象的再思考

中国住宅市场由增量时代进入存量阶段，在国家“房子用来住的，不是用来炒的”思想指导下，中国房地产市场逐步走向理性。但是天量的存量房市场，以及富裕起来的家庭改善居住条件的需求依然存在。

在中国的房地产中介行业，链家变成了一种现象。

链家本身是房地产经纪公司，负责卖方与买方之间的二手房买卖的信息中介服务，它们抓住了二手房交易中的行业痛点打造了“链家模式”。

> 正常的二手房交易的4个阶段：
>
> 1. 买家看房满意后，先签合同。
>
> 2. 由买家靠自有资金支付首付款。
>
> 3. 买家发起申请按揭贷款，确认银行审批通过后，即可过户交易。
>
> 4. 过户手续齐备后，银行以受托支付方式向卖家付款，交易完成。

其中，在首付款和银行贷款审批两个环节，往往是最容易出问题的。最常见的交易失败的原因，总是集中在买家没有及时凑齐首付、批不下按揭、卖家没钱赎楼，抑或是贷款审批过程中卖家反悔跳价。于是，就会出现这样的一些现象：卖方在没有首付和贷款到账情况下就去办过户难免提心吊胆；很多卖方自己也是买方，等着这笔钱换下一套房，却难以算好其中的时间差；买方的筹款及按揭手续很难及时，眼睁睁看着房价每天在涨生怕错过机会，希望尽快成交锁定交易价格；此外，双方都担心资金安全问题。房产交易资金的监管注定是一个无法绕开的难题。

链家的解决方案如同支付宝的担保交易一样，通过第三方资金监管的方式管理客户的资金。买卖双方合同签订后，买家首付款先打到资金监管账户，卖家以此确认买家意愿的真实性。同时，由链家继续操办产权鉴定、转让等手续，待各项手续完备后再将首付款打给卖家。链家提供全流程资金监控，流程中信息对双方透明公开，以此让买卖双方都放心。这是链家作为中介公司转型升级的重要一招。链家不仅仅是提供信息者，而且为买卖双方的履约提供保障，这样的中介服务变得更有价值，交易双方也减少跳过中介直接交易的“跳票”意愿了。

正是在此背景下，链家成立了北京理房通支付科技有限公司，并上线了“理房通”业务，定位为专业的房屋资金担保支付的第三方支付平台。“理房通”寓意是让打理房产像打理理财产品一样方便。理房通对于链家而言，就像是支付宝之于淘宝。到2015年末，链家理房通平台就已帮助20万用户完成房产交易，覆盖北京、成都、南京、青岛、济南、深圳六大城市，一年内已经覆盖了链家成交规模的1/5，平台累计交易规模已经突破1 286亿元。

但是不久之后链家就深陷负面新闻中，首先是出于考核的压力，链家的中介人员对客户强行捆绑理房通业务，之后又爆出理房通拥有的是第三方支付牌照，并无资金监管的业务范围，涉嫌资金池，属于不合规经营。老百姓对理房通的资金流向、是否存在资金挪用、如何保障资金安全都存在很多质疑的声音。链家率先运用互联网金融业务模式促进房产交易的中介机构，在这类金融服务上带有相对垄断性，这个垄断性使它获得了更强的议价权，链家金融服务的收费是相当高的，间接推高了房产交易的成本。链家旗下的“首付贷”“尾款贷”“过桥贷”，产品设计是合理的，法律合规方面并无很大瑕疵，但是由于国家房产调控政策，也被监管部门叫停。

对于链家金融的崛起和随之而来的争议，我们可以继续深入地分析。链家所进行的金融服务的创新，源于当时已有的金融服务没有完全解决行业痛点，不能满足消费者的需求，其逻辑成立、模式合理。暂时不说链家经营这项业务时的企业资质、合规性等问题，链家在这项创新中的用户体验非常好，使得大部分消费者愿意接受更高的服务价格。

链家金融创新的“成功”，某种意义上是传统银行在这一领域创新的失败或者不足，而这恰恰是适合发挥银行所长的。

信用毕竟还是很严肃的事，客户不会轻易信任中介，哪怕它已经是行业龙头，但是大多会相信银行，哪怕只是区域性的小银行。

在仔细研究链家模式，并且对比澳大利亚联邦银行的房屋金融模式之后，金海腾认为“链家模式”完全可以被银行所借鉴并深化。他点出了这其中的深层逻辑：“监管即信用。只有在有效监管下带来的信用，才是可以让消费者彻底放心的信用，银行信用等级高出商业信用，是可以产生出赋能协同价值的。”

正如金海腾在《金融道 2》中所讲的：银行是经营信用的。银行完全可以成为未来房产中介服务的主导者，通过中介获客引流，自身提供资金账户监管职责，以自身信用赋能中介机构和买卖双方。通过对房产资金流的全流程把控，银行提供资金监管，并通过金融产品的嫁接保证房产交易的顺利进行。

银行在房产交易流程中可以不出现，可以以 API、H5（超文本 5.0）等形式将自身的服务延伸到中介的平台上，成为所有中介背后的支撑，这也是银行打造开放银行的一种形式。银行信用赋能平台能让整个交易流程的信息流在线上全程透明化且更有保障。

银行以信用赋能的形式切入，去解决行业痛点，将成为银行打造新型产业金融的一个突破口。

K12教育产业金融与交易银行

K12 是欧美教育产业的一个分类叫法，意思是从幼儿园（Kindergarten，通常 5 ~ 6 岁）到 12 年级（Grade Twelve，通常 17 ~ 18 岁）之间的这一个阶段。全球也逐步认可这一分类方法。

K12教育涉及千家万户，产业规模大而分散，非常本地化，也能够获得地方政府支持，这是可以最大限度发挥中小银行自身优势，实现服务地方实体经济的经营目标。

根据《国家中长期教育改革和发展规划纲要（2010—2020年）》，到2020年，我国将基本实现教育现代化，形成学习型社会，进入人力资源强国行列。教育已成为国策，教育产业的社会关注度高、规模大，产业可持续性强。

据统计，2017年，我国教育产业规模已超过9万亿元，3年CAGR（复合年均增长率）为12.2%。当前，教育领域投融资活动活跃。根据教育部、财政部和国家统计局联合公布的2016年全国教育经费执行情况统计公告显示，2016年国家财政性的教育经费为31 396.25亿元，首次超过3万亿元，较上年增长7.44%；占GDP比例为4.22%，连续5年保持在4%以上。此外，为实现科技强国战略，从2015年起陆续出台教育信息化的各项相关政策，到2017年，教育信息化的市场规模超过3 000亿；2015—2019年教育信息化市场规模复合增速预测或超过30%。

教育产业在各地都具备相当规模，受政府支持，这是亟待中小银行深挖的宝藏。其对应的客群基本与本地中小金融机构零售客群重叠，社会关注度高，适合中小银行发展产业金融。教育产业以学校、供应商、家长、学生、培训机构展开，有利于发挥中小银行在当地的网点资源优势，以网点服务形成行业壁垒。

构建教育产业金融体系，银行也需要先关注教育产业中各个角色的需求。

学校是教育产业的核心节点，教育产业金融以学校为核心进行延展，产业金融中系统搭建与产品设计可以围绕着学校、供应商、家长、商户的特点和需求展开。

1. 公办学校

餐费、杂费的扣收、退款等个性化金融需求得不到满足；财政拨款与用款存在时间偏差。

2. 私立学校 / 培训机构

学费收取模式与公办差异较大；与供应商结算存在账期，资金效率较低；客户大额分期业务需求强，但得不到满足；员工归属感低，流动性大；传播力弱，部分机构获客难、客户稳定性不足。

3. 教育领域供应商

存在资金账期，资金周转需求较大；资信评级低，无法获得银行信贷支持。

4. 教具、玩具、学习设备生产商

受制于供应商采购能力，扩大生产规模受阻；缺乏手段和信用，难以将优质产品宣传到学校 / 培训机构。

5. 商家

无法形成有效用户体系，多为一锤子买卖；积分系统未有效建立。

6. 家长

缺乏教育规划经验及能力，难以识别教学质量和服务品质；对预交的培训费用缺乏监管手段。

银行在发展产业金融时往往只关注金融服务，而忽略产业生态，导致金融产品不少，软硬件功能齐全，但产业服务不足。通过上述的分析，可以看出教育领域供应链场景、学杂费缴纳场景与学校内部管理场景中存在着诸多的服务不足的情况。银行需要通过产业金融视角，从各个场景赋能支持方式，促进产业发展的同时获得自身业务的发展。

交易银行是很多银行转型战略中的一个热词。交易银行是银行针对企业日常生产经营过程中发生的采购销售等各类交易行为而提供的银行服务，换言之就是将银行金融服务嵌入到公司客户的各类金融交易场景中，是场景金融的重要形式，主要包括现金管理及贸易融资两方面，是银行发展供应链金融、产业金融的重要抓手。

交易银行取得成功的一个关键途径，是需要融入产业，与产业场景实现深度捆绑。

本书前面章节提到的打造儿童金融场景的融至益，在构建

K12 教育产业的交易银行方面也做了非常有益的探索。他们与银行合作，将产业银行开到学校中去，最终实现将客户带回银行、将存款带回银行、将结算带回银行。银行利用交易银行平台，能够为 K12 教育产业链提供一揽子金融服务，以解决在开展贸易融资业务时，对交易真实性难以把控代收付业务合规、教育机构经常将个人账户作为收款账户、大量零星学杂费和临时性的收款困难、家长疲于应付等一系列问题。融至益和合作银行在这方面做了很多有意思的创新。

> 教育 e 账户：银行以 H5 的形式向交易银行平台输出二类户在线开户功能，满足家长在线开立二类户的业务需要，该二类户即为办理各类金融业务的主要载体。
>
> 教育 e 结算：银行以 H5 的形式向交易银行平台输出二类户在线支付结算功能，满足家长在线缴纳学费等业务需要。
>
> 教育 e 归集：教育机构通过向家长发送扣费通知的形式，快速归集各类学杂费资金，满足流动性需要。
>
> 教育 e 存管：银行通过对各类预付学费 / 保证金进行存管管理，确保资金安全。
>
> 教育 e 分期：银行通过对家长进行授信后，快速提供的大额学费分期功能。
>
> 教育 e 贸融：银行根据教育机构的现金管理情况，开展以教育机构为核心企业，覆盖其上下游供应商的贸易融资业务。

教育 e 增值：教育机构、家长等提供的资金增值服务；学员的财商增值服务。

以交易银行切入教育产业金融可以形成多方共赢的局面。

对银行来说，建设教育金融生态圈，以交易银行手段服务多边客户，通过线下线上联动的方式发展业务，可以更容易深挖本地学校的客户资源，延伸批量开发优质供应商，低成本且高效地实现教育生态圈内的批量获客。

对地方性学校/培训机构来说，加入银行平台后，可以选择更多的优质供应商和商品，还可以合理利用银行为供应商提供的供应链金融服务，根据自身学杂费收款期限的需求，调整账期长短，个性化交易需求得到满足。

对供应商和生产厂家而言，与地方银行紧密合作，共同开发市场，可基于交易数据获得银行授信资金支持。只要自身产品有优势，即可通过金融杠杆快速扩大销量，相当于通过银行平台突破地域限制，实现了有效的分销体系，以较低成本获得更多的优质终端客户。

对本地的教育相关生活服务提供商而言，通过加入银行搭建的教育金融交易平台，将获得银行的信用背书，可有效将产品和服务推广到各终端用户，还可以通过银行的积分体系扩大产品销售。

农民工住房金融

中国的发展离不开广大的农村外出务工人员，而新时代的农民工，尤其是80后、90后，虽然也是在城里打工，但是其就业模式早已不是人们原先想象的做低收入的体力活了。那些在现代化工厂流水线上的工人、顺丰快递员、美团外卖小哥、美发店里的理发师等，大都是农村的进城务工者。这一代农民工接受过较好的教育，文化水平普遍高于其父辈，在大城市生活一段时间后，也接受了都市的生活方式。

这些漂泊在大城市的打工者大多都有回乡盖房的愿望，基本是先在城市打拼攒钱，之后回到农村找熟悉的施工团队盖房，打工者自己或者家属采购物料、监工，耗时耗力。这样传统手工作坊式的住房，在施工质量、设计新颖性、工期把握、装修质量等方面都难以令人满意。

现在有了新的选择，那就是装配式轻钢别墅。相比于传统砖混住房，装配式轻钢别墅有诸多优点：首先，是轻钢别墅房屋的结构配件制作工厂化和机械化生产，质量稳定、效率高；其次，现场施工速度快，工厂预制件造好后运输到宅基地，一两天时间就可以完成组装和简单的内部装修；再次，钢结构建筑是环保可循环使用的，钢结构还有自重轻、抗震性能好的特点。轻钢结构下墙体厚度小，比砖混结构房屋可以增加有效使用面积。最重要的是钢结构别墅的造型多样，能够满足新时代个性化、定制化的需求。城里人梦寐以求的田园别墅生活，这些有宅基地的务工人员可以提前享受了。

虽然轻钢别墅从技术上看并不是什么新鲜事物，但是这里面蕴藏着巨大的产业机会。传统的开发商模式批量建设的房地产时代已经接近尾声，未来住宅向着分散化、个性化的趋势延伸，轻钢别墅正适合中国社会发展的阶段性特征。中国农村住房粗略估算约有 2 亿套，其中每年需要更新的大约有 500 万 ~ 700 万套。一般农村的自建 2 ~ 3 层的砖混结构小楼，总建造装修成本约为 30 万 ~ 50 万，这样算起来整体市场规模达到万亿级别。

银行在这个产业领域，可以有哪些作为呢？一位金融界老兵给出了他的答案，那就是卖别墅的电商平台“乡墅”。创始人尹飞曾就职平安银行，后下海创业开办普惠金融平台“贷帮”，致力于帮助广大进城务工人员获得金融支持。一个偶然的机会，尹飞了解到轻钢结构别墅的发展，和他一直关注的进城务工人员的需求非常吻合。

于是，他开始打造一个互联网平台，提供房屋设计、采购、施工、监理、交付的全流程解决方案。用户可以在乡墅商城上选购房屋样式，缴纳购房金额后，乡墅会按照设计样式实地进行建造、装修和监理，并且提供传统农村自建房屋所没有的高标准售后服务，以满足农村住房的多样化和升级需求。

乡墅和商业银行、信托、保险等金融机构合作，为自建房群体提供专项存款资金管理和综合保险服务，同时帮助用户优化财务管理，积攒购房基金。用户可以预订一个房屋远期订单，在有购房想法之初开始存储购房专项存款，平台对于这一行为予以补贴，作为奖励金。这笔钱并不由平台代管和支配，而是存在与乡墅合作的银行账户内，以保障用户的金融安全。如果用户中途退出，平台会收回补贴，但不扣除其他费用。乡墅会基于平台的数据和订单情况，帮助用户从金融机构获取贷款。乡墅还提供保险服务，保障房屋因意外造成的损失。

农村自建房是一个万亿级别的蓝海市场，该领域目前不但缺乏成熟的产业服务体系，还缺乏有效的金融服务。乡墅与银行合作，率先针对上述 C 端用户提供金融服务，随着业务的展开逐步入局 B 端供应链金融。

尹飞还提到他有一个打造中国农村版爱彼迎的构想。未来乡墅的房子在中国农村有一定普及后，农民可以把空置的乡墅房屋用于旅游出租，标准化的房屋加上简单的服务，既可以满足城市民众休闲的需求，又可以给农民带来收入。

中国有庞大的市场，银行只要深入研究产业，产业金融就一定有蓬勃发展的土壤。

从产业金融到产业银行

互联网金融走完了上半场，消费互联网的格局已经初步尘埃落定。在这里，传统银行是后来者，很可能沦为资金通道。

然而，产业互联网才是互联网金融下半场的主角。产业互联网以生产者作为服务对象，生产活动的各个链条环节构成了更为复杂的场景。生产、流通的每一个环节都蕴藏着巨大的改造空间。

消费互联网年代的巨头们，在产业互联网并无绝对的先发优势，在这个领域大家都只是刚刚起步，处于摸索阶段。银行如能抓住机遇，自身可以进化为产业互联网的有机组成部分。

银行发展到当前阶段，传统模式都已感到后继乏力。金融赋能产业的方式和手段，还能延伸到什么领域?

银行服务客户的基础思路需要改变，原来的产品金融已经很难满足客户越发多元化、个性化的需求。未来银行提供的服务，将从资金服务开始，到金融服务，继而泛金融服务，最后非金融服务，全方位服务客户的经营需要。

从某种意义来说，银行未来应该是有着金融牌照的科技公司和咨询公司。

产业金融不仅仅是传统概念的产业链金融、供应链金融，它本质上是一个由银行、非银金融机构和非金融机构组成的产业服务生态系统。服务对象从单一的交易链转变为产业内的企业集群。产业金融服务提供的主体除了银行，更多的合作伙伴将被引入，如券商、基金公司、保险公司、担保公司、融资租赁公司、物流监管机构、评估公司等。这些机构与银行一起，向一个产业集群提供全面的综合服务，发挥它们在产业链中各自的专业优势，银行以基础账户管理和开放 API 的方式将大家的服务行为联系在一起，最终目标还是实现赋能实体经济。

银行想要实现这样的产业金融，就要让自己变得更开放。通过与各种商业生态系统共享数据和算法，银行以自身的牌照和金融能力，用资金账户监管和银行信用背书等银行特有的手段来帮助产业解决交易流程中的障碍，为商业生态系统中的各方提供服务。

银行若想做成产业金融，还需要主动去发现产业规律，成为产业的助推者。

以前述所讲的旅游金融为例：旅游活动天生就含有社交属性，总会涉及人际交往。融至道率先提出了以“社交银行”为抓手建设地方性中小银行的旅游金融业务，以社交方式融入产业，并以社交方式提供服务。

发微博、晒朋友圈已经成了现代人的主要生活方式之一，在分享自己有趣愉悦的旅行经历的同时，旅游本身已经变为社交活动的一种介质。独乐乐不如众乐乐，自发地写旅游攻略、网红地标打卡发抖音成了一些乐于表达分享的人实现自身价值的手段。

银行可以借此开展内容营销，但是营销的不是金融产品，而是旅游产品。逐步将自身打造成区域性旅游消费入口。同时，银行将自身的积分系统和当地旅游产业打通，实现流量相互转化；通过内容营销，进一步还可以提供自助旅游规划，帮助游客确定时间安排和旅程顺序；通过直销银行和手机银行来提供上述服务，可将区域内的景点、游乐项目、演出、会展的门票一并代销，并加上旅游纪念品、土特产的直销，这些都是满足游客需要的商业模式。

对于产业端，银行可利用自身的资金优势、人才优势、技术优势，做区域性旅游行业的引领者与主导者，银行搭台，产业唱戏。具体做法非常多，比如：为有志于从事旅游行业的居民提供创业指导，配合政府开展旅游业招商引资，为希望投资旅游产业的企业客户进行投资顾问和资产配置、资产管理，为旅游行业的企业进行现金管理、流动性管理。

基层旅游从业者缺乏组织和专项的社群服务，大多经营模式陈旧、缺乏创新，但是几乎没有人为这些旅游景点的小商贩提供专业的策划咨询服务。银行可以引进合作的商业策划顾问为其提供经营管理建议、品牌建设建议，促进本地旅游业态快速更新，跟上时代的变化。银行方还可以在此过程中识别具有企业家精神的从业人员，通过数据观察他们的业务成长性，进而对其业务投资进行财务规划，并辅助提供税务、法律等筹划，帮助小企业茁壮成长。

银行在思考旅游金融时的核心是做产业金融、经营行业客户群体，而不是自己俯下身子去做旅游。如果区域内没有良好的旅游产业基础，这就需要银行站在更高的位置，以推动区域产业发展升级的角度，主动地推动原本落后甚至不存在的商业模式和企业的产生，发现机遇或制造机遇。

未来，银行将不再以自我为中心，之前一直担心的“金融脱媒”，通过API走向开放银行后，就不再存在了。银行可以把自己化作水和空气，无色无形却又无处不在，客户、供应商、合作伙伴服务，甚至以前被视作对手的互联网金融企业，都可以视为一个开放API的用户。

开放银行的战略行为需要通过银行将自身的产品、数据、风控、科技等全方位能力输出，嵌入到各个垂直行业中来实现赋能，更直接地触达目标客群。在这个过程中，银行服务得以搭载在丰富的用户场景之上，而来自各个行业的合作伙伴也得以通过银行向其用户提供贴合场景的金融服务。银行依靠数据的处理分析去建立完善生态圈中小企业的信用评价，从而弱化产业链核心企业在产业链金融中的担保作用，这使银行具备了更有效服务长尾客群的能力。

银行开放的终极目标，将使传统银行进化为比从业人员更掌握行业周期脉动和经营规律的产业银行。银行一旦将自身融入特定产业，构建起足够专业性的壁垒，必将在同业竞争中做到不战而胜。

第十六章 文化决定未来

传统银行要转型为新形态银行，最根本的是要改变基因。基因不对，越努力越错。这个基因就是自身的文化。

——金海腾

自上而下植入创新基因

企业文化的重要性毋庸置疑。一家银行，短期靠好的产品和服务，中期看战略，长期看文化，文化是能够持续产生优秀产品、提供优秀服务的系统性力量。在一家银行的发展历程中，产品会失败，战略也可能发生错误，文化是最后的纠偏剂。

作为影响企业经营的全局变量，文化决定了企业到底能走多远。

在不确定性时代，产业、行业甚至社会的形态都在发生着变化，创新无疑是一家银行在新时期可持续发展乃至引领行业的重要推动力，也必须成为银行企业文化的重要组成部分。

中国的银行如何建立创新文化，这需要自上而下的顶层设计。

早在2007年，金海腾在杭州广发担任行长时，就创造性地设立了创新委员会，并且亲自任委员会主任。一把手的重视，将创新的阻力减到最小，快速的决策机制将创新效率发挥到最大，并且为创新设置了有助于试错的容错空间。

作为位列国内城商行前三名的江苏银行，近几年发生了巨大的变化，成为一家拥抱互联网、拥抱创新的银行，甚至在中小银行中引领了一股创新的风潮。能将一家体量巨大的城商行的灵活创新氛围带动起来，江苏银行有什么诀窍呢?

由董事长夏平带动的领导班子塑造的创新文化值得我们一探究竟。

从当初攻关税e融时开始，江苏银行每周六必然召开创新研讨会，讲创新的课题，形式、内容多样，每次指定一个部门轮流主办。董事长、行长、监事长等所有的行领导一直坚持亲自参加，除非是有特殊情况。甚至于，夏平在中央党校学习期间，每逢周六仍然会回到行里参加创新研讨会。

一年开几十期的创新研讨会，确保大家的干劲不松懈，塑造出了一种持之以恒的创新文化氛围，也能将各种新鲜信息都捕捉住。

具体到创新管理上，江苏银行做了非常详细的安排。首先是2015年成立创新管理委员会，纳入董事会层面的风险管理委员会来统一管理，主任是董事长，常务副主任是行长，这在专业委员会中是规格最高的。创新管理委员会有几个常设委员，分别是风险部、计财部、法律保全部、营运部、审批部、信息科技部等 6 个部门。另外，业务部门涉及的也需要参加。

对于产品创新，全行性的和区域性的、原创性的和改进性的四大维度形成了矩阵，有四个类型：

A 类：全行性的原创业务，本行完全没有，属于全行空白的，这些需要上产品创新管理委员会。

B 类：全行性的改进业务，这就需要通过专题会议开展评估，比如：行长牵头的资产负债委员会、风险控制委员会、行办会等专业委员会进行专项审议评估。

C 类：区域性的原创业务。

D 类：区域性的改进业务。这些按照业务的规模和潜在风险，经过相关部门间会商，提出方案后再走会签流程。

一旦机制建立起来，原先很多混乱的过程开始逐步澄清。那些原先不知道算不算创新的，或者不知道需要关注哪些风险点的，不知道要跟哪些部门会商的，不知道是否符合合规要求的，客户提出的需求不知道能不能答应的，在什么权限内可以答应的，如果不能答应该请示哪些部门的，之前很模糊的种种问题，经过制度建设后都做出了相应的细致规定。无论什么层级的创新，都必须经过总行的结构化论证，相关部门的论证都有相应的模板，避免避重就轻和遗漏。流程有简有繁，保证时效性要求。

基于上述管理流程，江苏银行在创新管理委员会还下设“产品创新工作小组”。专门论证基层产生的业务构思，对初步的提议和设想方案，论证以后无论是否可行都限时要给出答复。一旦有相对明确的需求，发起人通过规定的流程发出申请，常设小组立刻开专题会议研究。专题会议会就所有的关键点给出改进建议，提出问题和解决方案，帮助完善业务设计。如果产品已经设计得比较完善的话，在这个会议上就可以形成明确的决策意见。

这个流程看似复杂，但是一旦有据可依，全行的创新业务通过创新管理委员会的整合就可以更高效地有序开展。相比原来那种各条线、各部门像无头苍蝇一样到处找人，上会议而不决，解决不了长期搁置，领导想起来重视了就动一动的情况，这套机制的效率明显提升。只要前面工作做细做实了，流程设计合理，就可以形成比较有效可行的方案，而不是把难题都交给行领导最后决策。

创新是有风险的。创新管理委员会的设立也给创新者分担了创新风险，他们真心实意地、高效地为创新把关，也把各个部门的创新积极性调动起来了。经过几年的磨合与坚持，江苏银行全行上下对创新业务建立了精细化管理意识，整个创新业务的推进变得顺畅多了。

最后，当创新业务通过前期流程以后，创新管理委员会还需要持续对创新结果进行后端评估：从进入需求确定的环节开始，到系统开发、测试、内部员工培训、上架销售、投放市场营销、推广等一系列流程的全流程管控。投放市场半年以后，需要对创新业务进行详尽的后评价。一年后，再后评价一次。而这一年后的最终评价，将决定这项创新业务的最终命运。

1. 产品被证明没有市场竞争力，直接终止并下架。

2. 该产品达到预期目标，各项效果良好的，作为全行的标准化产品序列，之后不需再进行后评价。

3. 一些有市场需求，但产品的设计尚不够完善的，则将继续优化完善，经过一年后，再进行后评价。

江苏银行创新文化的建设一直在不断地演进，全行的业务创新与技术突破蔚然成风，也取得了极好的效果。除了众所周知的税 e 融，江苏银行自主研发的月光宝盒大数据风控平台察觉到乐视网的风险，及时收回所有相关贷款，避免了巨大的风险；通过人工智能技术赋能高效运营管理，机器人外服和外呼系统达到行业前列水准；通过机器深度学习技术，实现了财务报表自动识别；在物联网技术应用上，与国家电网合作把电费数据纳入产品体系、用银行票据付电费等，创新已经直接转化为生产力。

创新意识推动建立新的机制，有效机制的建立再把创新文化固化并进化。

一家有银行牌照的科技公司

从江苏银行的总行南京往南 9 600 公里，就是新西兰 ASB 银行的总部所在地奥克兰市，这家地处南半球的银行在创新方面也为人称道，并且持续不断地创造出突破性的产品。

新西兰 ASB 银行是新西兰最大的银行之一，是新西兰的国家标志——全黑橄榄球队的赞助者，也是新西兰多元文化节和奥克兰元宵节的主要赞助商，它们以创新和采用新技术而闻名全球，已经赢得了无数银行领域的奖项，包括连续 5 年被《银行家》评选为新西兰年度最佳银行。另外，ASB 银行的网上银行服务 Fastnet（快网），也一直保持着新西兰最佳网上银行的称号。

从规模上来看，ASB 银行也只能算是一家资产规模几百亿美元的“小”银行。这家小银行却在创新上胜过了许多大银行。

ASB 银行做对了什么呢?

最基本的出发点，毫无疑问是 ASB 银行以客户为中心的理念。ASB 银行认为，在创新前，首先要把这些问题搞清楚：我是否了解我的客户？我是否了解我的客户对我业务流程的期望？我是否能够衡量现有流程和客户期望之间的差距？我是否知道要怎么做？我是否了解如何检查客户的要求？这些问题是 ASB 银行创新的原点。

所以，ASB 银行几乎所有的创新都围绕着客户的需要和痛点而开展。比如，ASB 银行是最早尝试允许客户对 Facebook 好友进行转账的银行之一，因为他们发现新西兰人与家人、朋友，甚至事业伙伴正越来越多地通过 Facebook 来联结。

创意的诞生总是最难的，面对创新，大部分银行都苦于无从入手。而 ASB 银行通过始终保持着开放的心态和敏锐的嗅觉，收获了不断的创新灵感。ASB 银行最受欢迎的 Clever Kash 智能储钱罐（简称 CK 储钱罐）的开发过程就是最好的证明。整个 Clever Kash 智能储钱罐的创意并不是无中生有，ASB 银行先是发现了现代社会的无现金化趋势，然后顺藤摸瓜找到了作为银行的客户所面临的具体问题，并且提供了一个化“无形”为“有形”的解决方案，在此方案上不断修改，逐步商业化，最终取得了成功。

这个故事的一开始，是 ASB 银行发现随着新西兰加速进入无纸化货币时代，对孩子们进行金钱方面的教育工作变得越来越困难。它们决定深入了解一下这一现状。通过调查，它们进一步了解到 96% 的新西兰父母认为让孩子知道金钱的价值非常重要，但是 49% 的新西兰父母认为他们的孩子对钱的价值根本不了解。因此，2/3 家长认同在无纸化的时代，对孩子进行财商教育变得越来越困难了，更重要的是有接近八成的家长愿意购买玩具及配套工具来帮助他们对孩子进行财商教育。

数据说明了一切，ASB 银行验证了自己的猜想。他们断定，儿童的财商教育是客户的痛点。他们决定开发一个新的理财玩具，帮助家长用更简单、更有趣、更引人入胜的方式来进行财商教育。它们想到了电子储钱罐这一形式。

当然，创意只是第一步。打造 Clever Kash 智能储钱罐是一个集合了编程、交互、生产、制造的复杂工程。为此，ASB 银行搭建了一支跨部门、跨行业的工作团队，这个团队不但有来自银行内部的人员，也有来自外部的许多供应商和创意机构。在产品的发布环节，ASB 银行也与外部机构紧密合作，参照科技公司的营销方式，着重运用了公关、社交媒体、电子渠道的影响力，通过社交网络、产品发布会、大 V（网络上活跃有着大量粉丝的用户）及权威媒体、自有渠道、数字媒体广告和搜索排名优化、与客户的面对面营销等 6 个渠道进行发布等。

可以想见，这些来自内外部的帮助对于推进 Clever Kash 项目至关重要。因为创新是个庞大的工程，从灵感的火花一直到产品的落地牵涉大量的细节，要让这些细节各归其位，合作和开放是关键词。对于任何一个试图打造创新文化的银行，合作精神都是必不可少的。这不单是因为创新往往牵涉多个部门，也是因为合作所产生的交流对创新大有裨益。

除了合作，开放也很重要。事实上早在 2014 年，开放银行概念还未萌芽的时候，ASB 银行就对外开放了自己的 API 端口以帮助软件开发者更好地创新，它们相信若要让自己始终处于创新的中心，就要主动打破藩篱。

正是通过将银行内外部的力量整合在一起，ASB 银行的创新项目才能保证质量。从 Clever Kash 智能储钱罐的第一个版本到最后正式上市的版本，ASB 银行不厌其烦地对其进行了反复的测试和迭代，仅内测版本就有5个之多。而且，在整个测试过程中，尽管ASB银行也有许多的专业看法，但不论是形象还是具体功能的确定，其最终的评判标准还是来自客户的真实意见。

当最终版的Clever Kash智能储钱罐出现在客户面前的时候，这个摇一摇就能发出叫声的明黄色歪头小象一下子就吸引住了孩子们。对于孩子们来说，这不仅仅是一个新鲜的玩具，也成为他们存储零花钱的工具，而对于家长来说，则是培养孩子们养成良好的生活习惯、培养对金钱的理解和认知的最好帮手。

不出意料，Clever Kash智能储钱罐成为火遍新西兰的一个爆款产品。这款产品不但让客户对ASB银行整体的品牌情感更强，大大提升了ASB在儿童财商教育领域的知名度，更进一步在大众心中塑造了ASB作为创新先驱的形象。

如果要总结Clever Kash智能储钱罐的成功，ASB银行原CEO说过的一句话颇有代表性：我们（ASB银行）是一个有牌照的、可信赖的、提供金融服务的科技公司。事实上，Clever Kash的项目团队对自己的要求就是像科技公司而非像银行一样思考。

此时，我们再去看前面所描述的ASB银行，不管是理念，还是运营机制、工作方法，我们看到的正是一家科技公司，而非传统银行。

有这样一家敏捷的银行

2019年3月22日，融至道举办的“走进中原银行”活动现场，来自全国93家银行的400多位银行人，来到了位于郑州郑东新区的一座大厦内。这里首先映入眼帘的是一个巨大的开放式办公环境，一排排显示着代码的电脑屏幕，一块块贴满记事贴的看板，一组组忙碌的人群，大厅一角还有飘香的咖啡吧和零食台，一切都像极了互联网巨头们的开发环境。而这个没有一点银行的样子的地方，就是中原银行的敏捷中心。

中原银行是省级城商行里的新军，作为一家由13家城市商业银行整合而来的银行，于2014年末才正式获批挂牌。但在短短5年的时间里，中原银行就完成了团队整合，理顺了纷繁复杂的人事关系，迅速地从站稳脚跟到领先发展，成立3年即港股上市，现在又变戏法般地搞出了这样一个行业内最“时髦”的敏捷中心，这家银行到底是怎么做到的？每一位到场的银行人在羡慕之余，也打内心深处发出这样的疑问。

中原银行的成功之所以让人大吃一惊，是因为他们选择了一条常人不愿跋涉的路径。

他们真正把改革和创新深入到了银行的基因中。中原银行选择从文化转型入手带动组织转型，把传统保守的银行文化变成了自主学习、自主创新、自主管理的创新型文化。中原银行通过培养T型人才（既有较深的专业知识，又有广博的知识面的人才），让团队文化从专业分工走向整合协作，以此来重塑组织架构。他们构建敏捷的组织体系，甚至把整个零售业务事业部辖属的各部门名字都改成了“部落”，以四大客群部落和三大渠道支持部落两两交叉精准服务于目标客群和业务场景。在中后台，中原银行专门设立了数据银行部，建立工程化的数据采集、整理、分析、应用的数据管理体系，实现从数据分析、策略执行到策略反馈的数据闭环管理。

中原银行组织转型的同时，是辅以重金投入支撑的科技转型，新团队作战方式要求科技部门主动拥抱前台，融入产品开发的过程中。为此，中原银行搭建了敏捷开发与快速迭代的 IT 交付模式，建立敏捷的系统架构和产品微服务平台，以探索科技与业务融合的新模式，立足长远打造了数字化平台，构建了开放的科技生态，包括在北京、上海、硅谷设立若干科技金融创新实验室。

随着文化转型、组织转型、科技转型的推进，以用户为中心的业务转型也就水到渠成了。就像布莱特·金在《银行 4.0》中畅想的：在 4.0 时代，金融服务将幻化于无形，被嵌入到与人们生活密切相关的衣食住行、社交娱乐等场景之中，实现“无感知金融”。中原银行凭借自己对需求的敏捷反应和创新服务能力，打造了从获客、活客到黏客的用户服务体系，以及线上线下一体化全渠道的客户旅程优化管理，并且利用 API 和 SDK 的链接能力形成即想即用的跨界服务。

在这家银行的发展历程中，如果要找一个最具象化的、最有代表性的改革产物，有一个爆款产品的名字是不得不提的，可以说这款产品见证了中原银行的战略转型，它就是“永续贷”。

2016 年 11 月，中原银行自主研发的永续贷正式上线，永续贷是中原银行推出的创新住房抵押个人贷款产品，这款产品把目光对准了存量房地产市场的金融价值。通过运用互联网和大数据，永续贷实现了一键申请、在线评估、实时审批、一天放款。这款创新产品额度上限为 1 000 万，最长期限是 30 年，并且循环用信随借随还。通俗地来说就是只要你有一套房产，就可以快速、便捷地靠这套房产获得贷款，避免了传统贷款手续烦琐的问题。

永续贷的产品设计完全站在了客户的角度来思考和理解问题，一切都是为了客户方便，解决了市场中房产抵押贷款环节多、资料多、时间长、求贷无门等痛点，荣获“2016 年度金融行业产品创新突出贡献奖”和“2017 年度中国金融行业最佳创新项目奖”。通过和河南住建厅的合作，客户甚至只需要到中原银行的永续贷业务大厅来一次，就能在一天之内收到银行的贷款。

毫无疑问，客户方便的背后是先进技术手段的运用和中原银行对流程优化的殚精竭虑。比如：中原银行借鉴了网约车的司机抢单模式，将第三方服务的力量引入贷前环节，让多位外包的贷前调查员抢单来激励大家提升服务水平和效率。而且，这款产品发布至今仍在不断进步，按照每两周一次的迭代，进一步打磨自己的用户体验。

按照窦荣兴董事长的说法，“永续贷是中原银行由传统银行向科技银行转型的标志性产品，具有战略性意义”。事实上，这款产品的战略性意义，不单是锁定了中国家庭最有价值的资产，能够多样化、人性化地满足客户家庭的融资需求，更因为它代表了一种场景化的金融服务模式的探索和尝试。

从文化转型开始，推动组织转型、科技转型，敏捷起来的银行也可以是新经济的代表。

信用文化是银行文化的根基

我们评价一个人时常常会用言而有信、诚实守信这样的词，这代表了一个人的品格，这也是评价这个人是好人的底线。

企业文化其实就是一个企业人格化的品格，守信同样也应该是底线，而我们却经常忽略了。

2015 年 11 月 21 日晚的亚冠决赛，阿里入股后的一年半，广州恒大淘宝队走上天河体育场时，球衣的胸前广告赫然印着“恒大人寿”，而非赞助商“东风日产”的名字。舆论哗然。当晚 10 点左右，也正是在恒大夺冠的同时，东风日产在官方微博上贴出了一份声明，直指恒大违约。声明写道：“在今晚的比赛中，东风日产发现，原本应该在恒大俱乐部球员比赛服胸前广告上出现的‘东风日产启辰 T70’却未如约出现，我司对此表示非常震惊。恒大俱乐部在未征得我司同意的情况下，单方面擅自取消东风日产的赞助权益，我司非常遗憾。对于此次恒大俱乐部的违约行为，我司希望恒大俱乐部能够给予公开的解释说明，同时，我司也将保留进一步行动的权利。”

事实上，恒大在关键场次自行更改胸前广告的事件已不是第一次发生。一年多前，关注度同样十分之高的2014赛季亚冠四分之一决赛恒大主场比赛。恒大也突然把球衣胸前广告从“东风启辰”改为自己集团品牌“恒大粮油”。事后，恒大方面表示已经和东风日产达成一致，签署补充协议，以800万元回购了该场比赛的胸前广告位。

此时，在更关键的亚冠决赛赛场上，恒大再次背信，把一个本来非常好宣传恒大的机会，变成了舆论上一边倒的对恒大不守商业信用的批评。

类似的案例还有携程。作为成立时间最早的在线旅游平台，携程的优势是其积累的庞大的旅游资源以及海量的用户。携程庞大的用户基数更是其能够赢利的根本保障。

对此，携程的联合创始人范敏曾在某次会议上说过，如今的旅游业已经与以往大不相同。“以往做旅游有一句行内话，就是要让客人信息不对称你才赚钱。而我们今天，是要让客人信息对称之后，让你的服务赚钱，而不是让你的信息不对称赚钱。”

但携程这漂亮的口号却没有落到实处。用过携程的人都深有感触，打开携程App买票，都是一次眼力和智力的双重考验，为了避开默认捆绑搭售的陷阱，需要仔细甄别各种“圈圈勾勾”、“优惠条款”以及“需要”和“不需要”的文字游戏，一不小心就要多花冤枉钱。更有人指责携程利用大数据杀熟，不同账号查询同一个酒店同一个房型价格竟然不一致，有时感觉越是消费多的账号所查到的房价越高。

最终，携程的标语“携程在手，说走就走”出现了一个更广为流传的版本“携程在手，看清楚再走”。后来，携程创始人梁建章也在股东信中承认携程需要回归以客户为中心的价值观。

以企业整体行为所代表的企业文化对外有强烈的传播性，对内也有很强的影响力。“勿以恶小而为之”，为“小恶”对一个企业的文化和品牌的摧毁作用是巨大的。

在阿里巴巴的发展历史上，有一个很著名的例子：马云为了维护阿里巴巴的诚信文化不惜开除时任 CEO 卫哲。2009 年的 110 818 个供应商中，有 1 219 个供应商有欺诈行为，占比 1.1%，这个比例似乎并不是大问题。但是为了整肃阿里巴巴的价值观，马云开除了上至该公司 CEO 卫哲、下至普通销售员的一大批人。当时的舆论中各种阴谋论层出不穷，没多少人相信马云真的是为了价值观而动的手。但后来的事实证明，阿里巴巴的价值观经此一役更加坚固。

甚至卫哲自己也说:“从阿里辞职是我人生中最闪光的时刻。”

银行是经营信用的企业，一贯是以信用标准来衡量客户，也肩负着打造社会信用环境的责任，守信也应当成为银行企业文化的底线，信用是银行赖以生存、发展的文化根基。

金海腾在杭州广发时将诚信作为企业文化中的行魂，他这样定义“什么是真正的诚信”。

一是一个人即使在独处和无人监督的情况下，仍然不会弄虚作假；二是一个人在具备了造假、失信的各种条件时，仍然能够坚持原则，能够内不欺己，外不欺人。只有做到了以上两点，才是真正的诚信。

文化驱动力的打造

最近几年来，微软公司的峰回路转非常具有戏剧性，而它靠的就是文化的改变。

2014 年时的微软已经是一家老气横秋、缺乏活力的公司，靠着 Windows（美国微软公司开发的操作系统）和 Office（微软公司基于 Windows 操作系统的办公软件套装）业务勉强维持增长。这时，新的 CEO 纳德拉上任了，他并没有只在产品和战略上开刀，而是选择了一条不同的路径。

在竞选微软 CEO 时，纳德拉在他提交给董事会的备忘录里强调，微软要重生，最重要的是重塑公司的文化，而且只有所有人都对微软转型有真正的信心，这件事才能做好。作为一名 20 多年的老微软人，他太了解微软真正的问题了。他认为微软的失败并非因为员工不聪明或不努力，相反，他知道大部分的人都很聪明，内心里也是非常想做事情的，但是大部分时候陷入无休止的内部斗争中。微软内部处处有着隐形的玻璃墙，让人一不注意就会碰壁。如果员工的注意力都放在打败自己人上时，微软就没法再次前进了。

在执掌微软后，纳德拉把重塑公司文化作为他优先级最高的事情来看待，做了大量的工作来推动企业文化的改革。譬如：要求每一位高管阅读马歇尔·卢森堡的《非暴力沟通》，这本书讲述了如何与人和谐相处的沟通方式。另外，微软每半年有个高层务虚会，本应是只有中高层能参加的会议，但纳德拉让对产品最有发言权的员工也参加。因为他发现很多管理层对业务的具体细节并不清楚，而最有发言权的员工又不够级别参加这样的例会，甚至他的上级的上级都不够级别，这样的讨论太低效。这些做法与微软传统的做法的大相径庭，让部分高管感到十分不舒服，但是最后的效果却出乎意料地好。在他的带领下，微软的市值突破了万亿美元，超过苹果、亚马逊等成为近年来增长最快的美国科技企业。①

微软的重生是文化驱动的有效例证。

那么文化驱动力的打造是否有方法可循？融至道就有一个在某银行实践的生动案例。

融至道首先为这家银行进行了文化诊断，从中发现了很多典型问题。比如，对文化的认知不清晰。在一开始，问它们要建立怎样的企业文化，得到的答案大部分都是在描述战略，剩下的则在描述痛苦或者欲望。

①关于纳德拉的企业文化改革，可参看他所著的《刷新》，简体中文版由中信出版社出版。——编者注

经过详细地调研和诊断，融至道发现这家银行原有的企业文化和当地的地方文化高度趋同：讲关系、讲情感、小富即安、市场竞争意识不强。用文化类型的宗族型、活力型、市场型、层级型四个象限去评估，它更偏向于宗族型和少部分市场型。

企业文化的这四个象限不分好坏，只是对企业文化倾向性的一种客观描述。这四大象限是由灵活与稳定、外部与内向两大维度构成，每一种象限都有自己的优点，但发展到极端也会带来一些负面的影响。

比如：宗族型是指企业就像一个大家庭，人与人之间的相互沟通中，领导以导师甚至父亲的形象出现。组织靠忠诚凝聚员工，强调凝聚力、士气，组织的成功意味着人力资源得到发展。宗族型企业文化如果走到极端，就会变成大锅饭式的分配、无原则的宽容，以及员工之间过度依赖关系。市场型是指组织靠强调成就来凝聚员工，人们之间以目标为导向，强调奋斗。领导以推动者和竞争者的形象出现，关心声誉和成功。组织的成功意味着高市场份额和市场领导地位。但是市场型企业文化如果走到极端，就会变得过于激进和冒险。

回到这家银行的案例中，它们宗族型的文化很好地解释了本地的人文文化是如何影响到银行自身的文化的。而市场型则表明这家银行看重市场份额和发展数字，并以这些数字来定义银行是否成功。

这是比较具有代表性的地方性银行的企业文化，特别是处在欠发达地区的不够市场化的中小银行的企业文化往往与之更类似。

继续深挖下去，我们发现这家银行有两个比较明显的文化冲突。一是理念先进但行动缺席，也就是员工知道什么是好的，也愿意接受先进的观念，但是一旦要落实到行动上就开始走样变形，退回到自己熟悉的那一套。二是员工与管理者的价值观不一致，员工追求大锅饭、小富即安，而管理者追求银行的不断发展和业绩的卓越。事实上我们通过描绘全行对未来企业文化的预期，发现员工们期望的未来的工作环境是能得到更多的鼓励与支持，受到较少的规则与制度的束缚，而领导层更注重创新精神和新制度，追求更强的市场导向，进一步扩大市场份额。

问题找到了，下一步是怎么改进。

融至道用工作坊的形式为这家银行的人塑造了一个便于“碰撞”的场景。

在组织的覆盖全行各个部门、支行的若干场企业文化研讨工作坊中，融至道以征集“你是如何为别人服务的”的案例为名，让大家把自己为别人做的事写下来，并做一个排序。结果大家发现没有一个案例是为自己同事服务的，即使是总行的中后台部门，提交的也都是大同小异的为客户服务的案例，而看不到为前台、为支行服务的案例。在讨论中大家发现，行里每一层的人都对别人有很多诉求，但是对自己就比较宽容。

文化和行动不一致，这就是突破口。

思想反映在行动中，那么行动也能塑造思想。融至道根据这家银行所处的发展阶段——夯实基础阶段，为全行设定了以合格、合规为文化主旋律的阶段性文化建设重点，梳理完善了一部分流程和规章制度，并设计了若干合规文化、勤劳文化的推行关键事件。随后，融至道进一步帮助这家银行发掘经营管理活动中的优秀文化现象，发现契合理念的团队与个人，树立文化模范和“英雄人物”，并确保文化标准的公平、公正、公开。

很快，全行上下就明确了一个基本的事实，日常的行为要按照流程和规则来，而且有规矩按规矩，没规矩讲文化讲价值观。

从约束，到榜样，到习惯，最后直至文化养成。

从思维原点入手打造队伍

文化决定未来，企业文化之于一家企业的发展是有决定性影响的。

有一个不得不说的案例。

> 2009 年，经营不善的日航（日本航空）经营状况继续恶化，当年亏损 1 888 亿日元。2010 年 1 月，日航申请破产保护。2010 年 2 月 1 日，稻盛和夫临危受命接手破产日航。2012 年 3 月 31 日，日航已成为全球航空业的利润冠军，盈利高达 2 049 亿日元，同年 9 月 19 日重新上市。

稻盛和夫改变日航，几乎未带一兵一卒，也未对日航大动干戈，却能使日航起死回生并走向巅峰。

这其中的秘诀，按照稻盛和夫自己的说法就是：“并不是靠什么经营技巧。日航得以重建的关键，就在于32 000名员工的意识和观念发生了转变。”

这就是文化的决定性。

那如何去判断、改变员工的意识和观念呢？

当年金海腾还在宁波鄞县当县长时，浙江省老省长沈祖伦在处理一件事情时候的方法给他留下了非常深刻的印象。这件事对他后来的管理思想产生了决定性的影响。

> 当时，有一位民营企业家犯了错，《浙江日报》就以《明星厂长现形记》为题进行了报道。沈省长询问《浙江日报》主编，问他是否看过这篇文章，主编说看过。老省长一改平日的亲和作风，当场指出问题并质问：这是众多民营企业家中的一位犯了错了，绝大多数都是好的，但是你们用的标题是“现形记”，这是将矛头指向了整个民营企业家群体，难道我们与会的这么多“明星厂长”都有问题吗？

老省长的一番话，让金海腾醍醐灌顶。

“这位《浙江日报》的主编其实是在思维原点上犯了错误，你的出发点到底是想通过一位犯错的明星厂长的案例去否定一群人，还是要在改革开放的大潮中提醒大家要时刻警醒，但仍然要坚定地支持和推进改革开放？”

金海腾还用自己独特的理解定义了一个新词：思维原点。

他认为：思维原点是一个人思考的出发点，最直接的表现就是当一个人面对一件事情时做出的第一反应。思维原点是一个人深层价值观的缩影，也是他思维方式的起点。思维原点决定行为原点，决定了一个人的行为选择。

从一个人对某件事情，特别是似是而非的事情时的第一判断、第一反应、第一行为去评判他的思维原点，是很重要的一个评判标准。

银行最核心的资产是人，人既是创造力的源泉，又是银行道德风险的根源，而一个人的思维原点常常就能反映出这个人的本质。

打造一支优秀的队伍，就需要从塑造这支队伍具备符合本银行核心价值观的思维原点入手。

而具体的着手点应当从培养中层干部正确的思维原点做起。

对于中层干部，金海腾有自己独特的定义：责任集团和利益集团。

> 中层干部是企业的一个利益集团，因为他们都是企业的中坚力量，以贡献计量报酬，他们得到比普通员工更多的利益，这既是对中层干部的公正评价，也是留住核心人才的正常手段。当然，利益集团绝非某种意义上的“特殊利益集团”，而是在公开、公平、公正的评价体系下得到的公允的利益。

同时，更应该强调中层干部应该是责任集团。在国内的大多数企业，中层的利益都能解决，但大多数解决不了责任问题。银行，特别是非上市银行，中层甚至高层管理人员，都没有持股。“所有者缺失”“代理问题”等管理上的难题，在这里已经具有存在的条件。因此，银行更需要强调中层的责任意识。“责任集团”的概念就在这样的情况下产生了。

如果一家银行的责任集团和利益集团面对任何事情，都能够做出符合本行的核心价值观的判断和行为时，我们就可以说这支队伍的骨架已基本成型。

在一支队伍中，通常有三类人：志同道合者、同行者和叛逆者。队伍成长、成熟的过程，不断有叛逆者变成同行者、同行者变成志同道合者，这也是每个人的思维原点不断靠拢、趋同的过程。

最后，我们回到本书的主题：今天我们怎样做银行。

我们现在所处的是一个飞奔的时代，新产业新金融正以令人瞠目结舌的速度创造着。在探讨今天我们怎么做银行时，除了明白我们身处何处、何种阶段，最重要的是要明白我们要做什么样的银行，这是我们所有战略、战术出发的原点。

任何生命体都有其自身的基因，一个企业同样也有自身的基因，这个基因就是企业文化。当传统银行面对新的经济金融形势和完全不一样的竞争格局而深陷窘境时，若想脱胎换骨，实现救赎，从各个层次进行基因再造是最根本的，也是必须要经历的过程。

改造银行的基因我们要从如下几个方面做起。

第一，树立正确的金融价值观，明白银行是干什么的，该干什么，不该干什么。

第二，培养银行和银行家的企业家精神。企业家精神的核心是创新，而在银行内部创新，最大的阻力是没有试错精神和试错文化。

第三，将市场化理念注入组织再造。

第四，学会抓住本行业的本质规律，并能够跨行业去借鉴成功之道。

传统银行改变基因才能成为新银行，文化决定未来，这是根本的制胜之道。

空想

金海腾

一、空想与现实

谈到“空想”，最先跃入我脑海的是恩格斯于 1880 年春夏之交发表的著作《社会主义从空想到科学的发展》。在这部被马克思评价为“科学社会主义的入门”的杰出著作中，恩格斯厘清了空想社会主义和科学社会主义的区别：空想社会主义是社会主义的源头，但是唯有通过马克思的发现——唯物辩证法和剩余价值理论，才真正使社会主义开花结果。

这说明，空想不一定是坏事，这可能是某种伟大事物的开端。

商业世界中有大把这样的案例。

谷歌源于创始人的拉里·佩奇做的一个梦。从梦中醒来后，他开始想象能不能把整个互联网上的内容都下载下来，然后只保留链接。基于这个想法，拉里·佩奇和谢尔盖才意识到通过链接来为网页排序会大大地优化搜索结果，最终诞生了谷歌这个巨头。

乔布斯打造了不止一个革命性的电子产品，但是他创造产品时几乎只依赖自己的想法。他曾说过："消费者并不知道自己需要什么，直到我们拿出自己的产品，他们才发现，这是我要的东西。"乔布斯喜欢引用美国汽车业鼻祖亨利·福特的名言："如果我当年去问顾客他们想要什么产品，他们肯定会告诉我，'一匹更快的马'。"

阿里巴巴的口号"让天下没有难做的生意"也是一种空想。1999 年，阿里历史上著名的动员大会，那个会议的录像中，马云对着 17 个人激情澎湃地演讲："从现在起，我们要做一件伟大的事情，我们的 B2B 将为互联网服务模式带来一次革命！黑暗之中一起摸索，一起喊……"其实在很长一段时间内，马云都说不清阿里巴巴的商业模式，以至于经常被人当成是骗子。

空想，是从零开始思考一个问题，它不是进行迭代或是改善，而是真正的无中生有。因此，空想与理想是一对近义词，当理想不被人们所理解的时候，就会被人当作空想，甚至遭到嘲笑。

但同时，从空想到现实，又只有一步之遥。区别在于，你的空想是否合乎某种潜在的逻辑，以及你是否愿意为这个空想付出努力。

空想可以变成现实。

但问题是，什么样的空想能变成现实？

美团的创始人王兴用"空想"建立了一种超越同时代竞争对手的格局。他以全新的角度重新解构了当时的互联网巨头所处的位置，并依靠逻辑推理出了美团的位置，据此引领了美团的成功。

王兴有一个自己的“四纵三横”理论。“四纵”是互联网的用户需求维度，包括娱乐、信息、通信与商务。而“三横”则是互联网的技术变革维度，Web1.0 时代的搜索，Web2.0 时代的社交，Web3.0 时代的移动互联网等。每一次互联网的新技术变革出现时，在“纵横”的交会处，就会出现创业者的进入机会。

2009 年底美团正式上线之前，王兴就在公司内部阐述了这个理论。王兴的目标就是移动互联网阶段的电子商务，即本地生活服务，这其中有三个关键词：本地、生活服务、电子商务。这就表明美团是向本地消费者贩卖各类生活服务——餐饮娱乐等，线上购买，线下消费。这是一个无人开垦的全新市场，而且毫无疑问，这个市场的规模非常诱人。

美团的成功表明，空想能够指引公司前进。

二、银行业的空想

一百多年前，在中国的黄土高坡上，庞大的镖队押送着驮着现银的骡马向东部缓缓进发。

遥远的大洋彼岸，美国西部死亡谷疾驰而过的马车上飘扬着富国银行的旗帜，运送着金子向城市进发。

他们在干着同一件事：钱庄。这就是银行的雏形。

历史在这一刻呈现出了惊人的相似性，或者不如说，历史上的文明成果，无不是必然的，具有同一性的。这是事物发展的本质规律。

而空想，就是抓住趋势和顺势而为，成为“风口上的猪”，所谓的风口就是“未来将发生剧烈的变化的时机”。

中国的银行业，曾经也有幸站在风口，不过那是政策和牌照带来的风口，所有的银行一视同仁，得来容易，走得也快。

而银行业接下来的风口，将变得难觅踪迹，大部分银行可能都将在懵懂中错过，但这新的风口将再一次拉开银行之间的差距，决定银行未来十年的命运。

要回答今天我们怎样做银行，首先要弄清楚银行到底是什么，银行就应该是我们看到的形态吗？

在本书中，我们展示了不少银行的成功案例，它们已经或多或少找到了风口。

这其中有国外的那些银行。

比如美国俄勒冈州的安快银行，在25年前掀起了零售银行的网点体验革命，旗帜鲜明地提出了“我们是在零售行业，只不过恰巧卖的是银行服务而已”，又在科技时代创造性地将科技和人性结合在一起，开发了“最好的金融伙伴”（Best Financial Friend，BFF），从一家小小的社区银行扩张到遍布美国西海岸。

比如第一资本金融集团，由咨询公司的两位员工毛遂自荐，带领一个不起眼的信用卡业务部门一度成为全美前三的零售金融机构。早在30年前，第一资本金融集团就全面使用大数据技术来改造自己的业务。他们认为信用卡业务本质上是由数据驱动的，认为自己是一家以信息作为基础战略的公司，创造出了很多革新性的信用卡产品。

比如英国的大都会银行，作为150年来英国首家新的高街银行，成立6年就赢利并上市，成立7年后累计送出了800万支精美的纪念笔。它们把客户变成自己的“粉丝”，用远超同行的服务换来客户的忠诚，尽管存款利率更低，但客户愿意选择它们而不是其他银行，它们的客户美誉度远超汇丰、渣打等英国老牌的五大银行。

比如新西兰的ASB银行，把创新变成一种常态，连续5年被《银行家》评选为新西兰年度最佳银行，涌现出了Clever Kash智能储钱罐、Giving Tree爱心树等让人眼前一亮的产品。ASB银行用创新集市、黑客大赛、孵化器等手段来激发灵感，集合员工、高管，甚至外部人士的力量让创新接连涌现。

当我们把视角转向国内，看到了以台州银行等为代表的一批具有战略定力、几十年坚守小微，不断创新迭代、持续发展的银行。

我们也看到了当下中国，一样有银行的行长提出“我们是一家科技公司，只是比别人多了一张银行牌照”这样彻底的定位的转化。

更看到了江苏银行的税e融系列、中原银行的永续贷，重庆银行的好企贷等，这些基于新的展业模式设计的银行产品正在逐步改变银行的生态。

更进一步的，浦发银行推出的API银行，招商银行线上线下的整合，开放银行、敏捷银行等的尝试，正在把经营银行、设计银行的视角从沿袭过去转向了面向未来。

中国的银行业正处在巨变的前夕，一方面从全球银行业的跟随者变成了领跑者，一方面又面临着来自国内科技巨头的巨大竞争压力。整个行业的基础——客户、技术、监管等都与过去截然不同。

银行业正从过去相对稳定的行业，变成一个更具有不确定性和可塑性的行业。如果想要引领客户，就需要走在客户前面，需要空想！

三、空想的逻辑

当然，空想不是瞎想。

彼得·蒂尔在《从 0 到 1》中写道："商业世界的每一刻都不会重演，下一个比尔·盖茨不会再开发操作系统，下一个拉里·佩奇或是谢尔盖·布林不会再研发搜索引擎，下一个扎克伯格也不会去创建社交网络。"这告诉我们做一样事情不能拘泥于形式，做银行也是一样，回归最本质最基础的命题也许能让我们更加接近答案。

什么才是本质的不变的因素？我们会发现，银行提高人们美好生活的水平、优化社会生产流通消费等资源配置效率的基本功能一直没有变。

以前的消费者是为了满足自己的基本生活需求，现在的消费者是为了满足自己千变万化的需求和体验；今天，产品救不了银行，"二八"里的"二"救不了银行，甚至客户也救不了银行，创造力和对时代脉动的感知能力才是成功的基石。

空想的核心就是这样一种对未来的洞见，这种对未来世界的洞见难以捕捉，并且可能来自不同的角度，比如对技术的洞见、对商业模式的洞见、对客户的洞见等。

所有企业的存在都是为了解决社会存在的问题，而前进的方向又符合了历史的必然性——找到历史的必然性，这就是空想的价值。

我以为，一个空想倘若要真正立得住脚，贯穿背后的一定是角度、逻辑和辩证法的综合运用。

如何用全新的视角来看待当下和过去，得到全新的结论，这是角度。角度不正确，或者不够新，那么看到的东西就无异于常人，甚至会走向错误的方向。

如何将初步的结论进一步推而广之，并与自己所处的行业相结合，这是逻辑。客观世界和主观世界总是存在差异，新角度之下的结论可能有失偏颇，善于运用逻辑思维能找到这两者之间的不同，并且帮助弥合客观世界和主观世界的鸿沟。

如何将理念贯彻到实践，投入到现实生活中去经受真正的考验和测试，并且在实践中反复不断地验证、打磨、优化和修改，这是辩证法。正如毛泽东在《实践论》中的所说："实践、认识、再实践、再认识，这种形式，循环往复以至无穷，而实践和认识之每一循环的内容，都比较地进到了高一级的程度。"

任何的空想都只有经历了与实践的碰撞，才能诞生真正的"宝玉"。伟大的空想必须要走向现实的成功，停留于纸面的空想终究无法产生价值。

所以，对于银行业而言，空想不是谈论一些诸如人工智能、云计算、区块链之类的时髦词语，而是回归客户，"以客户为中心"

不单单是一句口号，客户有多少种想法，就有多少种需求，需要运用空想，用角度、逻辑、辩证法来探寻背后的秘密。

四、空杯、空间、空想

在“金融道”系列丛书中，我为《金融道—— 一家“弱势”银行的崛起》和《金融道2——把钱贷给谁》作的跋分别叫《空杯》和《空间》。

《空杯》讲的是工作中要避免经验主义，因为经验主义往往会让一个人停止学习，也停止创造和进步。人要怀有空杯心态，就能以新的经历不断为自己注入新的因素，从而激发自身的创造力。

《空间》是说银行的业务空间还大有可为，银行信用只占商业信用的大约20%，更只是全社会信用的一小部分。如果银行只是以传统的信贷思维来思考，那就发现自己所能做的业务很有限，但如果银行能将视野打开的话，社会上还存在很多未曾被满足的金融需求。后来诞生的支付宝、余额宝等验证了我的判断。

而本书的跋我之所以定名为《空想》，是因为银行业真的已经到了不得不变、非变不可的地步。

艺术源于生活又高于生活，金融也是一样。回答今天我们怎么做银行，其实是在回答今天我们怎么更好地生活。我相信，每家银行的回答都可以不一样，中国银行业的千态万状也会到来。

时代正在大踏步地前进，身处时代洪流中的企业是在被裹挟着前进。中国的银行必须摆脱过去的陈规旧章，拥抱新时代的到来，将空想付诸行动，在不断地试错中，纠正方向。

今天的银行家们需要一点点革命浪漫主义的情怀，把不可能变成可能，要把今天认为是异想天开的事情变得在未来觉得是习以为常。

就像浙赣线上的一个三等小站可以打败九省通衢的武汉，诞生了今日的义乌全球小商品市场。

就像全国 GDP 排名第 26，“天无三日晴，地无三里平，人无三分银”的贵州可以从几乎为零的产业基础起步，直接一步跨越到现代服务行业顶端的数据产业，建立了大数据中心和“云上贵州”。

空想，可以变成现实。像乔布斯说的：不要被教条所限制。

大润发创始人黄明端被称为“陆战之王”，因为在他的带领下，大润发是一个 19 年不关一家店的传奇商场，在商场这个领域里当之无愧的第一。没有任何人能打败它，包括沃尔玛、家乐福在内都是他的手下败将。

但陆战之王，面对互联网时代海空一体的多维变局，也无能为力，就在他登上商场王座仅仅 7 年后，其母公司被阿里收购。

在黄明端卸任母公司高鑫零售执行董事一职时，有人为他拟了一句离职感言：我战胜了所有对手，却输给了这个时代。

我希望对于中国银行界的各位同人来说，这不会成为一个预言。

致谢

特别感谢融至道资深银行咨询专家团队黄一菠、张葵、倪玮聪、张仪在本书成稿过程中给予的全力帮助，并做出了巨大贡献。他们以自身极强的专业能力和为银行做战略咨询中积累的丰富经验为本书提供非常好的观点和素材，并参与撰写了部分章节。感谢李爱英在本书素材收集和整理方面提供的重要帮助。